TRANSFORMAÇÕES NA AMÉRICA LATINA

PAUL H. BOEKER
(org.)

TRANSFORMAÇÕES NA AMÉRICA LATINA

Privatização, investimento externo e crescimento

Tradução:
Eduardo D'Almeida

Jorge Zahar Editor
Rio de Janeiro

Título original:
Latin America's Turnaround
(Privatization, Foreign Investment, and Growth)

Tradução autorizada da primeira edição norte-americana publicada em 1993 pelo Institute for Contemporary Studies, em co-edição com o International Center for Economic Growth e o Institute of the Americas, de São Francisco, EUA.

Desde 1985 o International Center for Economic Growth, uma organização sem fins lucrativos, vem atuando nas áreas de crescimento econômico e recursos humanos em países em desenvolvimento, fortalecendo os institutos de pesquisa locais a fim de criar lideranças para as discussões políticas. O ICEG patrocina um amplo espectro de programas — incluindo pesquisa, publicações, conferências, seminários e projetos de consultoria governamental — através de uma rede que conta com mais de 340 correspondentes do mundo inteiro. O programa de pesquisa e publicação do ICEG é dividido em cinco áreas: Estudos setorizados; Estudos nacionais; Estudos sobre recursos humanos e bem-estar social; Projetos tópicos; Reimpressões. O International Center for Economic Growth é filiado ao Institute for Contemporary Studies, tendo sede no Panamá e escritório administrativo em São Francisco, Califórnia, EUA.

Jorge Zahar Editor Ltda.
rua México 31 sobreloja
20031-144 Rio de Janeiro, RJ
Tel.: (021) 240-0226 / Fax: (021) 262-5123

Capa: Kathia Junqueira e Marciso Carvalho

CIP-Brasil. Catalogação-na-fonte
Sindicato Nacional dos Editores de Livros, RJ.

T696 Transformações na América Latina: privatização, investimento externo e crescimento / Paul H. Boeker (org.); tradução, Eduardo D'Almeida. — Rio de Janeiro: Jorge Zahar Ed., 1995.
204p.

Tradução de: Latin America's turnaround: privatization, foreing investment and growth
ISBN 85-7110-337-2

1. América Latina — Política econômica, 1980- 2. América Latina — Condições econômicas. 3. Privatização — América Latina. 4. Investimentos estrangeiros — América Latina. 5. Desenvolvimento econômico — América Latina. I. Boecker, Paul H.

CDD 338.98
95-1969 CDU 338.984(8=6)

SUMÁRIO

Lista de Quadros e Figuras

Lista de Siglas e Abreviaturas

ALAE	Associação Latino-Americana de Energia
ANTEL	Administración Nacional de Telecomunicaciones (Uruguai)
B/d	barris/dia
BANAMEX	Banco Nacional de México
BHIF	Banco Hipotecario Internacional de Fomento (Chile)
BID	Banco Interamericano de Desenvolvimento
BNDES	Banco Nacional de Desenvolvimento Econômico e Social (Brasil)
BOO	build-own-operate
BOOT	build-own-operate-transfer
BTUs	Unidade térmica britânica
CANTV	Compañía Anónima Nacional de Teléfonos de Venezuela
CAP	Compañía de Acero del Pacífico (Chile)
CHILGENER	Compañía Chilena de Generación Eléctrica (Chile)
CHILMETRO	Compañía Chilena de Electricidad Metropolitana (Chile)
CHILQUINTA	Compañía Chilena de Eléctricidad de la Quinta Región (Chile)
CIE	Compagnie Ivoirienne d'Electricité (Costa do Marfim)
CNT	Comisión Nacional de Telecomunicaciones (Argentina)
CODELCO	Corporación del Cobre (Chile)
CORFO	Corporación de Fomento de la Producción (Chile)
CTC	Compañía de Teléfonos de Chile (Chile)
ECOM	Empresa Chilena de Computación e Informática (Chile)
EDELMAG	Empresa de Electricidad de Magallanes (Chile)
EE	Empresa estatal

EECI	Energie Electrique de la Côte d'Ivoire (Costa do Marfim)
ELECDA	Empresa de Electricidad de Antofagasta (Chile)
ELIQSA	Empresa de Electricidad de Iquique (Chile)
EMELARI	Empresa de Electricidad de Arica (Chile)
ENAEX	Empresa Nacional de Explosivos (Chile)
ENAP	Empresa Nacional de Petróleo (Chile)
ENDESA	Empresa Nacional de Electricidad (Chile)
ENTEL	Empresa Nacional de Telecomunicaciones (Argentina)
ENTEL	Empresa Nacional de Telecomunicaciones (Chile)
FCC	Federal Communications Commission (EUA)
GNL	Gás natural liquefeito
GRIP	Guaranteed Recovery of Investment Principal (International Finance Corporation)
GW	gigawatt
IANSA	Industria Azucarera Nacional (Chile)
IED	Investimento externo direto
kWh	kilowatt/hora
LAB	Lloyd Aéreo Boliviano (Bolívia)
LABCHILE	Laboratorios Chile (Chile)
MIGA	Multilateral Investment Guarantee Agency
MW	megawatt
MYDFA	Multi-Year Deposit Facility Agreement
OCDE	Organização para a Cooperação e o Desenvolvimento Econômicos
OPEP	Organização dos Países Exportadores de Petróleo
OPIC	Overseas Private Investment Corporation
PDVSA	Petróleos de Venezuela, S/A (Venezuela)
PEHUENCHE	Eléctrica Pehuenche (Chile)
PEMEX	Petróleos Mexicanos (México)
PETROBRÁS	Petróleo Brasileiro (Brasil)
PIB	Produto interno bruto
PILMAIQUEN	Eléctrica Pilmaiquén (Chile)
PNB	Produto nacional bruto
SCT	Secretaría de Comunicaciones y Transportes (México)

SEGBA	Servicios Eléctricos del Gran Buenos Aires (Argentina)
SISP	Société Internationale de Services Publiques (França)
SOQUIMICH	Sociedad Química y Minera de Chile (Chile)
STET	Società Finanziaria Telefonica (Itália)
T&D	transmissão e distribuição
TELMEX	Teléfonos de México (México)
USAID	U.S. Agency for International Development
USIMINAS	Usinas Siderúrgicas de Minas Gerais, S/A (Brasil)
VASP	Viação Aérea São Paulo (Brasil)
VIASA	Venezolana Internacional de Aviación, S/A (Venezuela)
YPF	Yacimientos Petrolíferos Fiscales (Argentina)
YPFB	Yacimientos Petrolíferos Fiscales Bolivianos (Bolívia)

AGRADECIMENTOS

Este livro e o projeto a partir do qual ele se desenvolveu foram possibilitados graças ao apoio das seguintes instituições: Pew Charitable Trusts; Andrew W. Mellon Foundation; United States Trade and Development Program; United States Agency for International Development, Office of Energy, Private Sector Energy Development Program; California Energy Commission; University of California, San Diego, Graduate School of International Relations and Pacific Studies; Bell Atlantic International, Inc.; e Solar Turbines, Inc.

Jason Hafemeister forneceu valiosa assistência, na área de pesquisa, ao organizador desta coletânea. Gail Sevrens colaborou não só na pesquisa mas também como copidesque. Jeff Carmel também forneceu apoio editorial.

Prefácio

Quando se iniciou a década de 80, o Estado era o motor do crescimento econômico na América Latina. A partir dos anos 30 e até o final dos anos 70, as economias latino-americanas caracterizaram-se por um cada vez maior controle estatal. Do México à Argentina, os governos nacionalizaram o que consideravam ser indústrias "estratégicas". Proliferaram as novas empresas estatais. Excluiu-se o investimento externo direto, para ser substituído pelos empréstimos externos contraídos pelo próprio Estado.

Entretanto, depois que a recessão e a crise da dívida do começo da década de 80 forçaram uma radical revisão da estratégia econômica na América Latina, uma nova geração de líderes chegava ao poder decidida a pôr em ordem suas casas econômicas. Carlos Salinas de Gortari, no México, Carlos Menem, na Argentina, e outros, seguindo o exemplo inicial do Chile, adotaram como objetivo devolver o setor produtivo da economia à iniciativa privada. Como os investidores locais em muitos países latino-americanos não dispunham de capital suficiente, tanto para comprar essas empresas quanto para efetuar os novos investimentos necessários em algumas indústrias, os governos, no final dos anos 80, começaram procurando investidores estrangeiros.

Transformações na América Latina: privatização, investimento externo e crescimento documenta e analisa essa notável mudança no pensamento econômico. Apresenta as conclusões da Segunda Conferência Internacional sobre Privatização na América Latina, patrocinada pelo Instituto das Américas e realizada em abril de 1991. O Instituto reuniu dirigentes políticos, acadêmicos, jornalistas e homens de negócios para discutir essa dupla estratégia de privatização de empresas estatais e atração de investimento externo. Os participantes avaliam o progresso da privatização e do investimento externo em cada país e setor econômico abordados, sublinhando as oportunidades viáveis e os desafios a enfrentar. Na indústria das telecomunicações, por exemplo, a tarefa para os países latino-americanos consiste em desenvolver dispositivos reguladores que não só encorajem a ampliação do serviço telefônico básico mas também estimulem a concorrência necessária para produzir serviços de telecomunicações mais sofisticados. No tocante ao setor de energia elétrica, a privatização pode ser o único modo de elevar a eficiência e atrair suficiente capital para satisfazer a gigantesca necessidade de novos investimentos no setor.

As tendências afins no sentido de um menor papel do Estado na economia e de um dinâmico setor privado que inclua investidores estrangeiros acenam com uma grande promessa para a América Latina. Esses desenvolvimentos poderiam levar não só a maior prosperidade mas também à melhoria de serviços por parte do governo, os quais estarão mais capacitados para executar seus compromissos básicos — relacionados com educação, saúde pública e estradas, por exemplo — sem o fardo financeiro de empresas estatais endividadas. *Transformações na América Latina*, co-edição do International Center for Economic Growth e do Instituto das Américas, oferece valiosa e clara visão dos problemas desse excitante período, e será útil aos dirigentes políticos não só do hemisfério ocidental mas também de outras regiões em desenvolvimento no mundo.

Nicolás Ardito-Barletta
Diretor-Geral
International Center for Economic Growth

Cidade do Panamá
março de 1993

Parte I

Investimento Externo na Privatização da América Latina

PAUL H. BOEKER

1

Abertura Econômica da América Latina e a Redescoberta do Investimento Externo

Nos últimos trinta anos, o enfoque do investimento externo na América Latina, depois de passar por várias fases, retornou à sua posição inicial, simultaneamente com a sua abordagem do crescimento econômico. O investidor estrangeiro, outrora nacionalizado e quase declarado obsoleto, tornou-se um participante decisivo no impulso da América Latina para a modernização e o crescimento renovado. E a empresa estatal, sobrecarregada de dívidas, outrora retratada como substituto latino-americano para o investimento de capital externo, está sendo virtualmente privatizada por toda a parte na América Latina. O reflexo mais nítido da nova abordagem latino-americana do crescimento é o ponto em que se conjugaram investimento externo e privatização: a procura pela América Latina de compradores estrangeiros para o grande número de antigas empresas estatais que se planeja vender — centenas de companhias, incluindo muitas das maiores da região, com um valor total que poderia alcançar US$ 100 bilhões de patrimônio antes de 1990, já foram privatizadas.

A mudança é tão espetacular e tão completa que é lícito perguntar: será duradoura? A resposta a essa pergunta é, de um modo geral, positiva. A privatização e a abertura ao investimento estrangeiro são partes fundamentais da nova abordagem da América Latina do crescimento econômico, abordagem que retira a região da estagnação em que as túrgidas inflexibilidades do capitalismo de Estado a deixaram atolada. A nova abordagem também prosperou como fruto da desilusão da América Latina com o gigantismo governamental e, por outro lado, como reflexo da moderna filosofia política das lideranças e das populações da região.

A trajetória do capitalismo de Estado

Um rápido exame dos caminhos percorridos pela América Latina logo revela até que ponto é fundamental nos países latino-americanos a rejeição de sua própria versão, expansiva e ruinosa, de capitalismo de Estado. Nos anos 60 e princípios da década de 70, a doutrina de que o Estado precisava controlar as "indústrias estratégicas" gerou uma onda de nacionalizações tanto das companhias de recursos naturais quanto de muitas indústrias básicas: companhias de energia elétrica, empresas de comunicações, firmas de navegação e transporte — até indústrias manufatureiras. Muitas delas tinham sido desde longa data propriedade total ou parcial de investidores estrangeiros. Em conseqüência, muitas companhias norte-americanas perderam significativos patrimônios na América Latina, como a American & Foreign Power, a Standard Oil, a International Telephone & Telegraph, a GTE e a W.R. Grace, entre outras.

Na década de 70, os autores de planos econômicos e os burocratas ampliaram continuamente o seu conceito de "indústrias estratégicas" e do papel do Estado como produtor de crescimento econômico. As indústrias estratégicas acabaram incluindo qualquer coisa, até farinha de peixe no Peru, transportes rodoviários no México e fecho ecler no Brasil. Aqueles países que dispunham de recursos para tanto, como o México e o Brasil, criaram um número crescente de empresas estatais para preencher cada nova oportunidade percebida de desenvolvimento nacional mais fácil. Durante o *boom* do petróleo, essa tendência foi acelerada pelo dinheiro fácil, quando os países latino-americanos produtores de petróleo se enriqueceram e os outros encontraram os bancos comerciais estrangeiros abarrotados de depósitos dos produtos de petróleo, mais do que dispostos a emprestar às empresas estatais da região.

Nesse ambiente inebriante mas transitório, os responsáveis pelo planejamento do Estado e os chefes das empresas estatais desenvolveram uma lógica para o seu papel que virtualmente considerou a empresa estatal e sua capacidade para obter recursos externos o substituto moderno do investimento direto estrangeiro. A tese, em poucas palavras, era que as economias latino-americanas podiam obter o dinheiro dos bancos sem dar às firmas estrangeiras qualquer direito a futuros lucros ou a influência direta sobre decisões empresariais. O sotaque nacionalístico dessa tese ajudou também a racionalizar a elevada proteção contra as importações, da qual muitas estatais necessitavam, e a apresentar a concentração no mercado interno mais como uma virtude do que como uma limitação decorrente da incapacidade dessas empresas para competir no mercado internacional. Ao mesmo tempo, muitos investidores estrangeiros perderam o interesse na América Latina quando os custos crescentes em seus protegidos mercados internos retiraram toda a possibilidade de lucro na produção para exportação na América Latina.

Sob a égide desse amplo conceito de responsabilidade do Estado pela economia produtiva, era só mais um fácil passo aceitar que qualquer empresa privada importante que se tornasse insolvente devia ser transferida para o setor público, em vez de se permitir a sua falência. Como disse Fernando Collor de Mello, do Brasil:

> O Estado foi sempre um imenso hospital. Quando uma companhia privada enfrentava dificuldades, havia sempre uma linha de crédito aqui ou ali para ajudá-la a manter-se em funcionamento. A análise mais superficial teria mostrado que [a] companhia não era capaz de sobreviver. Quando o dinheiro era emprestado de modo imprudente pelo Estado [e] a companhia voltava a ter dificuldades, o Estado encampava-a.[1]

Na opinião de Jacques Rogozinski, diretor do Escritório de Privatização no governo mexicano, 50% das empresas estatais do México estavam prestes a falir na época da aquisição, e muitas deveriam ter sido liquidadas, em vez de encampadas, na suposição errônea de que a transferência para o controle do Estado era uma forma eficaz de conservar empregos.[2]

Com efeito, o Estado tinha em muitos casos avalizado o empréstimo externo que assegurava a sobrevivência de muitas firmas privadas escassamente capitalizadas da América Latina na década de 70. Assim, quando ocorreu a crise financeira internacional de 1982-1983, os governos latino-americanos viram-se os nada entusiasmados donos de uma outra onda de empresas. O governo da Venezuela, por exemplo, encontrou-se de súbito maciçamente envolvido no ramo hoteleiro, e até o Chile do general Augusto Pinochet passou a ser o novo proprietário de centenas de bancos, serviços financeiros e outras firmas que não queria.

Na década de 70, uma região que nunca se considerara socialista encontrou-se com um enorme setor público, o qual consistia em empresas que produziam de tudo — desde aço a fósforos. No começo dos anos 70, o México tinha mais de 1.000 empresas estatais; o Chile, 650; a Venezuela, 400; e o Brasil, 200. No Brasil, essas estatais eram responsáveis por mais da metade do produto nacional bruto (PNB) e no Chile perto da metade do PNB. O Estado convertera-se, como o gigante das *Viagens de Gulliver,* em algo imenso mas imobilizado, sem poder sobre seus membros e incapaz de desempenhar as funções mais essenciais. Como disse Fernando Collor de Mello:

> O Estado é um gigante. É ineficiente e é corrupto. O Estado controla 75% da economia brasileira e, no entanto, apesar de ser uma gigantesca máquina, é incapaz de pagar salários dignos, é incapaz de fornecer suficiente giz para os professores nas escolas, é incapaz de distribuir mercurocromo e esparadrapo aos postos de saúde para fazer o curativo em crianças que caíram de suas bicicletas ou se feriram quando jogavam bola na rua. Apesar do seu gigantismo, o Estado é ineficiente.[3]

O presidente Carlos Menem, na Argentina, descreve o mesmo quadro:

> Intervencionismo permanente e, o pior de tudo, uma administração sem vintém não podem satisfazer as necessidades do povo nem financiar o crescimento,

> **porque um tal Estado gigantesco não sabe fazer outra coisa senão absorver a riqueza das pessoas e impedir o país de crescer, apesar do imenso potencial econômico nacional.[4]**

A crise da dívida externa, que se propagou rapidamente por quase toda a América Latina após a crise dos pagamentos mexicanos em 1982, pôs um fim abrupto ao crescimento econômico da América Latina e ao castelo de cartas que o mantivera — um capitalismo de Estado grotescamente hipertrofiado, vivendo de dinheiro emprestado e de reforma protelada.

Quando os líderes latino-americanos da década de 80 quiseram desobstruir suas casas econômicas dos destroços causados por seu desmoronamento, descobriram que as empresas estatais e seus débitos crescentes tinham feito ruir o telhado. "O peso do Estado tornou-se insuportável para a sociedade como um todo", nas palavras de Collor de Mello.[5]

Os líderes latino-americanos adquiriram consciência de que um vasto leque de empresas estatais, só vagamente sob o seu controle, tinham contraído empréstimos maciços, incorrendo em dívidas que seus governos não podiam continuar pagando. Essas empresas não estavam ganhando em moeda local nem em divisas estrangeiras para satisfazer seus compromissos. No início dos anos 80, metade dos déficits do setor público da América Latina era de responsabilidade das empresas estatais, em comparação com 25% dez anos antes. A dívida combinada das estatais nas maiores economias latino-americanas era tremenda: US$ 37,6 bilhões na Argentina, US$ 53,3 bilhões no Brasil e US$ 50,6 bilhões no México. Longe de realizarem a independência financeira para as economias latino-americanas, as empresas estatais tinham tornado os governos nacionais devedores dos bancos comerciais estrangeiros e alimentado a debilitante inflação interna através do contínuo fluxo de tinta vermelha para cobrir déficits operacionais e constantes infusões de capital.

Em sua determinação de sustar a hemorragia de recursos nacionais para cobrir os déficits das estatais, um novo conjunto de governantes latino-americanos começou por, através de campanhas, tentar racionalizar as operações dessas empresas mediante novas gerências, preços mais elevados para os seus produtos, controles sobre as folhas de pagamentos e os novos empréstimos. Como sublinha Ravi Ramamurti no capítulo 3, "Privatização como remédio para empresas estatais", esses esforços para reformar as estatais fizeram muito pouco para melhorar seu desempenho financeiro a longo prazo. O resultado não foi diferente na década de 80. Os mais agressivos líderes políticos tinham, em meados da década, saltado para soluções mais radicais: liquidação e privatização — a venda de empresas do setor público a investidores privados.

No começo, a privatização de estatais não foi vista como um processo no qual os investidores privados estrangeiros fossem desempenhar um papel significativo. O Chile, pioneiro na avassaladora onda de privatizações na América Latina, deflagrou as primeiras rodadas de tais vendas em meados dos anos 70, de um modo que teve como alvo predominante os investidores internos, emprestando-lhes até o dinheiro suficiente para comprar companhias que eles não poderiam adquirir somente com recursos próprios. Alguns países ensaiaram operações de *swap* dívida-capital, oferecendo a estrangeiros que comprassem parte da dívida do governo com substancial deságio em mercados secundários a oportunidade de trocá-la por um valor nominal superior de ações em certas companhias nacionais.

As primeiras experiências com *swaps* dívida-capital podem ter parecido significar o retorno do investimento direto externo, uma vez que substituíram alguns empréstimos externos a empresas estatais pela propriedade estrangeira de capital. Mas a finalidade concreta dessas primeiras operações estava mais orientada para a redução da dívida corrente do que para atrair investimentos externos diretos. Não obstante, em 1991, esses *swaps* dívida-capital tinham-se convertido em instrumentos significativos para trazer também o investimento estrangeiro de volta às economias latino-americanas. Em 1991, o Chile efetuou mais de US$ 3,5 bilhões dessas conversões de dívida em capital, e a Argentina converteu mais de US$ 7 bilhões de sua dívida com duas grandes privatizações, as vendas da Aerolíneas Argentinas, a companhia aérea nacional, e da ENTEL, a companhia telefônica estatal.

A privatização só fez a abordagem latino-americana do investimento estrangeiro direto retornar ao ponto de partida, percorrendo um círculo completo, quando os objetivos de privatização foram muito além dos programas de choque para cortes orçamentários e passaram a visar o estabelecimento de economias mais eficientes através de programas de reforma estrutural. Essa expansão de objetivos ocorreu como parte de uma transformação mais ampla no enfoque latino-americano do crescimento econômico em geral.

Ao longo da década de 80, virtualmente toda a América Latina rejeitou por inteiro a abordagem econômica que incluía um papel preponderante para as empresas estatais. Sob o novo enfoque, as economias eram desregulamentadas e franqueadas à concorrência internacional, e a intervenção do governo no setor produtivo foi gradualmente reduzida para limitar-se a nutrir economias mais competitivas e menos inflacionárias. No capítulo 2, "A aceleração do ritmo da privatização na América Latina", numerosos especialistas descrevem o status da privatização em muitos desses países. E, à medida que as economias latino-americanas foram implementando essas reformas, muitos dos requisitos para uma bem-sucedida participação estrangeira em suas privatizações foram cumpridos. Eles são expostos em detalhes por Edgar C. Harrell no capítulo 4, "Requisitos de privatização de investidores estrangeiros".

Quando perspicazes economistas governamentais e judiciosos líderes políticos dedicaram um olhar mais penetrante ao papel da privatização nessa transformação a longo prazo, descobriram um novo conjunto de objetivos, baseados na crescente eficiência, na aquisição de tecnologia de alta qualidade, na produção de melhores serviços para sustentar economias competitivas e na obtenção de gigantescas somas de investimento necessárias para capitalizar adequadamente algumas de suas maiores empresas.

Como ocorre freqüentemente em sociedades democráticas, o público estava adiante da liderança política no acolhimento a essa revelação. As pesquisas de opinião pública em países latino-americanos mostraram sistematicamente forte apoio popular à privatização. Na Argentina e no Peru, 80% das pessoas ouvidas favoreceram a privatização, enquanto no Chile 58% lhe foram favoráveis. Em suas respostas às pesquisas, as pessoas não enfatizaram o desejo de ver seus países pedindo menos empréstimos no estrangeiro ou até reduzindo os déficits do setor público mas, sobretudo, sublinharam a necessidade de serviços melhores e mais eficientes do que os fornecidos pelas empresas estatais.

A reação do público à privatização concentrou-se em telefones que não funcionavam ou levavam anos para ser instalados; em contínuos colapsos no fornecimento de energia elétrica; e nos transportes públicos, que operavam de forma caótica, quando não em greve. A visão das estatais dos argentinos não era dominada por uma filosofia política mas pelos medíocres serviços prestados à comunidade: três tentativas era o mínimo requerido para se conseguir uma ligação telefônica local; defeito na linha, doze vezes superior à média internacional; até 40 dias para um conserto de telefone; e uma espera de quatro anos para instalação de uma nova linha telefônica. Um público frustrado suportou serviços deficientes e testemunhou conseqüente resistência a qualquer progresso na eficiência da economia como um todo. O atrativo para o público consistia em que as companhias privadas, impulsionadas por incentivos de lucro, seriam mais sensíveis às demandas do consumidor e teriam maiores probabilidades de melhorar produtos e serviços.

Quando os governos ampliaram seu enfoque sobre a privatização como parte essencial da transformação para economias mais eficientes, os requisitos para uma privatização bem-sucedida desdobraram-se para além da supressão de déficits e da obtenção de um bom preço para o Tesouro, envolvendo agora fatores tais como a introdução de verdadeira concorrência na indústria privatizada e a atração de investidores com capital adequado para modernizar e melhorar os produtos e serviços e com acesso a melhor tecnologia. A lógica era evidente: a inclusão de investidores estrangeiros na concorrência para a compra de empresas privatizáveis aumentava as perspectivas de satisfação de todos esses requisitos. Mais licitantes significavam melhor valor para o Tesouro; mais participantes na indústria privatizada significavam maior competição; os investidores estrangeiros, como parceiros no consórcio, aumentavam a base de capital dos donos da empresa privatizada; importantes companhias internacionais como investidores significavam acesso direto à melhor tecnologia existente, uma vez que essas eram as companhias detentoras de tal tecnologia.

A nova procura de investidores estrangeiros em companhias e indústrias privatizadas

No final da década de 80, os governos da América Latina desencadearam uma política de atração de investidores diretos estrangeiros para as companhias e indústrias privatizantes. Em suas terceira e quarta rodadas de privatização, começando em meados dos anos 80, o Chile adotou incentivos fiscais e cambiais a fim de atrair a participação do investidor estrangeiro em suas contínuas privatizações, como Juan Foxley Rioseco descreve no capítulo 6, "Incentivos financeiros para investimento em privatização no Chile". Uma das razões para isso foi a própria experiência chilena nas primeiras privatizações, em grande parte fracassadas, de meados dos anos 70. A maioria dessas companhias apressadamente privatizadas faliu durante a severa recessão de 1982-1983. Como sublinha Edgar C. Harrell no capítulo 4, as firmas privatizadas que tinham substancial participação estrangeira sobreviveram ao choque dessa profunda recessão porque estavam melhor capitalizadas, enquanto a maioria de suas congêneres nacionais faliu.

No final da década de 80, os governos do México, Chile, Argentina e Venezuela estavam entre aqueles que tentaram privatizar algumas das maiores firmas de seus respectivos países, como as companhias telefônicas. No caso dessas gigantescas privatizações, era evidente a necessidade de participação do capital estrangeiro e de tecnologia sofisticada. E a demanda pública de melhores serviços refletiu-se em numerosas exigências de melhoramentos que teriam de ser cumpridas por aqueles licitantes que vencessem a concorrência para a compra da companhia privatizada, exigências que iam muito além do que tinha sido planejado pelas companhias estatais de telecomunicações. Conforme Ben A. Petrazzini descreve no capítulo 5, "Investimento externo direto em privatização na América Latina", o papel dos investidores estrangeiros nas privatizações da América Latina recrudesceu de forma constante durante a década de 80 e, em 1990, companhias internacionais de primeira linha estavam efetuando investimentos de centenas de milhões de dólares e, em alguns casos, de mais de US$ 1 bilhão, em privatizações latino-americanas.

A escassez de capital nacional é agora um fator primordial que induz os governos latino-americanos a considerarem a privatização de setores e indústrias, em vez de apenas as companhias neles existentes. Dada a inadequação da poupança interna, o objetivo passou a ser atrair o capital estrangeiro para levar a efeito os novos investimentos exigidos em setores de grande concentração de capital, como energia elétrica, telecomunicações, transportes, abastecimento de água e saneamento básico, e até o derradeiro baluarte da doutrina da "indústria estratégica", o petróleo e o gás natural.

Como Fernando Collor de Mello declarou em poucas mas severas palavras: "[Por que] a privatização de novos investimentos nas áreas da eletricidade, transportes e comunicações? Porque o Brasil terá que investir cerca de 30 bilhões de dólares somente na área da eletricidade nos próximos quatro anos para que o país não entre em colapso por falta de energia... não temos as poupanças internas para satisfazer a demanda para esses investimentos."[6]

A oportunidade do século

Os quatro capítulos finais deste livro analisam os principais setores que os países latino-americanos estão privatizando e abrindo para novos investimentos privados estrangeiros. Esses setores são os maiores e os que requerem maior concentração de capital em economias modernas: telecomunicações, energia elétrica, petróleo e gás natural, e turismo e transportes. Em todos eles, os países latino-americanos estão procurando investimento externo significativo para satisfazer suas necessidades de capital, tecnologia e melhores produtos e serviços. Os países que podem cada vez mais atrair tais investimentos são aqueles que mais cedo empreenderam abrangentes reformas econômicas. Eles apresentam agora até a investidores estrangeiros escarmentados por anteriores desapontamentos um panorama econômico muito mais estável do que o que tiveram de enfrentar na instável década de 70 e na estagnada primeira metade da de 80.

A combinação da procura de investimento externo em indústrias privatizadas e de economias mais estáveis e mais abertas criou a maior oportunidade de todos os tempos para investidores estrangeiros participarem das economias da América Latina — mais de US$ 100 bilhões em capital novo para indústrias privatizadas que a América Latina procura atrair durante a década de 90 de investidores estrangeiros.

No capítulo 7, "A privatização como um objetivo: telecomunicações e reforma reguladora", Mark S. Fowler e Aileen Amarandos Pisciotta sublinham que o maior desafio para a indústria de telecomunicações da América Latina ainda está por vir. Os serviços básicos de telecomunicações só penetraram em cerca de 10% do mercado latino-americano, comparado com uma penetração bem acima de 90% nos Estados Unidos. Portanto, o desafio consiste em desenvolver uma estrutura reguladora que impulsione a ampliação do serviço telefônico básico e encoraje a concorrência necessária para satisfazer as modernas exigências de serviços mais sofisticados de telecomunicações por parte de empresas e consumidores. Muitas companhias estrangeiras estão se movimentando para tirar proveito da proliferação de oportunidades na indústria de telecomunicações da América Latina para os chamados serviços de valor adicionado — como as redes de fax, celular e comunicações privadas — no ambiente mais competitivo agora franqueado.

No capítulo 8, "Participação privada no setor de energia elétrica", James B. Sullivan cita a necessidade da América Latina de US$ 155 bilhões em capital novo na década de 90 só para o setor energético. Além disso, a região precisará obter um aumento significativo na eficiência do sistema, se se quiser que até esse gigantesco montante de capital seja adequado para fornecer a energia requerida pelo mercado. A participação privada oferece uma solução potencial para ambos os problemas: escassez de capital e ineficiência do sis- tema. As técnicas suscetíveis de ser empregadas incluem usinas geradoras independentes, co-geração e autogeração industriais, privatização da produção de eletricidade através de propriedade e *leasing*, e privatização do abastecimento de eletricidade através da contratação de gerenciamento.

No capítulo 9, "Privatização do petróleo e gás natural", Kim Fuad descreve o cuidadoso processo pelo qual dezenas de bilhões de dólares de investimento privado externo estão sendo atraídos, tanto por privatizações completas, como no caso da companhia petrolífera nacional da Argentina, quanto por várias formas de *joint ventures* com as principais companhias petrolíferas nacionais, lideradas por Petróleos de Venezuela S/A (PDVSA). A crescente participação de investidores privados estrangeiros na indústria latino-americana de petróleo e gás natural reflete um significativo afastamento do nacionalismo de recursos que varreu os países da América Latina nas décadas de 60 e 70.

O turismo e o transporte aéreo constituem juntos a maior indústria em muitos países da América Latina e do Caribe. Essa indústria é tratada por David L. Edgell, Sr., e Wanda Barquin no capítulo 10, "Privatização do turismo e do transporte aéreo". México e Jamaica foram pioneiros em privatizações nessa área. O México privatizou as suas principais companhias aéreas e mais de 20 hotéis; a Jamaica vendeu a investidores jamaicanos e estrangeiros hotéis num valor superior a US$ 100 milhões. Outros países latino-americanos estão enveredando por esse caminho, dado que a privatização parece oferecer as melhores perspectivas para satisfazer as exigências de turistas de serviços de qualidade superior.

A última promessa da privatização

A mais recente geração da liderança política da América Latina levou os objetivos e a promessa de privatização um passo mais adiante, inserindo-os no corajoso mundo novo da reforma econômica e política latino-americana. Jovens e impetuosos líderes, como Carlos Salinas de Gortari no México, apresentaram a ambiciosa tese de que um Estado mais enxuto é um Estado mais justo. Eles argumentaram, corretamente, que o gigantesco consumo dos recursos e energias do Estado no capitalismo estatal deixou sobrar pouquíssimo para a execução de programas sociais; com efeito, as funções básicas do Estado, de educação, saúde pública, estradas e bem-estar social, foram privadas de verbas porque o Estado estava usando e perdendo todos os seus recursos na tentativa de produzir bens e serviços que o setor privado pode produzir melhor. Mas essa judiciosa crítica neoliberal do passado é também uma promessa para o futuro, um novo compromisso pelo qual os governantes se propõem ser julgados.

Carlos Salinas disse-o com suma eloqüência, mas também com grande desassombro, no primeiro relatório anual de seu governo:

> A realidade é que no México um Estado hipertrofiado resultou em menor capacidade para responder às demandas sociais dos nossos compatriotas e, em última instância, em maior fraqueza do próprio Estado. Na medida em que as atividades produtivas do setor público cresceram, sua atenção para o abastecimento de água potável, para a saúde, o investimento rural e o abastecimento de alimentos, moradia, meio ambiente e justiça declinaram. O tamanho do Estado estava crescendo enquanto o bem-estar do povo estava deteriorando-se... Como os fatos provam, o Estado preocupou-se mais em administrar as suas propriedades do que em satisfazer prementes necessidades sociais... O ponto focal da reforma

do Estado é chegar a decisões que beneficiem o povo, resolver o dilema entre a propriedade a ser administrada ou a justiça a ser exercida, entre um Estado mais proprietário ou um Estado mais justo.[7]

O cumprimento dessa promessa, é claro, depende não tanto das empresas privatizadas produzirem bons serviços e pagarem maiores receitas tributárias ao Tesouro, o que já está acontecendo. O cumprimento da promessa de um Estado mais justo depende, acima de tudo, do que o Tesouro faz com as receitas, o que é uma questão do Estado, não das empresas privatizadas. A consolidação final do apoio político para as reformas econômicas da América Latina será realizada na medida em que seus líderes cumprirem sua promessa de melhores serviços sociais fornecidos por um Estado mais enxuto.

No mundo dos negócios, os programas de reforma econômica e de privatização da América Latina parecem agora irreversíveis. A crescente participação estrangeira nas extensas privatizações da região tornou-se uma pedra de toque para se aferir o sucesso nesses dois programas. Também passou a ser a medida final da abertura da América Latina para o mercado mundial. Nesse novo ambiente, a ambiciosa busca latino-americana para atrair vastas somas de capital e tecnologia externas constitui a maior oportunidade jamais oferecida aos investidores estrangeiros na América Latina.

NOTAS

1. Entrevista na televisão, Rede Globo, 19 de março de 1990; citada em *Foreign Broadcast Information Service* (*FBIS*), 21 de março de 1990, p. 33.

2. Apresentação na Segunda Conferência Internacional sobre Privatização do Instituto das Américas, Universidade da Califórnia, San Diego, La Jolla, Califórnia, 14-16 de abril de 1991.

3. Debate com o candidato presidencial Lula, Rede Globo, 3 de dezembro de 1989; citado em *FBIS*, 6 de dezembro de 1989, p. 27.

4. Discurso em 18 de dezembro de 1989, em rede nacional em Buenos Aires; citado em *FBIS*, 19 de dezembro de 1989, p. 38.

5. Entrevista na Rede Globo de Televisão, 19 de março de 1990; citado em *FBIS*, 21 de março de 1990, p. 33.

6. Ibid., p. 36.

7. Discurso sobre o Estado da União, outubro de 1989, transcrito de William Glade (org.), *Privatization of Public Enterprises in Latin America* (São Francisco: ICS Press, 1991), p. 17.

William A. Orme, Jr. 2

A Aceleração do Ritmo da Privatização na América Latina

Um panorama geral

Uma vez dado o sinal de largada, os partidários da privatização avançaram através das Américas com surpreendente vigor e entusiasmo. Numa região outrora definida por um fervoroso estatismo, virtualmente tudo o que está em mãos do governo parece ter sido posto, de súbito, à venda. E pouco se duvida de que os governos latino-americanos estão verdadeiramente empenhados na privatização.

Os jovens tecnocratas que ocupam os altos escalões dos ministérios da Fazenda desde Buenos Aires até a Cidade do México revelam flagrantes semelhanças em suas finalidades e propósitos. Vivem numa subcultura moldada pelo pragmatismo, não pela teologia, e vêem o contraste entre a Europa Oriental e o Leste Asiático como uma clara e objetiva lição de economia desenvolvimentista. A nova geração de políticos a quem esses técnicos prestam contas também tende a ser composta de pessoas práticas: eles querem saber simplesmente o que funciona e o que não funciona, mesmo quando isso contradiz os credos de seus próprios partidos.

A palavra favorita dessa nova casta de reformadores é "irreversível". A mudança econômica parece, na verdade, ser tão ampla e tão profunda que fica difícil imaginar uma volta à nacionalização e à substituição das importações por "similares" nacionais.

O maior problema imediato é o próprio mercado. A febre global de privatização criou um mercado de compradores em companhias aéreas, siderúrgicas e outras propriedades com problemas de sangria orçamentária. Vender a um preço atraente está ficando cada vez mais difícil o tempo todo: sirva de testemunho o colapso de 1991 do esforço de Porto Rico para vender um monopólio de telecomunicações — e isso numa economia de dólar, livre de dívidas com bancos estrangeiros e de hiperinflação.

A concorrência de vendedores, dentro e além da região, está forçando a América Latina a enfrentar o paradoxo básico da privatização: as empresas ineficientes que exaurem o Tesouro atraem poucos licitantes, enquanto que as empresas bem administradas que geram capital são as mais fáceis de alienar.

Alguns investidores afirmam que as propriedades mais atraentes nas economias mais atraentes já foram vendidas. Investidores que ficam felizes com a oportunidade de comprar um banco ou uma petroquímica no estável México, cuja economia registra um rápido crescimento, desprezarão oportunidades análogas — seja qual for o preço — no turbulento Peru. Enquanto a administração do presidente mexicano Carlos Salinas de Gortari se dá ao luxo econômico de exigir melhores propostas, o governo de Alberto Fujimori no Peru pode sentir-se obrigado a aceitar a primeira oferta séria que lhe apresentem, assim reforçando as suspeitas dos críticos peruanos que vêem a privatização como uma liquidação a preço de banana. O Peru descobriu, tal como outros países, que uma perfeita campanha de privatização só pode ser efetuada no inexorável contexto de uma real desregulamentação e de um crescimento não-inflacionário.

Chile

Alguns observadores econômicos sagazes e práticos atentam, em retrospecto, para as oscilações cíclicas da política latino-americana e perguntam-se se a privatização e suas concomitantes reformas poderiam, de fato, ser revogadas na hipótese de sobrevir um diferente clima ideológico. O Chile, como pioneiro, oferece algumas úteis e proveitosas lições. A muitos, senão à maioria dos líderes latino-americanos, repugnava a pecha ditatorial das reformas de livre-mercado do general Augusto Pinochet. Mas até mesmo os observadores hostis não tardaram em concluir que a venda de companhias estatais foi o ingrediente essencial da receita inegavelmente bem-sucedida do Chile para o crescimento. A privatização eliminou o déficit orçamentário — assim, controlando a inflação e estabilizando a moeda — ao mesmo tempo que gerava fundos para despesas de caráter social. Operações de *swap* converteram credores estrangeiros em investidores. A estratégia de "capitalismo do povo" — transformando empregados e cidadãos comuns em habituais acionistas — ajudou a descentralizar a economia e a fortalecer o moribundo mercado de valores mobiliários.

Mais importante, o experimento chileno foi um indiscutível sucesso político. Em seus compromissos de campanha, em 1989, de não rechaçar a privatização, a oposição centro-esquerda estava refletindo a sua própria leitura do sentimento público, e astutos candidatos a cargos oficiais tomaram cuidadosa nota disso em outros países da América Latina. A chave, porém, foi o êxito macroeconômico global do Chile: a equipe de Pinochet compreendeu que, se não retirasse drasticamente a economia da recessão, seria inevitável uma violenta reação.

Em retrospecto, o Chile foi duplamente afortunado por ter saído na frente. Suas companhias telefônicas e de energia elétrica estavam entre as poucas de tais oportunidades de negócio no mundo, nessa época, e arrancaram fortes licitações de sólidos investidores. A conversão para um modelo exportador aconteceu num momento em que os Estados Unidos estavam estabelecendo recordes de importação e o Chile tinha poucos concorrentes regionais. Nos estágios iniciais da crise de dívida, os banqueiros estavam mais ansiosos por cooperar com um tomador de empréstimos que respeitava as regras — sobretudo um que, pelo menos temporariamente, estava isento dos embaraços e incertezas da democracia.

México

O México foi a próxima grande economia a embarcar no programa de privatização. Também teve sorte por começar a agir cedo. Em sua ânsia de aplacar credores, o regime de De La Madrid exagerou no começo o seu avanço no rumo da privatização: embora fosse verdadeira a sua afirmação de que o México tinha eliminado "centenas de entidades estatais" em meados da década de 80, a maioria era composta de agências ou oficinas disfuncionais que poderiam ser perfeitamente extintas sem fazer a menor diferença. No entanto, a hipérbole foi útil a longo prazo. Ao fazer a propaganda ruidosa de suas modestas realizações iniciais, o governo acostumou o público às intermináveis listas de empresas "alienadas, incorporadas ou liquidadas". Na altura em que se iniciaram vendas significativas, já perto do final da década — as companhias aéreas, a companhia telefônica, os conglomerados do cobre —, a oposição esquerdista teve grandes dificuldades em suscitar uma onda de protestos. Agora, bancos que tinham sido expropriados em meio a cerimônias populistas há apenas uma década estão sendo alienados com escasso temor de represália eleitoral.

Argentina

A Argentina, diferente do México, estava prejudicada por uma longa e melancólica história de devedora e pela benigna negligência dos fundos do G-7, limitando os seus atrativos para investidores. As licitações eram poucas. Em uma das grandes ironias do impulso privatizante da América Latina, a companhia aérea nacional e metade da companhia telefônica foram "privatizadas" nas mãos de monopólios estatais da Espanha. Mas o impasse da dívida foi quebrado — e, com ele, um tabu nacionalista profundamente enraizado contra o investimento estrangeiro em serviços públicos.

Brasil

A tardia reconciliação do Brasil com os seus credores está repondo agora nos trilhos o maior programa de privatização da América Latina, apesar do colapso da presidência Collor e da ausência de qualquer consenso nacional claro sobre política econômica. Tal como na Argentina, o impulso imediato foi a necessidade de pôr em ordem o serviço da dívida. Quando os bancos concluírem as negociações para uma redução e reestruturação da dívida comercial externa de US$ 50 bilhões, receberão debêntures com 10 anos de prazo para US$ 7 bilhões em juros atrasados — debêntures que podem ser então trocadas por ações em companhias privatizadas.

Investidores estrangeiros podem detestar a idéia de adquirir participações nos gigantescos complexos siderúrgicos e petroquímicos estatais do Brasil numa época de recessão global e de capacidade em excesso. Quanto às empresas públicas, entretanto, as indústrias pesadas brasileiras desfrutam de uma reputação de competitividade tecnológica muito acima da norma latino-americana. Um fator encorajador é a propensão de brasileiros para investir em sua própria economia, não obstante a adversidade e a inflação. A bem-sucedida venda da Viação Aérea São Paulo (VASP) ao magnata da camionagem Wagner Canhedo poderia ser um bom presságio para futuros esforços de privatização.

Outros países

As perspectivas de privatização são mais sombrias para as economias menores e mais pobres — como as de Honduras, Equador, República Dominicana e Paraguai — que não oferecem estabilidade nem a escala que a maioria dos investidores exige. Na outra ponta do espectro econômico, exemplificada pela generosamente dotada Venezuela, as perspectivas parecem igualmente incertas. Sem uma noção palpável de emergência, o compromisso de reforma pode rapidamente enfraquecer.

Política e privatização

Ainda assim, a privatização parece suscetível de prevalecer na maioria das economias latino-americanas, e não por causa de alguma súbita conversão paulina ao evangelho de Adam Smith. A privatização avançou até onde avançou na América Latina porque existem poucas alternativas — e porque é politicamente prudente. Como os políticos desde a Patagônia até Rio Grande descobriram para sua consternação, o legado da expropriação expõe os governantes a graves riscos políticos. Se o telefone não funciona, se um vôo é cancelado, se o cafezinho está uma droga e se os bens de consumo são de má qualidade e preço exagerado, a culpa cabe, em última instância, ao presidente ou, pelo menos, ao partido do presidente.

Os críticos assinalam que em nenhum país latino-americano um esforço maciço de privatização foi ainda endossado por eleitores. Os srs. Menem, Collor de Mello, Pérez e Fujimori realizaram campanhas ambiguamente populistas que prometeram o crescimento macroeconômico, não a redução do tamanho do setor público. Carlos Salinas foi mais franco a respeito de suas intenções; no entanto, a sua campanha sublinhou o que o Estado pretendia conservar (primordialmente o petróleo), mais do que o que planejava vender (bancos, companhias aéreas, siderúrgicas, a companhia telefônica). E o sr. Salinas dificilmente conseguiu obter uma maioria no mais desastroso revés eleitoral que o partido dominante sofrera em seus sessenta anos no poder.

Em contrapartida, Mario Vargas Llosa, no Peru, e Hernán Buchi, no Chile, comprometeram-se com a desregulamentação radical, a alienação e a fidelidade irrestrita às leis do mercado. Foram os únicos candidatos presidenciais abertamente neothatcheristas que a América Latina tinha até então visto, e ambos foram estrondosamente derrotados.

Mais importante, talvez, seja o fato de que ninguém está caminhando na direção oposta. Uma vez instalados no poder, os políticos em toda a região puderam vender empresas estatais com pouca resistência. As empresas estatais são vistas como dispendiosas sinecuras para apaniguados sem qualificações, propiciando um serviço caótico e vastas oportunidades para corrupção. Poucos lamentam sinceramente sua extinção. É significativo não haver nenhuma prova evidente de que qualquer bloco latino-americano de oposição acredite poder obter ganhos eleitorais propondo o regresso de companhias alienadas ao aprisco do setor público.

Em vez disso, os mecanismos da privatização têm sido o alvo de intensas críticas. As reclamações, muitas delas justificáveis, concentraram-se nos termos específicos das vendas, incluindo os procedimentos de licitação, o tratamento dos contratos e pensões dos trabalhadores, a viabilidade de consórcios de compradores privados e as concessões especiais a credores estrangeiros. Em grande número de casos, a privatização acarretou uma perigosa reconcentração do poder econômico privado (num exemplo, um único industrial mexicano detém agora 95% das recém-privatizadas reservas de cobre do seu país).

Mas o principal foco de debate tem sido mais o ritmo, o preço e a metodologia da privatização do que a própria privatização. Na maioria dos casos, os governos têm avançado com cuidado e certa dissimulação. As políticas de vendas adequam-se usualmente a um consenso nacional implícito sobre que propriedades são essenciais para o Estado e quais não são. A Venezuela está privatizando as jazidas de gás natural *off-shore* para subscrever maciços custos de desenvolvimento, mas não consideraria a venda de reservas de cru *onshore*, facilmente exploradas e comercialmente viáveis. O México tampouco o faria. O exemplo clássico é a companhia estatal do cobre,

CODELCO, do Chile, herdeira das minas nacionalizadas pelos regimes de Frey e Allende, e que o governo Pinochet nunca ofereceu ao mercado (na verdade, os militares chilenos concederam-se a si próprios uma fatia direta das receitas da CODELCO).

Até os mais entusiásticos adeptos amenizam seu apoio à privatização com preocupações mais ou menos sinceras a respeito da reconcentração de riqueza e da venda de ativos subvalorizados durante uma recessão global. A insistência multilateral sobre a rápida privatização por todos pode enfrentar o mesmo problema da velha defesa pelo Fundo Monetário Internacional de gordos e simultâneos superávits comerciais para todos os devedores do Terceiro Mundo. Nem todos podem vender imediatamente.

Em última análise, porém, as opções são limitadas. Para a nova e pragmática geração de gerentes econômicos da América Latina, a contínua atração da privatização traz-lhes à lembrança a frase de Churchill a respeito da democracia: é a pior estratégia para a recuperação econômica, exceto todas as outras.

Argentina

PABLO L. GERCHUNOFF

No espaço de alguns meses, a economia da Argentina sofreu uma transformação muito mais rápida e extensa do que o maciço programa de privatização realizado por Margaret Thatcher no Reino Unido no começo da década de 80. Entre o segundo semestre de 1990 e os primeiros meses de 1991, o governo de Carlos Menem privatizou a companhia telefônica estatal da Argentina (ENTEL); a sua companhia aérea nacional, Aerolíneas Argentinas; os serviços de manutenção das rodovias nacionais; uma quantidade significativa de suas reservas de petróleo; sua participação em numerosas firmas de petroquímica; e dois canais de televisão. Outras privatizações importantes estão em curso para os serviços públicos de gás e eletricidade; a companhia nacional de água e esgotos; todas as companhias metalúrgicas, siderúrgicas e petroquímicas; todo o complexo de firmas ligadas às forças armadas; e pelo menos uma parte da Yacimientos Petrolíferos Fiscales (YPF), a companhia nacional de petróleo. O governo argentino pretende ter-se retirado até 1993 da grande maioria dos serviços financeiros e, com exceção de uma pequena participação remanescente no setor de hidrocarbonetos, de todas as atividades de produção.

Existe na Argentina um amplo apoio para essa liquidação em grande escala de empresas estatais, por duas razões. Primeiro, as estatais argentinas foram notoriamente ineficientes e mal administradas, vítimas, dizem os analistas, da instabilidade política, da grande influência exercida no governo por seus fornecedores e pelos sindicatos. Segundo, o governo não será mais obrigado a financiar os investimentos das estatais. Desde o início da crise da dívida externa, o setor público foi forçado a reduzir substancialmente os dispêndios de capital. Os cortes nos gastos causaram uma deterioração ainda maior dos serviços públicos.

Tal como os gigantescos programas de nacionalização da década de 40, a política de privatizações do governo nos anos 90 parece ter em vista múltiplos objetivos: melhorar a qualidade dos serviços; aumentar o financiamento privado de investimentos; limitar o poder dos sindicatos e do grande empresariado; reduzir a dívida externa mediante a conversão de boa parte dela em ações nas companhias privatizadas, aliviando assim a pressão sobre o balanço de pagamentos; e obter liquidez adicional para o setor público, num esforço para estabilizar a economia.

Durante a primeira fase das privatizações argentinas, a prioridade foi dada àqueles objetivos ligados à estabilização macroeconômica. A Argentina acabara de passar por dois períodos de hiperinflação, a situação do Tesouro era crítica e havia crescente pressão dos credores estrangeiros que tentavam cobrar pagamentos da dívida que estavam atrasados (tinha justamente terminado o prazo de dezoito meses da moratória autodeclarada pelo país para os pagamentos da dívida).

Por conseguinte, essas primeiras privatizações objetivavam restabelecer o fluxo de caixa do Estado e colocar em ordem as contas externas. A venda de reservas de petróleo — cerca de US$ 1 bilhão — ajudou a reabastecer os cofres quase vazios do país; as vendas da ENTEL e da Aerolíneas Argentinas foram realizadas quase inteiramente através de um esquema de conversão da própria dívida do governo em capital privado. Ao abrigo desse esquema, o país estava apto a liquidar cerca de US$ 7 bilhões de sua própria dívida, quase 20% de sua dívida total com os bancos comerciais. Com efeito, foi permitido aos investidores estrangeiros comprar no exterior títulos da dívida do governo argentino beneficiando-se de substancial deságio e aplicá-los pelo valor nominal para o requerido investimento na ENTEL e na companhia aérea.

A privatização na Argentina, como instrumento de política financeira interna e externa, acarretou alguns custos. Na pressa de completar a venda de companhias e de participações acionárias, a maioria dos serviços públicos foi transferida sem um adequado ambiente regulador para proteger os consumidores. Ao mesmo tempo, as tarifas cobradas por esses serviços foram abruptamente aumentadas antes das privatizações, num esforço para facilitar o financiamento dos investimentos através da retenção das receitas das empresas privatizadas.

As privatizações foram realizadas numa economia sem mercado de capitais, de modo que não houve um processo de ampla difusão de propriedade, como no Reino Unido. Pelo contrário, essas primeiras privatizações criaram "holdings" compactas, com a propriedade concentrada em poucas mãos e a maioria das ações em poder de firmas estrangeiras. O mecanismo de capitalização da dívida governamental acarreta um custo: o pagamento do serviço da dívida está agora eliminado, mas ao preço provável da remessa de lucros no futuro das firmas recém-privatizadas.

As privatizações adicionais planejadas para o começo da década de 90 serão provavelmente efetuadas num ambiente macroeconômico mais tranqüilo, com maior confiança do investidor, uma taxa menor de inflação e mais ordem nas contas fiscais. Tal abertura é suscetível de culminar em mais benefícios para o Estado e para a sociedade. Maior ênfase está sendo agora dada à reorganização de firmas a ser privatizadas e à criação de estruturas reguladoras para proteger os consumidores, enquanto, ao mesmo tempo, se assegura o futuro das firmas. Mas é provável que o processo de privatização continue em ritmo célere, como está ocorrendo nos setores de gás, eletricidade e transporte ferroviário, e está prestes a acontecer nas indústrias petroquímica, metalúrgica e siderúrgica.

Brasil

CARLOS A. PRIMO BRAGA

Após incontáveis demoras, o programa de privatização do Brasil está sendo finalmente implementado. Anunciado em conjunto com a primeira tentativa de estabilização do presidente Collor de Mello em março de 1990, o programa teve um início lento. O seu objetivo inicial de privatizar 42 empresas estatais em dois anos, gerando US$ 17 bilhões para o quase falido setor público brasileiro, provou ser excessivamente ambicioso. A primeira privatização importante do governo Collor teria lugar, segundo se esperava, no segundo semestre de 1991. Apesar de muitas ameaças com que o programa brasileiro ainda se defrontava, investidores nacionais e estrangeiros estão mostrando sinais de interesse nas companhias estatais brasileiras listadas como candidatas à privatização.

Dada a medíocre trajetória do programa de privatização brasileiro, o ambiente econômico altamente instável e a propensão intervencionista da administração Collor durante o seu primeiro ano (não obstante a sua retórica neoliberal), a indagação inevitável é a seguinte: Como pode o programa brasileiro despertar expectativas positivas, particularmente do ponto de vista dos investidores estrangeiros, de olho em programas de privatização alternativos já estabelecidos em países como o Chile e o México?

Não há dúvida de que a substituição de Zélia Cardoso de Mello por Marcílio Marques Moreira como ministro da economia melhorou as condições para o diálogo entre o Brasil e a comunidade financeira internacional. Entretanto, o ambiente macroeconômico permaneceu instável, não se vislumbrando o fim da crise fiscal em curso. Em outras palavras, o interesse no programa de privatização não pode ser explicado pelas perspectivas a curto prazo da economia brasileira. A engenharia financeira do programa de privatização brasileiro parece fornecer a solução para esse evidente quebra-cabeça.

Os investidores serão autorizados a usar numerosas "moedas" nos leilões para a compra de ações das estatais brasileiras. A possibilidade de usar títulos do Acordo Multianual de Facilidades de Depósitos (MYDFA), o principal título brasileiro negociado no mercado secundário para dívida soberana, por exemplo, fornece a oportunidade de arbitragem. Os MYDFAs serão aceitos nos leilões por 75% de seu valor nominal, enquanto sua cotação no mercado secundário estava em torno de 34 centavos por dólar em julho de 1991. Na mesma disposição, outros pedidos de pagamento contra o governo brasileiro — como certificados de privatização, títulos para desenvolvimento agrícola e cruzados congelados — que são correntemente negociados em mercados secundários com descontos consideráveis, serão aceitos nos leilões. Assim, esses mercados já estão sendo afetados por investidores que estiveram preparando-se para o primeiro leilão importante de privatização, concentrando-se na venda da USIMINAS (Usinas Siderúrgicas de Minas Gerais S/A).

A USIMINAS é uma das mais atraentes companhias na lista de 27 estatais programadas para privatização. Produtora de aços planos, com uma capacidade instalada de 3,7 milhões de toneladas de aço bruto por ano, a USIMINAS é muito conhecida por seus elevados padrões e competitividade internacional. Oficialmente, o seu programa de privatização começou em junho de 1991 com uma oferta especial de ações — cerca de 10% do capital total da companhia — aos empregados da própria USIMINAS. Essas ações foram oferecidas a preços preferenciais a fim de estimular a participação dos empregados no processo, apesar dos baixos salários e da atitude pouco entusiasmada das organizações sindicais em relação ao programa de privatizações.

O capital estrangeiro sofre algumas restrições no programa de privatizações brasileiro. Sua participação não pode exceder 40% do capital da companhia que está sendo privatizada, e as remessas de lucros são regulamentadas. Como essas restrições afetarão a participação de investidores estrangeiros é uma questão empírica. Vale a pena mencionar também que a legislação não restringe futuras mudanças na propriedade de uma ex-empresa estatal, uma vez que a privatização tenha sido implementada. E recentes desenvolvimentos no mercado secundário para o MYDFA brasileiro sugerem que os investidores estrangeiros estão dispostos a apostar no programa brasileiro.

O Brasil também está sendo ajudado pelas histórias de sucesso em torno da privatização no Chile e no México. Os investidores estrangeiros reconhecem que se o Brasil puder arrumar a sua economia, então o preço dos ativos que estão sendo agora privatizados pode estar substancialmente subestimado. Isso não é, porém, um jogo para os pusilânimes. O próprio programa de estabilização ainda é ameaçado por disputas no nível político. No Congresso, alguns parlamentares opõem-se ao uso de MYDFAs nos leilões de privatização e esforçam-se por novas regras para o jogo. Os partidos de esquerda e os sindicatos reclamam que a metodologia adotada pelo governo para fixar o preço mínimo de venda (baseado no valor presente do futuro fluxo de lucros estimados) de empresas estatais é um modo disfarçado de subsidiar o capital. Esses críticos argumentam que construir uma usina siderúrgica modelar, como a USIMINAS, custaria hoje cerca de US$ 7 bilhões; a estimativa mínima fixada pelo BNDES (Banco Nacional de Desenvolvimento Econômico e Social — o banco de desenvolvimento nacional a cujo encargo se encontra o programa de privatizações) é de US$ 1,8 bilhão. Essa crítica pressupõe que a taxa de retorno desses investimentos não é um conceito relevante.

A incerteza gerada pela persistente oposição política transformou a privatização da USIMINAS, por causa de seu tamanho e da importância econômica da companhia, num teste decisivo para o programa do presidente Collor de Mello. Uma operação bem-sucedida, entretanto, não significa, de maneira nenhuma, que o programa prosperará ou que deflagrará um novo "milagre" brasileiro. Se a administração Collor não pode alcançar a estabilidade macroeconômica enquanto avança no esforço de uma liberalização cada vez maior do comércio, os benefícios potenciais do programa de privatizações podem perfeitamente perder-se em meio ao ruído das distorções econômicas existentes. Em todo o caso, os amantes do risco estão tendo uns ótimos dias às vésperas dessa nova rodada de privatizações na América Latina. E está muito claro que o Brasil não deixa espaço para que os investidores adotem uma estratégia cautelosa, pois os últimos serão os últimos.

Pós-escrito

No segundo semestre de 1991, foram privatizadas a USIMINAS e três outras companhias menores. Os que se opuseram ao programa de privatizações obtiveram uma vitória pírrica ao retardar o leilão da USIMINAS, inicialmente marcado para 24 de setembro de 1991. Nesse dia, uma estridente manifestação em frente à Bolsa de Valores do Rio de Janeiro ganhou manchetes no mundo inteiro. Um mês depois, entretanto, as ações ordinárias da USIMINAS foram finalmente negociadas, e um consórcio de bancos e firmas brasileiros adquiriu o controle da companhia, estabelecendo uma aliança com a Nippon Usiminas (um sócio minoritário controlado pela Nippon Steel com interesse na companhia desde os anos 50) e uma associação de empregados da USIMINAS.

Como teste para o acerto do programa de privatização de Collor, o caso USIMINAS recebeu comentários críticos sortidos. A participação de capital estrangeiro na privatização, por exemplo, não foi significativa — somente 5% do capital da companhia foram adquiridos por investidores estrangeiros (o uso efetivo de MYDFAs como "moeda" no leilão foi muito limitado — menos de 1% do valor total das ações leiloadas). Esses resultados sugerem que os investidores estrangeiros permanecem inseguros a respeito das perspectivas econômicas (e legais) do programa de privatização do Brasil. No aspecto positivo, pode-se argumentar que a administração Collor demonstrou sua capacidade para levar adiante um importante projeto de privatização apesar da forte oposição política, abrindo caminho para a reorganização da indústria siderúrgica brasileira. Nos primeiros nove meses de 1992, o programa de privatização ganhou velocidade, sendo privatizadas mais onze companhias (incluindo importantes firmas petroquímicas e siderúrgicas). A substituição de Collor de Mello por Itamar Franco em resultado de um processo de *impeach-*

ment levou, porém, a mudanças adicionais nos procedimentos de privatização (como a decisão do Executivo de consultar o Congresso numa base de caso a caso). Essas mudanças foram interpretadas por alguns analistas como um sinal de que a nova administração não está particularmente entusiasmada com o programa. Em todo o caso, é muito claro que o cronograma e os resultados finais do programa brasileiro de privatizações permanecem reféns das crises política e macroeconômica do país.

Chile

DOMINIQUE HACHETTE E ROLF LÜDERS

Desde 1974, quando se iniciou o programa de privatização maciça do Chile, cerca de 600 das maiores empresas estatais do país foram liquidadas, gerando aproximadamente US$ 2,5 bilhões de receitas. Além disso, metade das terras irrigadas do Chile foram alocadas a trabalhadores e pequenos agricultores; institucionalizou-se um original programa privado e obrigatório de aposentadorias e pensões; e alguns elementos dos sistemas de educação, moradia e saúde pública foram transferidos para o setor privado.

Hoje, o que era outrora uma economia mista altamente centralizada transformou-se numa moderna economia de mercado. O setor privado continuou sendo a força motriz na economia chilena, depois de uma profunda transição de um regime militar para um governo civil eleito.

No Chile, regulamentações e controles adequados, em conjunto com políticas econômicas apropriadas, habilitaram o governo a liquidar uma vasta gama de empresas e atividades. Mesmo antes da privatização, essas regulamentações geraram o necessário ambiente competitivo entre companhias públicas para assegurar a eficiência e fixar preços realistas. Desde a sua transferência para o setor privado, todas as firmas alienadas mostraram taxas relativamente altas de rendimento, apesar das condições que restringem seu poder monopolístico potencial. Além disso, os fundos gerados pela privatização do sistema de aposentadorias e pensões deram uma enorme contribuição para o mercado chileno de capitais e possibilitaram a venda de significativos pacotes de ações em algumas das maiores empresas estatais.

As empresas estatais do Chile foram liquidadas em duas etapas: de 1974 a 1978 e de 1985 a 1990. Os métodos de privatização incluíram vendas diretas, licitações em leilão, vendas de pacotes minoritários a preços subsidiados a trabalhadores e isenções fiscais. Durante a primeira etapa de vendas, o governo chileno ofereceu incentivos a compradores a fim de obter liquidez adicional para o setor público, num esforço para reduzir as conseqüências do grande déficit fiscal criado pela crise sociopolítica de 1970-1973.

Esse sistema acabou tendo problemas e contribuiu para a profunda crise financeira de 1982-1983. Como resultado, a administração das maiores empresas privatizadas voltou a cair nas mãos do governo. Essas empresas foram finalmente privatizadas de novo. Durante a etapa seguinte, porém, todas as vendas foram efetuadas numa base de moeda corrente. A falta de transparência (dados financeiros insuficientes para programas de privatização) que pode ter intimidado os investidores durante a primeira etapa foi significativamente reduzida pela segunda etapa e não afetou o impacto fiscal do processo de privatização.

Em seu todo, o programa de privatização do Chile foi coroado de êxito na distribuição da propriedade de bens patrimoniais. Estimulou o setor privado a aumentar a eficiência; abriu novas oportunidades de investimento e criou novas responsabilidades no setor privado; e ajudou a reduzir a dependência do país do poderoso e tentacular setor público. O processo também foi bem-sucedido em persuadir críticos e grupos fortemente antagônicos de que a privatização era benéfica. Ao fazê-lo, reduziu os perigos de reversibilidade após a transferência de poder do governo militar do general Augusto Pinochet para o governo civil de Patricio Aylwin. A variedade nos métodos de privatização assegurou um resultado equilibrado para objetivos tão diversos quanto a maximização de receitas fiscais e propriedade generalizada de bens patrimoniais. Embora a distribuição de propriedade acarretasse um custo, este foi amenizado pelo crescente apoio político ao processo de privatização.

No final de 1991, menos de 50 empresas permaneceram em mãos públicas, das quais as mais importantes eram a Corporación del Cobre (CODELCO — mineração e exportação de cobre), o Metro (transporte público de massa), ENAP (petróleo), Banco del Estado e Colbún-Machicura (geração elétrica). Dez das empresas estatais restantes eram companhias regionais de água e esgoto. Relativamente poucas das grandes firmas em mãos do Estado eram, assim, passíveis de privatização. (A CODELCO, avaliada em mais de US$ 4 bilhões, requer uma emenda constitucional antes de poder ser vendida.)

A política de privatização está agora orientada no sentido de convidar o setor privado a investir em *joint ventures* nas empresas estatais existentes (incluindo companhias de serviços públicos) ou a requerer concessões para obras públicas. O governo está sob crescente pressão por parte do setor privado para aumentar a participação privada em diferentes tipos de infra-estrutura, especialmente em portos, os quais são de grande importância para o crítico setor de exportações do Chile. No futuro próximo, é sumamente provável que o Estado venha a alienar sua participação acionária somente na Empremar Sur, Ferronor Cargo, Isapre del Carbón e Empresa Minera de Aysén, assim como nas companhias já privatizadas, como a LAN-Chile, a companhia aérea nacional, onde ainda retém um interesse minoritário. O Congresso já aprovou uma lei, entretanto, que permite ao governo outorgar concessões no caso de ruas, estradas, portos, pontes ou parques públicos. O governo submeteu ao Congresso um projeto que permite à CODELCO formar *joint ventures* com sócios privados nacionais e/ou estrangeiros, nas quais os primeiros poderiam reter até uma participação majoritária. O governo também está solicitando autorização para permitir que o setor privado opere o serviço de cargas da Empresa de los Ferrocarriles del Estado (a rede ferroviária nacional). Novos instrumentos legais não são requeridos para *joint ventures* com outras empresas estatais.

As maciças privatizações do passado foram, via de regra, realizadas pela Unidade de Normalização da CORFO (Corporación de Fomento de la Producción). É provável que a CORFO desempenhe um papel de destaque na maioria das futuras *joint ventures* através de sua Unidade de Empresas, gerenciada por Eduardo Hermosilla H. Os administradores gerais da companhia estatal do cobre e da empresa ferroviária, entretanto, implementarão diretamente as *joint ventures*, enquanto que ao ministro de obras públicas e ao *staff* do ministério caberá a responsabilidade por concessões.

Entre 1985 e 1991, 50% do investimento externo em ações de empresas privatizadas tiveram a forma de *swaps* dívida externa-capital. Esse processo reduziu em um quinto a dívida acumulada do Chile até 1985 e representou 17,4% do capital vendido ao setor privado na alienação de nove das 27 estatais privatizadas desde então. O mesmo canal foi usado para vender o controle acionário em cinco firmas que tinham sido encampadas pelo governo durante a crise financeira do início da década de 1980.

O elevado preço do papel da dívida externa do Chile excluirá provavelmente essas alternativas no futuro. O Código de Investimento Estrangeiro de 1974 do Chile (DL 600) estabeleceu:

- repatriação de capital não antes de três anos contados a partir do seu ingresso;
- nenhum requisito de dissolução gradual (*fade out)*;
- um regime cambial para a repatriação de capital e remessas de lucros tão favorável quanto o aplicado à aquisição de importações gerais;
- tratamento igual para investidores estrangeiros e investidores nacionais;
- nenhum prazo mínimo e nenhum limite para as remessas de lucros;
- nenhum prazo mínimo para o investimento permanecer no país;
- escolha de regime tributário sobre lucros.

Um quinto do investimento total no Chile durante 1990 representou investimento externo. Volumes muito maiores foram autorizados desde 1985, mas ainda não foram concretizados.

Jamaica

PETER PHILLIPS

A Jamaica fez da privatização um dos elementos críticos em sua estratégia para eliminar distorções na economia, para aumentar os níveis de eficiência e promover o crescimento e desenvolvimento econômico sustentado. O compromisso com a privatização não é novo na Jamaica nem constitui novidade para a administração do primeiro-ministro Michael Manley. A partir de 1989, o governo completou um ambicioso programa de privatização no setor de turismo. Foram colocados à venda 14 hotéis — com resultados líquidos superiores a J$ 882 milhões (US$ 110 milhões). A administração também concluiu importantes privatizações no setor de telecomunicações. Isso não só rendeu divisas mas também ampliou imensamente a capacidade técnica e financeira desse setor.

Entretanto, apesar desses desenvolvimentos, a privatização na Jamaica foi espasmódica, de um âmbito excessivamente restrito e impulsionado quase sempre mais pela necessidade de equilibrar as contas do que pela necessidade de um esforço abrangente para reformar a estrutura econômica do país, a fim de que possa competir nos mercados mundiais.

É amplo o espectro do programa atual. O governo planeja alienar companhias estatais e interesses acionários em outras empresas (há cerca de 300 em tais casos) e privatizar certas atividades que foram tradicionalmente realizadas pelo governo. O programa tem dois componentes: reorientar o papel do setor público para o de um "habilitador" — fornecendo a apropriada estrutura e infra-estrutura de apoio aos setores produtivos — e reconhecer e apoiar o papel do setor privado como o principal veículo para o crescimento e desenvolvimento econômicos.

O governo está compilando uma lista abrangente de todas as empresas a ser privatizadas. Algumas dessas entidades estão nas áreas de turismo, açúcar, agricultura, mineração e energia, serviços públicos e atividades de distribuição e serviço. Essas empresas serão privatizadas em fases e não estão sendo fixados prazos-limites para a venda ou estipulação dos resultados a ser obtidos nas operações. O conceito de economia de mercado será aplicado no estabelecimento dos preços de alienação — reconhecendo-se que os investidores querem obter uma aceitável taxa de rendimento para os seus investimentos.

O envolvimento externo está sendo favoravelmente acolhido, especialmente em casos que incluem o ingresso de divisas e o acesso à tecnologia avançada. Existem numerosas concessões nos vários setores, as quais incluem isenção de imposto sobre renda e sobre dividendos e a redução de ou moratória sobre várias obrigações. Essas concessões aplicam-se a diferentes períodos de tempo e variam de acordo com a indústria e a atividade.

A responsabilidade pelo planejamento, monitoração e, de um modo geral, a garantia do êxito do programa cabe ao Gabinete do primeiro-ministro. O National Investment Bank of Jamaica é a principal agência de implementação e responsável pela mecânica de cada processo de privatização.

México

ROGELIO RAMÍREZ DE LA O

Numa inversão de sua longa tradição de pesada intervenção do Estado na atividade econômica, o México está hoje reprivatizando muitas das mais de um milhar de entidades estatais que existiam em 1982. A transformação, motivada inicialmente por embaraços orçamentários, está sendo agora impulsionada por um setor privado cada vez mais forte, exigindo que o governo caia fora de indústrias não-estratégicas.

Em conseqüência de grandes déficits orçamentários, causados em parte por organizações estatais ineficientes, o governo em meados da década de 1980 assinalou que queria sair gradualmente de áreas fabris e não-estratégicas. A política baseou-se em duas iniciativas. Primeiro, o enquadramento jurídico foi esclarecido através do artigo 28 da Constituição que definiu as áreas de atividade reservadas ao Estado. Esse artigo excluiu a maioria das indústrias de manufaturas, onde o investimento estatal era substancial, embora mantivesse proibições de participação privada nas áreas de petróleo, eletricidade, ferrovias e bancos. O setor de bancos foi eliminado em 1990 quando o Congresso mexicano aprovou a reprivatização de bancos comerciais. Em segundo lugar, o programa orçamentário teve o propósito de reorganizar as finanças de organizações estatais, reduzindo as dívidas destas e aumentando sua produtividade. Embora os resultados fossem lentos em aparecer, o sistemático e rigoroso controle orçamentário logrou realizar, finalmente, a redução das alocações para empresas industriais públicas.

Durante o estágio inicial dessa política, faltava ao governo uma filosofia que reconhecesse ser o setor privado o melhor mecanismo para a eficiente alocação de recursos. Portanto, levou muito tempo para o público compreender que as privatizações caracterizavam uma nova política econômica. Houve poucas alienações de empresas importantes nos anos de 1983-1988: refrigerantes, hotéis, produtos químicos e farmacêuticos não importantes e firmas de serviços. Pela mesma razão, os sindicatos não entenderam que uma reestruturação das empresas estatais era absolutamente essencial, e os conflitos entre governo e sindicatos significaram freqüentemente que o governo preferiu decretar a falência em vez de continuar com uma operação que estava perdendo dinheiro. Assim, muitas firmas foram primeiro declaradas falidas e só depois colocadas à venda.

Os primeiros setores visados foram a mineração e a manufaturação, onde pequenas firmas foram vendidas em 1988-1989. Foram seguidas pela importante venda da companhia de cobre Cananea por mais de US$ 900 milhões. O governo mexicano também colocou à venda sua propriedade de duas companhias aéreas. Estaleiros navais, caminhões e motores, produtos químicos, açúcar e distribuição de alimentos foram as metas seguintes. Essas privatizações totalizaram cerca de US$ 1,6 bilhão.

Em 1990 ficou claro que o público via com bons olhos as privatizações e apoiaria o governo contra os sindicatos fortes. Parte da razão estava no fato de que os consumidores queriam melhores serviços públicos e consideravam o governo um mau administrador. Em 1990, o governo privatizou 20% de sua participação financeira no monopólio telefônico, TELMEX, passando por US$ 1,7 bilhão o controle acionário para o setor privado. Essa primeira grande privatização foi complexa por causa da necessidade de assegurar que os compradores tinham tecnologia apropriada e recursos suficientes para futuros dispêndios de capital. Foi permitido a estrangeiros a compra de uma participação minoritária, principalmente para assegurar o acesso à tecnologia de ponta. O êxito dessa operação encorajou a venda em 1991 de mais 26% da participação do governo através de novas ações sem direito de voto. Algumas dessas ações foram colocadas por US$ 1 bilhão em mercados internacionais. As privatizações tornaram-se então um instrumento para a promoção de papéis mexicanos no mercado financeiro global. Em 1991, apenas 280 empresas continuavam sendo públicas, de um total de 1.155 existentes em 1982 (ver Figura 2.1 e Quadro 2.1).

O México precisava de capital estrangeiro e a privatização podia atraí-lo. Em 1991, entretanto, a participação estrangeira só era aceita em ações sem direito a voto ou numa capacidade minoritária. Assim foi no caso da privatização da TELMEX e das privatizações de bancos comerciais, em que cada entidade estrangeira não podia possuir mais de 10% e a participação acionária estrangeira total estava limitada a 30% do capital. A internacionalização da economia sugere que tais restrições tornem-se menos aceitáveis no futuro e que nos próximos anos a preservação de nichos para grandes conglomerados mexicanos seja mais difícil.

Além de US$ 1,6 bilhão recebido das primeiras e pequenas reprivatizações ao longo da década de 1990, o governo tinha em meados de 1991 acumulado US$ 8,4 bilhões, dos quais as maiores contribuições resultaram da venda da

FIGURA 2.1 Número total de empresas estatais no México, 1982-1990

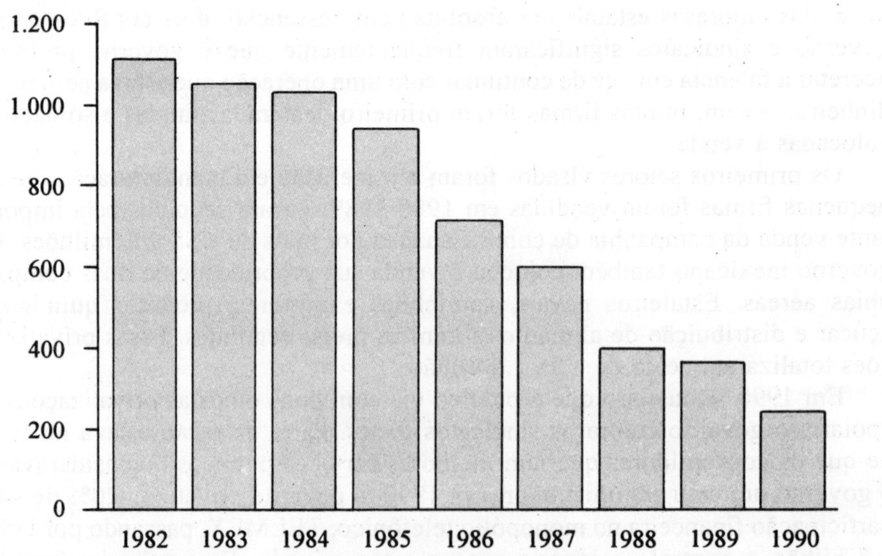

FONTE: Secretariado de Finanças e Crédito Público do México.

QUADRO 2.1 Alienação de empresas estatais no México (número de firmas)

Processo	Processo finalizado	Processo em curso	Processo autorizado
Liquidação	244	64	308
Extinção	141	14	155
Fusão	82	5	87
Transferência	29	3	32
Venda	246	54	300
Lei Federal EE	69	n.d.	69
Total	811	140	951

n.d. = não disponível.
FONTE: Secretariado de Finanças e Crédito Público do México.

TELMEX e do Banco Nacional de México (BANAMEX). Todos os bancos comerciais e outras entidades menores foram posteriormente reprivatizados por US$ 8 bilhões, incluindo o complexo siderúrgico, SICARTSA, e a companhia de fertilizantes (ver Quadro 2.2).

QUADRO 2.2 Firmas estatais para venda no México em 1991

Indústria	Empresas Estatais
Alimentação animal	Alimentos Balanceados de México, S/A de C.V.
Produção cerâmica	Cerámicas y Ladrillos, S/A
Fertilizantes	Fertilizantes Mexicanos
Pesca	Fisheries
Distribuição de gás	Distribuidora de Gas de Queretaro, S/A
	Distribuidora de Gas del Estado de México
Postos de gasolina	Compañía Operadora de Estaciones de Servicios, S/A (30 postos)
Seguros	Aseguradora Mexicana, S/A
Leite industrializado	Leche Industrializada Conasupo (Activos)
Mineração	Minera Carbonífera Río Escondido, S/A
Estúdios cinematográficos	Estudios América, S/A
Construção de vagões ferroviários	Constructora Nacional de Carros de Ferrocarril
Construção naval	Astilleros Unidos de Guaymas, S/A
Siderurgia	Refractarios H W Flir de México, S/A
	Siderúrgica Lazaro Cardenas, Las Truchas
	Internacional de Aceros, S/A
	Ferroaleaciones de México, S/A
	Altos Hornos de México
Turismo	Nacional Hotelera de Baja California, S/A
	Recromex, S/A de C.V.
	Terrenos Recreo, S/A de C.V.
	Recubrimientos y Pisos de Quintana Roo
Transportes	Servicios de Transbordadores de la Vert Caribe
	Transportes Centrales, S/A
Produção de zinco	Zincamex, S/A

FONTE: Ministério da Fazenda, México.

À medida que a economia do México adquire características mais internacionais, os objetivos e a política de privatização evoluirão muito provavelmente em dois importantes aspectos. Um é que o conceito daquilo de que o Estado deve ser dono será objeto de revisão. Um outro é que o papel do investimento estrangeiro em empresas privatizadas tornar-se-á mais importante. Não obstante, o governo mexicano tem grande poder discricionário para estabelecer o âmbito do programa no futuro.

Ao mesmo tempo, a internacionalização do México cria novas forças econômicas que estarão menos dispostas a tolerar limitações e regras *ad hoc*. O Acordo Norte-Americano de Livre Comércio (NAFTA), como parte desse processo, tenderá para a eliminação da discriminação entre investidores. O provável resultado será uma presença maior de investidores estrangeiros em atividades que há apenas alguns anos estavam reservadas para mexicanos.

Venezuela

JOSEPH A. MANN, JR.

O ambicioso programa de privatização da Venezuela, anunciado com grande aparato no começo de 1989, está finalmente registrando algum progresso, após um lento e penoso início. Em agosto de 1991, o governo do presidente Carlos Andrés Pérez realizou a sua mais importante privatização até a data, quando um consórcio incluindo a Ibéria, da Espanha, e o grupo Banco Provincial, da Venezuela, obteve o direito de compra da maioria das ações da VIASA, a companhia aérea venezuelana que explora linhas internacionais. A venda de US$ 145,5 milhões dará à Ibéria e seus parceiros 60% das ações da VIASA e aumenta de modo significativo a presença da Ibéria na América do Sul. A Ibéria, controlada pelo governo espanhol, já é acionista em companhias aéreas argentinas e chilenas e está estudando investimentos em outras companhias aéreas regionais. Uma vez completada a compra de ações, a Ibéria deterá 45% das ações da VIASA; o Grupo Banco Provincial, 15%; os empregados da VIASA, 20%; e o governo venezuelano, 20%.

Antes da licitação de 1991, membros do Congresso venezuelano, incluindo parlamentares do próprio partido político do presidente Pérez, Acción Democrática, culparam o governo por encontrar apenas dois licitantes potenciais para a VIASA: a Ibéria e a KLM/Northwest. Os críticos enfatizaram que o governo desejou privatizar a VIASA, mas tanto a Ibéria quanto a KLM são companhias de propriedade do governo ou controladas pelo governo de seus respectivos países. Por conseguinte, a assunção do controle por uma ou outra dessas empresas significaria colocar a VIASA sob o controle de um governo estrangeiro.

Até a venda da VIASA, o governo venezuelano tinha vendido somente três bancos comerciais de uma lista de vinte companhias de propriedade do Estado, ou controladas pelo Estado, programadas para privatização. Estavam incluídas companhias aéreas, hotéis e instalações turísticas, refinarias de açúcar, um estaleiro naval, bancos, empresas de abastecimento de água e energia elétrica, a companhia estatal de telecomunicações e outros serviços públicos.

Além da venda dos três bancos — Banco Ocidental de Descuento, Banco Italo Venezolano e Banco República —, o governo outorgou uma concessão em 1991 para investidores privados operarem um sistema telefônico celular. A administração está também levando a efeito a privatização da companhia estatal de telefones e telecomunicações, CANTV. O governo solicitou ainda a investidores privados da Venezuela e do estrangeiro a apresentação de propostas para a compra da Astinave, um estaleiro naval; para contratos de administração de portos comerciais; para uma grande companhia de cimento; refinarias de açúcar; instalações turísticas (hotéis e um teleférico em Caracas); e outros bens patrimoniais.

Virtualmente todas as companhias incluídas na lista de privatização estavam no vermelho. A VIASA, por exemplo, registrou um prejuízo líquido de US$ 47 milhões em 1990. O governo está interessado em encontrar investidores internacionais e nacionais para tudo o que pôs em leilão, exceto os bancos comerciais. A legislação venezuelana limita atualmente as participações estrangeiras no capital acionário dos bancos a um máximo de 20%.

Novos investimentos e administração eficiente na CANTV são vitais para o desenvolvimento econômico da Venezuela. A gigantesca companhia (20.000 empregados) fornece um serviço medíocre ao 1,5 milhão de assinantes de telefones existentes no país e admite abertamente que não pode fazer face à demanda de novos serviços, especialmente em conseqüência da expansão da economia. Por exemplo, companhias internacionais que planejam abrir escritórios na Venezuela descobriram que a obtenção de uma linha telefônica através dos canais "normais" na CANTV pode demorar até oito anos. Mas pagando a "intermediários", novas linhas podem ser instaladas em poucos dias.

O preço mínimo do governo venezuelano para a privatização da CANTV foi fixado em US$ 2 bilhões, o mais alto para qualquer companhia privatizada em 1991. Oito companhias internacionais de comunicações foram qualificadas para participar no leilão com vistas à aquisição de um pacote de ações majoritário na companhia telefônica. Um consórcio liderado pela Bell Atlantic International apresentou proposta para 40% da CANTV. Outros licitantes incluíram a American Telephone & Telegraph (AT&T), Bell Canada, France Telecom, GTE, Nippon Telephone & Telegraph, Southwestern Bell e US West. O governo exigiu que o licitante vencedor efetuasse investimentos anuais em torno de US$ 800 milhões e instalasse 300.000 novas linhas telefônicas a cada ano.

Em 1990, a CANTV declarou que realizara um lucro operacional sobre as receitas em torno de US$ 500 milhões. Na verdade, tinha registrado um déficit de US$ 71 milhões por causa do serviço da dívida e de perdas cambiais.

Em junho de 1991, a Venezuela deu um importante passo no rumo da privatização de seu seriamente deteriorado sistema de telecomunicações quando a CANTV outorgou uma concessão de telefonia celular a um consórcio privado por US$ 98 milhões. O grupo vencedor incluiu Bel South (EUA), Racal Telecom (Reino Unido) e três sócios venezuelanos.

A privatização da CANTV foi realizada com êxito no final de 1991. Um consórcio liderado pela GTE (dos Estados Unidos) colocou o seu lance de US$ 1,89 bilhão para 40% das ações da companhia mais o controle operacional. Foi a maior privatização feita até a data na Venezuela e uma das maiores em qualquer parte. Com efeito, o governo tinha fixado o preço mínimo da companhia em US$ 2 bilhões, o que significa que o preço mínimo para 40% era US$ 800 milhões. O lance da GTE excedeu o mínimo em mais de US$ 1 bilhão. Além da GTE outros membros do consórcio vencedor são La Electricidad de Caracas (a maior empresa privada de serviços de utilidade pública da Venezuela), o Grupo do Banco Mercantil da Venezuela, a Telefónica de España e a AT&T (o menor membro do consórcio).

Por que o programa de privatização da Venezuela levou tanto tempo para deslanchar? O Fondo de Inversiones de Venezuela (FIV), a agência financeira governamental encarregada pela administração Pérez de executar o plano de privatização, enfrentou desde o início uma formidável tarefa. Em primeiro lugar, o FIV teve que organizar uma lista cuidadosa de propriedades do governo (há cerca de 400 ministérios, órgãos governamentais, institutos autônomos, companhias estatais e outras entidades em que o Estado é acionista), estudar a infinidade de problemas legais associados à venda de patrimônios do governo, e decidir sobre prioridades e processos de licitação. O inventário era um problema porque governos passados da Venezuela não tinham uma idéia clara do que o Estado realmente possuía.

Quando o FIV desenvolveu uma lista provisória de candidatos à privatização no começo de 1990 (grandes produtores de déficits e serviços públicos necessitando desesperadamente de reformas), uma tenaz oposição começou a surgir de todos os quadrantes. Os adversários eram indivíduos ou grupos que se beneficiavam de algum modo do *status quo* nas empresas estatais, como administradores de companhia, líderes sindicais e operários sindicalizados, políticos que manipulavam sua influência arranjando empregos para os seus eleitores e obtendo contratos para eles próprios e seus amigos, e certos líderes empresariais que forneciam bens e serviços para essas estatais, usando habitualmente contatos políticos e troca de favores.

Apesar das dificuldades da tarefa e da oposição interna, entretanto, o programa de privatização venezuelano continua avançando.

Ravi Ramamurti 3

A Privatização como Remédio para Empresas Estatais

Na década de 80, o papel das empresas estatais (EEs) passou por rigorosa investigação na América Latina e em outras regiões do mundo em desenvolvimento. Muitos governos parecem estar chegando à conclusão de que as EEs não eram os híbridos ideais que se imaginara serem: só raramente combinaram as forças dos setores público e privado, como originalmente se esperava, e não poucas vezes combinavam apenas os piores aspectos de ambos. As EEs fracassaram comumente em maximizar o maior bem ou só o fizeram por um elevado custo. Uma apurada sintonia e reformas marginais tinham conseguido pouco, ao longo dos anos, para melhorar seu desempenho, embora aqui e ali uma empresa registrasse notáveis resultados.[1]

Em fins da década de 1970, o setor EE tinha absorvido uma grande parcela do orçamento governamental na forma de subsídios e infusões de capital.[2] Quando os governos incorreram em sérios problemas fiscais na década de 80 e encontraram crescentes dificuldades para contrair empréstimos internos e externos, viram-se forçados a considerar métodos relativamente radicais para transformar o setor EE. Surgiu nos países em desenvolvimento um programa de reforma EE que não tinha paralelo, em escala e em amplitude, em todo o período do pós-guerra. Uma classe de reforma — a privatização — foi especialmente importante. A sua novidade está refletida no fato de que a palavra só veio a figurar em dicionários comuns a partir dos primeiros anos da década de 80.[3]

Os pioneiros da privatização estavam trabalhando mais com programas de ação não testados do que com soluções garantidas. A privatização não atingiu sistematicamente seus fins declarados. Mas, pelo menos, a década de 1980 pôs em movimento uma busca criativa de remédios, da qual emergiu uma gama de opções mais vasta do que tudo o que existia antes. Os países em desenvolvimento descobriram novos métodos de utilização do setor privado, fazendo-o cooperar na satisfação das necessidades nacionais e em novas combinações entre os setores público e privado que pudessem promover o desenvolvimento.

Tendências recentes da privatização

A privatização adquiriu considerável impulso no mundo em desenvolvimento ao longo da década de 80. Até dezembro de 1987, um total de 571 EEs tinham sido privatizadas em 57 países em desenvolvimento, de acordo com um relatório do Banco Mundial (ver Quadro 3.1).[4] Transações planejadas para o futuro, das quais havia mais de 500 em 1988, não estão incluídas no relatório. Também estão excluídas as reprivatizações — ou seja, a volta de firmas recentemente nacionalizadas ao setor privado, de que havia, pelo menos, vários milhares de casos. O Banco Mundial qualificou os casos constantes do Quadro 3.1 como "novas privatizações". Embora países como o Chile, Bangladesh e Israel tivessem alienado algumas EEs na década de 1970, a privatização ganhou uma popularidade sem precedentes no mundo em desenvolvimento ao longo da década de 80.

Ao mesmo tempo, as provas não indicam que a privatização fosse irrefreável ou que o equilíbrio público-privado estivesse prestes a ser espetacularmente alterado nos países em desenvolvimento. Apenas em alguns poucos países em desenvolvimento (Chile, Costa do Marfim) e desenvolvidos (o Reino Unido) o equilíbrio público-privado foi, na realidade, substancialmente alterado por volta de 1988. Em muito outros países freqüentemente descritos como ativos privatizadores, como o México e Bangladesh, houve poucos casos significativos de novas privatizações. Sem dúvida, países como a Argentina, o Brasil, a Malásia e a Turquia estavam prontos para privatizar em grande escala, mas o ritmo lento de implementação no passado suscitou dúvidas acerca do futuro ritmo ou âmbito da privatização nesses países.

Muitas das firmas privatizadas em 1987 também eram de pequenas dimensões, especialmente no caso de vendas privadas, que foram responsáveis por quase metade de todos os casos. A privatização também esteve maciçamente concentrada em oito países em desenvolvimento, os quais responderam por mais de metade das transações no Quadro 3.1. Esses países incluem o Brasil, o Chile

---

Este capítulo foi adaptado de Ravi Ramamurti, "The Search for Remedies", em *Privatization and Control of State-owned Enterprises*, Ravi Ramamurti e Raymond Vernon, orgs. (Washington, D.C.: World Bank, 1991.)

QUADRO 3.1 Novas privatizações concluídas ou em curso em países em desenvolvimento, por região e tipo, dezembro de 1987

Região	Nº de países envolvidos	Oferta pública		Venda privada		Venda de ativos		*Leasing*		Contratos de Administração		Outros*		Total	
		Número	%	Número	%	Número	%	Número	%	Número	%	Número	%	Número	%
África ao sul do Saara	25	6	7,7	98	34,9	41	69,5	22	43,1	48	67,7	19	61,3	234	41,0
Ásia	10	27	34,6	31	11,0	2	3,4	8	15,7	15	21,1	10	32,2	93	16,3
Países do Pacífico	3	1	1,3	3	1,0	0	0,0	4	7,8	2	2,8	0	0,0	10	1,8
África do Norte e Oriente Médio	7	8	10,3	10	3,6	0	0,0	2	3,9	3	4,2	0	0,0	23	4,0
América Latina e Caribe	12	36	46,1	139	49,5	16	27,1	15	29,4	3	4,2	2	6,5	211	36,9
Total	57	78	100,0	281	100,0	59	100,0	51	100,0	71	100,0	31	100,0	571	100,0

NOTA: Os dados excluem a reprivatização de companhias recém-privatizadas e liquidações não acompanhadas pela venda de ativos. Privatizações planejadas não estão incluídas na contagem. * Inclui aquisição por empregados, fragmentação de EEs e novo investimento privado em EEs existentes.

FONTE: Compilado de informação em Charles Vuylsteke, *Techniques of Privatization of State-owned Enterprises*, vol. 1. *Methods and Implementation*, World Bank Technical Paper Nº 88 (Washington D.C., 1988), anexo E, quadro 1, p. 169-72.

e a Jamaica. Cerca de metade dos 57 países privatizantes tinha menos de cinco transações concluídas ou em curso no final de 1987.[5] Com efeito, alguns dos países tidos como privatizantes viram seus setores estatais registrar uma significativa expansão na década de 80. Centenas de companhias passaram para a propriedade estatal no México assim como as carteiras dos principais bancos ficaram sob controle do Estado quando os bancos foram nacionalizados em 1982. E nas Filipinas, ativos não-realizáveis no valor de US$ 7 bilhões caíram sob controle governamental quando firmas privadas deixaram de pagar empréstimos contraídos com bancos estatais.[6] De fato, o número de companhias que entrou no rol de propriedades estatais nesses dois países foi da mesma ordem de grandeza que as novas privatizações em todos os outros países em desenvolvimento até ao final de dezembro de 1987.

Não obstante, no México e nas Filipinas, a maioria dos patrimônios encampados foram rapidamente marcados para reprivatização. Em outros tempos, eles poderiam muito bem ter permanecido em mãos do Estado por anos. De um modo significativo, em países em desenvolvimento nos anos 80, poucas EEs novas foram criadas como deliberada e premeditada política pública. Embora o patrimônio estatal não encolhesse espetacularmente na maioria dos países durante os anos 80, viu-se, porém, uma quase completa parada na criação de novas EEs e o começo do que tinha o potencial para ser uma importante inversão de rumo na política patrimonial. Os desenvolvimentos dos começos da década de 1990 sugerem que a privatização pode estar em vésperas de um crescimento explosivo em muitos países, especialmente na América Latina.

Formas de privatização

Na prática, a privatização adotou muitas formas diferentes, como se mostra no Quadro 3.1. O termo privatização acabou sendo usado para políticas e idéias heterogêneas. Algumas definições de privatização são mais amplas do que as usadas na pesquisa do Banco Mundial; por vezes, o termo inclui qualquer mudança de orientação que amplie o âmbito de concorrência da empresa privada com as EEs ou até uma política que possa levar as EEs a conduzir-se mais como firmas privadas. Quando a definição de privatização se alarga, torna-se mais difícil encontrar um tema unificador para as variações que engloba.

Nem todas as formas de privatização ampliam o papel do setor privado e restringem o do Estado. Embora o termo privatização soe como o *oposto* de propriedade estatal — atraindo dessa maneira alguns adeptos —, a situação concreta em países em desenvolvimento revela-nos um quadro mais complexo. Quando, por exemplo, um governo vende uma posição minoritária numa EE a milhares de investidores passivos, o Estado ganha o acesso a recursos privados sem perder o controle da empresa. As ofertas públicas, que respondem por 13,7% de todas as novas privatizações no Quadro 3.1, ajustam-se comumente a essa descrição, sobretudo quando estão envolvidas grandes EEs ou monopólios naturais. Do mesmo modo, contratos de *leasing* e gerenciamento, que respondem por 21,3% de todas as transações, não acarretam transferência de propriedade. Assim, em mais de um terço de todas as transações — e, muito provavelmente, numa parcela muito maior dos bens patrimoniais envolvidos — a privatização alterou o papel do Estado sem o diminuir claramente. Os arranjos organizacionais resultantes foram híbridos, como EEs que combinaram elementos dos setores público e privado. A privatização parcial misturou a propriedade privada e a estatal; os contratos de gerenciamento e *leasing* combinaram a administração privada com a propriedade e controle do Estado; outras formas combinaram a propriedade privada com a regulamentação pelo Estado.

Metas e conflitos

A privatização foi motivada por muitas e diferentes metas. Estudos de países específicos mostram que essas metas incluíram a melhoria do fluxo de caixa do governo, o incremento da eficiência do setor das empresas estatais, a promoção do "capitalismo popular", a repressão do poder dos sindicatos operários no setor público, a redistribuição de rendas dentro da sociedade e a satisfação de doadores estrangeiros que queriam ver reduzido o papel do governo na economia. Ocasionalmente, a privatização é coerente com muitas dessas metas ou com todas elas. O mais comum é que não o seja.

Um conflito comum é entre o desejo de privatizar rápida e extensamente e o desejo de maximizar os resultados da privatização. Estudos de país por país sugerem que se um volume suficiente de bens patrimoniais do Estado é vendido, um governo pode recolher uma confortável soma de dinheiro a curto prazo. O Reino Unido arrecadou £$ 29 bilhões entre 1979 e 1988 através da privatização, enquanto o Chile arrecadava US$ 850 milhões entre 1975 e 1980.[7] Entretanto, os observadores acreditam que em ambos os países os governos realizaram menos do que poderiam ter conseguido se a privatização tivesse sido implementada mais lenta e cuidadosamente.[8] Governos que eram vistos como fortemente comprometidos com a privatização enfraqueceram, por vezes, suas posições na mesa de negociação, sobretudo nos países em desenvolvimento, onde o número de licitantes para a compra de EEs era usualmente pequeno. Em licitações públicas, as ações de EEs eram, com freqüência, desvalorizadas, especialmente se era desejada uma substancial transferência de propriedade ou uma venda rápida e "bem-sucedida". Considere-se os seguintes casos:

Em Bangladesh, o governo devolveu empresas têxteis aos seus antigos donos a preços iguais àqueles pelos quais as firmas tinham sido nacionalizadas uma década antes, apesar de o governo ter investido grandes somas nas fiações nesse ínterim.[9]

No Reino Unido, de acordo com um estudo, as ações de EEs foram desvalorizadas em cerca de 51% em média nos preços fixados para ofertas públicas, em comparação com 3% em ofertas similares no setor privado.[10] Além disso, os empregados (e, ocasionalmente, clientes) receberam ações grátis ou casadas, assim como crédito subsidiado para pagar por essas ações, como ocorreu na Jamaica.

Num caso em Sri Lanka, uma grande parte das receitas recebidas pelo governo em conseqüência de privatizações foi absorvida pelo pagamento de indenizações aos operários demitidos.[11] Em outros casos, o governo fez generosas concessões aos novos proprietários, convertendo em capital os empréstimos da EE, cancelando consideráveis débitos ou injetando dinheiro na firma antes da privatização. Quando os compradores foram providos de crédito para pagar uma EE — por vezes, a taxas subsidiadas — as receitas a curto prazo do governo caíram ainda mais. Num caso, por exemplo, concedeu-se ao comprador um prazo de 15 anos para pagar 90% do preço de compra, embora o anúncio original estipulasse o pagamento integral em 90 dias.[12]

Em Bangladesh, onde 22 empresas têxteis foram reprivatizadas em apenas 10 meses, os novos proprietários e o governo discutiram durante anos, após a conclusão das transações, sobre quem era responsável por que porção das dívidas dessas empresas. Nesse meio tempo, os proprietários privados recusaram-se a pagar o serviço da dívida em litígio e a ameaça de renacionalização dificilmente foi levada a sério, uma vez que, em primeiro lugar, teria colocado o governo em situação embaraçosa e favorecido o jogo daqueles que se opunham à política de privatizações.

Muitos outros fatores puderam também diminuir a realização de caixa do governo decorrente da privatização. Por vezes, é preciso dar garantias aos trabalhadores de que nenhum será demitido após a privatização, como foi o caso em Bangladesh. Num caso na Malásia, o governo prometeu que a compensação e os benefícios dos empregados seriam mantidos durante, pelo menos, cinco anos após a privatização para todos aqueles que optaram por não aceitar uma já generosa indenização por rescisão contratual anterior à venda.[13] As propostas recebidas pelo governo refletem forçosamente essas limitações sobre a futura redução de custos. Do mesmo modo, as decisões de governos de não vender EEs a estrangeiros ou a um certo tipo de compradores locais (por exemplo, à etnia chinesa na Malásia, a asiáticos em países da África negra, ou a apaniguados do ex-presidente Ferdinando Marcos nas Filipinas) não podiam deixar de diminuir as realizações de caixa resultantes de privatizações.

Sem dúvida, algumas dessas perdas podem ser evitadas à medida que os países vão adquirindo experiência com a privatização, mas outras são inevitáveis se um governo deseja agir rapidamente, aproveitando uma abertura política propícia à privatização. Inversamente, um governo que leva todo o tempo e cuidado do mundo para maximizar o lucro obtido numa privatização pode estar dando tempo demais aos adversários do processo para organizar a resistência. Países como a Nigéria e a Turquia levaram muitos anos para elaborar um plano diretor para a privatização, introduzir legislação que permitisse a alienação de patrimônio, preparar EEs para a venda e criar dispositivos organizacionais no governo para levar a efeito as transações, aumentando assim as oportunidades de mobilização da oposição.[14]

Para neutralizar as perdas de receita resultantes dos fatores acima, os governos podem transigir numa outra meta comum das privatizações: aumentar a eficiência econômica das EEs. Sem dúvida, nem todos os governos parecem estar tão preocupados com a eficiência quanto os economistas que escrevem sobre a privatização, mas até mesmo aqueles que estão confundem comumente privatização com concorrência. Provas empíricas sugerem que reformas planejadas para promover a concorrência — ou mesmo a ameaça de concorrência — podem muito bem aumentar a eficiência. Entretanto, uma firma que enfrente pouca ou nenhuma concorrência venderá usualmente por mais — e possivelmente mais depressa — do que uma que se defronte com intensa competição, *ceteris paribus*. Quando um bom número de grandes EEs foi privatizado no Reino Unido, houve a renúncia a várias oportunidades para estimular as condições competitivas, talvez porque as firmas teriam sido vendidas por menos se essas oportunidades tivessem sido aproveitadas.[15]

A concorrência pode ser comprometida durante a privatização ainda por uma outra razão: os governos podem preferir compradores do mesmo ramo industrial da EE, porque são considerados mais aptos a fazer com que a firma tenha êxito. Um estudo de transações de venda privada em seis países desenvolvidos concluiu que em 60% dos casos o comprador privado operava no mesmo setor industrial da EE. Essa percentagem subiu para 74,2% no caso de países em desenvolvimento.[16] Nesses casos, a concorrência pode ter sido enfraquecida em vez de fortalecida pela privatização. Os governos podem ter vendido EEs a tais compradores porque suas ofertas estavam entre as maiores, mas o licitante mais alto nem sempre é o "melhor" licitante — ou seja, aquele que maximiza o valor social de uma firma após a privatização.[17]

E quando a concorrência é inexeqüível e indesejável, como no caso de monopólios naturais? Nessas circunstâncias, a eficiência depende pelo menos tanto da qualidade de regulamentação governamental quanto da propriedade do capital. A privatização pode, portanto, ter que ser acompanhada pela liberalização em alguns casos e por melhor regulamentação em outros, a fim de aumentar a eficiência.[18] Essas condições, porém, não são facilmente obtidas em países em desenvolvimento, como Mark S. Fowler e Aileen Amarandos Pisciotta sublinham no capítulo 7 a respeito da indústria de telecomunicações. Por via de regra, os mercados são pequenos e os governos fracos. Em tais casos, os debates sobre os méritos relativos da propriedade estatal *versus* propriedade privada podem distrair os responsáveis pelo planejamento nacional de tarefas mais importantes e mais difíceis para corrigir deficiências do mercado ou da regulamentação.

Implementação

As implicações da privatização mais na realidade do que em abstrato parecem ser, com freqüência, complexas e incertas. Isso pode ser uma razão pela qual o avanço na realização de programas de privatização é usualmente tão lento. Apesar de tais problemas, certas espécies de empresas são candidatas óbvias à privatização em países em desenvolvimento que não são guiados por objetivos ideológicos ou impelidos por pressões externas. Os exemplos incluem pequenas EEs funcionando em mercados competitivos, especialmente se foram outrora de propriedade privada. Quase todos os países em desenvolvimento têm, pelo menos, algumas dessas firmas. Por vezes, a nacionalização de uma grande firma pode ter acarretado a transferência de algumas pequenas subsidiárias para a propriedade do Estado. Outras vezes, a decisão de um banco estatal de encampar uma firma privada insolvente pode ser o evento deflagrador. Ainda em outros casos, uma indústria que costumava ser dominada por uma EE pode ter evoluído de forma a incluir numerosos concorrentes privados. Às vezes, EEs podem ser devolvidas aos seus antigos donos, encurtando assim uma das etapas envolvidas na alienação. Não surpreende que muitas das privatizações que ocorreram cedo em países em desenvolvimento tenham envolvido a reprivatização ou a alienação de pequenas EEs. No Brasil e no México, por exemplo, a privatização em suas primeiras fases foi mais extensa quando medida pelo número de firmas vendidas do que pela amplitude ou proporção do patrimônio estatal alienado.[19]

A maior parte do setor estatal na maioria dos países em desenvolvimento engloba, entretanto, empresas estatais que monopolizam ou dominam mercados e que são enormes pelos padrões nacionais. No típico país em desenvolvimento, as dez ou doze maiores empresas estatais respondem por 70% a 80% do ativo total do setor EE. Nesses casos, a privatização foi difícil de avaliar e ainda mais difícil de implementar. Como o Quadro 3.1 mostra, foram comuns as combinações híbridas de várias espécies.[20] Na América Latina, onde muitos países tinham mercados de capitais relativamente bem desenvolvidos, os governos venderam comumente uma parte do capital das estatais ao público. Na África, onde os mercados de capitais eram subdesenvolvidos ou inexistentes, os governos usaram contratos de gerenciamento e de *leasing* a fim de privatizar estatais que eram muito grandes ou que dominavam seus mercados. As implicações do desempenho dessas entidades híbridas estão longe de ser claras. Por exemplo, não sabemos se uma empresa mista com acionistas particulares minoritários se comporta como uma empresa totalmente estatal, como uma empresa privada ou como uma empresa distinguível das outras categorias.

Numerosos estudos assinalaram que a privatização tende a passar por grandes dificuldades durante a sua implementação.[21] Trabalhadores, gerentes, servidores civis e políticos são conhecidos por sua resistência à privatização, porque os seus custos concentram-se freqüentemente nesses grupos, enquanto que os benefícios estão diluídos entre clientes, banqueiros de investimento e compradores em perspectiva. Não obstante, muitos estudos de casos mostram que os obstáculos à privatização não são insuperáveis.[22] Na maioria dos países, é possível atrair o apoio dos trabalhadores, contornar ou superar a resistência dos servidores civis e induzir os gerentes a dar seu apoio à política do governo; compradores podem ser encontrados e o capital pode ser levantado para privatizar pelo menos uma meia dúzia de empresas estatais, incluindo algumas das maiores. O compromisso do mais alto escalão político parece ser uma condição necessária, embora insuficiente em si mesma, para levar a privatização adiante. Quando o compromisso no mais alto escalão não é sincero, uma "privatização simbólica" pode ser empreendida para satisfazer os concedentes de ajuda externa, por exemplo, enquanto estudos e deliberações de comissões atrasam as iniciativas importantes.[23] Assegurado o compromisso na mais alta instância política, os responsáveis pelo planejamento devem decidir com que rapidez e com que amplitude desejam que a privatização progrida. A maior razão para privatizar rápida e discretamente é que os adversários serão provavelmente colhidos de surpresa; o lado negativo, como vimos, é a possibilidade de que sejam cometidos erros na implementação.[24]

Efeitos da privatização

O impacto indireto da privatização pode ser pelo menos tão importante quanto as conseqüências diretas. O movimento de privatização está forçando os países a reexaminar os fundamentos lógicos para a propriedade estatal de firmas, está levando-os a pensar mais cuidadosamente antes de criar novas empresas estatais, e induzindo-os a procurar as melhores técnicas de administração. Algumas provas indicam que, quando é deflagrado um programa de privatização, até o desempenho daquelas estatais que não foram privatizadas melhora, pelo menos a curto prazo.[25] Além disso, embora privatização e concorrência sejam fatores independentes, privatizar pode tornar mais fácil para um governo promover a concorrência. Por exemplo, a franquia, que pode ser uma solução possível para o problema de um monopólio natural, pode ser inviável se a firma incumbente é uma estatal com altas barreiras de saída. Do mesmo modo, o "padrão de concorrência" pode ser mais efetivo se os monopólios regionais pertencerem a diferentes donos, em vez de pertencerem ao mesmo governo.[26]

A longo prazo, é possível que a privatização também fortaleça as instituições necessárias para fazer o mercado funcionar, seja através do estabelecimento de Bolsas de Valores, do maior rigor na responsabilidade dos gerentes perante os acionistas, do estabelecimento de leis sobre falências ou do fortalecimento de instituições reguladoras.

Conclusão

Os responsáveis pela elaboração da política econômica na América Latina e nos países em desenvolvimento em outras regiões que desejam privatizar enfrentam uma difícil tarefa. Eles devem atuar em face de compreensão e informação incompletas, e têm que desenvolver soluções que reflitam as circunstâncias únicas de cada país ou de cada indústria. Muitas de novas práticas administrativas no setor privado evoluíram, porém, através de um processo análogo de tentativa e erro, quando gerentes inovadores experimentaram soluções criativas para novos problemas, descartando aquelas que foram malsucedidas e aperfeiçoando outras que funcionaram.[27]

Lamentavelmente, a maioria dos governos deu-se mal em seu papel de donos de empresas sem muita reflexão ou experiência prévia. Viu-se obrigada a assumir muitas atividades comerciais ou quase-comerciais que, por uma razão ou outra, não estavam sendo desempenhadas no setor privado. No exercício dessas atividades, os governos não desejaram sacrificar as vantagens que perceberam estar à disposição da firma autônoma. Portanto, tentaram criar uma instituição híbrida que combinasse a força dos setores público e privado. Com pequenas variações de país para país, a empresa estatal foi considerada tal instituição. Quando, porém, o conceito de EE não funcionou tão bem quanto esperado, a maioria dos governos revelou escassa imaginação para aperfeiçoar o conceito — até que as pressões fiscais da década de 1980 os forçaram a recuperar o tempo perdido.

Estamos, pois, em meio a uma intensa experimentação no que se refere às EEs. É claro, os governantes talvez não pensem sobre seus programas de reforma como experimentos mas, na fase atual, é isso o que verdadeiramente são. Desses experimentos pode resultar uma melhor compreensão do modo como podem ser proveitosamente combinados elementos dos setores público e privado. Poderemos aprender que a combinação ideal de propriedade pública e privada varia com o tamanho ou a significação estratégica de uma firma, a estrutura do seu mercado, a profundidade e capacidades do setor privado e a qualidade da regulamentação governamental. Se o Reino Unido serviu como laboratório de privatização para o mundo industrial, a América Latina está fazendo o mesmo para o mundo em desenvolvimento, especialmente a respeito das indústrias de monopólio natural (energia, telecomunicações, transportes).[28] A partilha internacional das lições obtidas em tais experimentos ajudará a acelerar o processo de aprendizagem.

NOTAS

1. O desapontamento generalizado a respeito do desempenho de EEs é visto em relatos públicos em vários países em desenvolvimento, incluindo Brasil, Bangladesh, Índia, Coréia do Sul e numerosos países da África ao sul do Saara. Sobre estes últimos, ver John Nellis, "Public Enterprise in Sub-Saharan Africa", World Bank Discussion Paper 1 (Washington, D.C., 1986).

2. Foi estimado que as EEs contribuem substancialmente para os déficits do setor público e financiaram, tipicamente, menos de um quinto de seus investimentos através de recursos internamente gerados. Ver Govindan Nair e Anastasios Filippides, "How Much Do State-owned Enterprises Contribute to Public Sector Deficits in Developing

Countries — and Why?", World Bank Policy, Planning and Research Working Paper, WPS 45 (Washington, D.C., dezembro de 1988). Para uma confirmação empírica do papel fundamental de fatores financeiros na promoção da privatização em países em desenvolvimento, ver Ravi Ramamurti, "Why Are Developing Countries Privatizing?", *Journal of International Business Studies*, 23, nº 2 (1992), p. 225-50.

3. O *Webster's New Collegiate Dictionary* incluiu a palavra privatização pela primeira vez em sua edição de 1983, de acordo com *Prospects for Privatization*, org. por Steve H. Hanke (Nova York: American Political Science Academy Press, 1988), p. 2.

4. Charles Vuylsteke, *Techniques of Privatization of State-owned Enterprises*, vol. 1, *Methods and Implementation*, World Bank Technical Paper Number 88 (Washington, D.C., 1988), quadro 1, p. 169-72.

5. Vuylsteke, *Techniques of Privatization.*

6. Stephan Haggard, "The Philippines: Picking Up after Marcos," em *The Promise of Privatization: A Challenge for American Foreign Policy*, org. por Raymond Vernon (Nova York: Council on Foreign Relations, 1988), p. 98.

7. Sobre o Reino Unido, ver Yair Aharoni, "The United Kingdom: Transforming Attitudes," em Raymond Vernon, *The Promise of Privatization,* p. 25-6. Sobre o Chile, ver Helen Nankani, *Techniques of Privatization of State-owned Enterprises*, vol. 2, *Selected Country Case Studies*, World Bank Technical Paper Number 89 (Washington, D.C., 1988), p. 19.

8. Sobre o Reino Unido, ver John Vickers e George Yarrow, *Privatization: An Economic Analysis* (Cambridge, Mass.: MIT Press, 1988). Sobre o Chile, ver Pan A. Yotopoulos, "The (Rip) Tide of Privatization: Lessons from Chile", *World Development* 17, nº 5 (1989), p. 683/702.

9. Klaus Lorch, "Privatization through Private Sale: The Bangladeshi Textile Industry", em *Privatization and Control of State-owned Enterprises*, org. por Ravi Ramamurti e Raymond Vernon (Washington, D.C.: World Bank, 1991), p. 116-42.

10. Ver Rama Seth, "Distributional Issues in Privatization", *Federal Reserve Bank of New York Quarterly Review* (verão de 1989), p. 34. A percentagem de 51% exclui a privatização da British Petroleum. A percentagem de 3% para as ofertas iniciais do setor privado é a média para o período de 1983-1985.

11. A companhia envolvida era Noorani Tiles, conforme relatado em Nankani, *Techniques of Privatization*, p. 118.

12. Nankani, *Techniques of Privatization.*

13. Roger Leeds, "Malaysia: Genesis of a Privatization Transaction", *World Development,* 17, nº 5 (1989), p. 741-56.

14. Ver Roger Leeds, "Turkey: Rhetoric and Reality", em Vernon, *The Promise of Privatization*, p. 149-78, especialmente p. 159-69.

15. Ver Vickers e Yarrow, *Privatization: An Economic Analysis*, p. 426-9.

16. Seth, "Distributional Issues in Privatization", quadro 12, p. 37.

17. Para um exame detalhado deste ponto, ver Leroy James, Pankaj Tandon e Ingo Vogelsang, "Selling State-owned Enterprises: A Cost-Benefit Approach", em *Privatization and Control of State-owned Enterprises,* org. por Ramamurti e Vernon, p. 20-44.

18. Ver, por exemplo, Vickers e Yarrow, *Privatization: An Economic Analysis*. Os autores afirmam que "o grau de competição no mercado do produto e a eficácia da política reguladora têm, tipicamente, maiores efeitos sobre o desempenho do que a propriedade *per se*" (p. 3).

19. Sobre a privatização no Brasil, ver Ethan B. Kapstein, "Brazil: Continued State Dominance", em Vernon, *The Promise of Privatization*, p. 122-48. A eleição de um

presidente conservador em 1989 mostrou a promessa de instigar o caráter ambicioso do programa de privatização do Brasil.

20. Embora a pesquisa do Banco Mundial não distinguisse entre as ofertas públicas em que o governo vendeu todo o seu capital e aquelas em que só uma parte era vendida, uma análise de casos individuais no apêndice do relatório indica que a alienação parcial foi, de longe, o caso mais comum, especialmente quando estavam envolvidas grandes EEs.

21. Ver, por exemplo, James E. Austin, Lawence H. Wortzel e John E. Coburn, "Privatizing State-owned Enterprises: Hopes and Realities", *Columbia Journal of World Business*, 21, nº 3 (outono de 1986), p. 51-60.

22. Numerosos estudos de países, incluindo os contidos em Ramamurti e Vernon, *Privatization and Control of State-owned Enterprises*, descrevem como foram superados os obstáculos à privatização.

23. Pode ter sido esse o caso em alguns países africanos, de acordo com Thomas M. Callaghy e Ernest James Wilson III, "Africa: Policy, Reality, or Ritual?", em Vernon, *The Promise of Privatization*, p. 179-230.

24. A Costa do Marfim parece ter adotado uma abordagem *ad hoc* guiada pelas decisões caso a caso do presidente do país. Ver Callaghy e Wilson, "Africa: Policy, Reality, or Ritual?", p. 202-7.

25. Ver George Yarrow, "Privatization in Theory and Practice", *Economic Policy*, 2 (1986), p. 324-77.

26. A franquia ("franchising") refere-se à estratégia de leiloar o direito a fornecer um serviço de monopólio (natural). A franquia cria concorrência *pelo* mercado quando a concorrência *no* mercado é inviável ou indesejável. O "padrão de concorrência" ("Yardstick competition") é um método de promoção de concorrência entre vários monopólios regionais regulamentados, como as companhias elétricas regionais. Para um exame sucinto desses conceitos, ver Vickers e Yarrow, *Privatization: An Economic Analysis*, p. 110-19.

27. Para um excelente estudo de aprendizagem organizacional no setor privado, ver Alfred D. Chandler, *Strategy and Structure: Chapters in the History of the American Industrial Enterprise* (Cambridge, Mass.: MIT Press, 1962).

28. Para estudos recentes de privatização na América Latina e seu caráter diligente, ver o número especial sobre privatização de *Latin Finance* (março de 1991) e Ravi Ramamurti, "Privatization and the Latin American Debt Problem", em *Private Sector Solutions to the Latin American Debt Problem*, org. por Robert Grosse (Miami: North-South Center, University of Miami, 1992), p. 153-76.

EDGAR C. HARRELL 4

Requisitos de Privatização de Investidores Estrangeiros

As revoluções que varreram a Europa Oriental no inverno de 1989 fizeram com que a atenção internacional se concentrasse na dinâmica da mudança de economias centralmente planificadas para economias de livre mercado. Muitos observadores, políticos e cidadãos acreditam que a privatização de empresas estatais (EEs) é essencial para essa mudança, uma vez que eliminará a ineficiência e o desperdício na economia e criará um robusto setor privado no estilo ocidental, onde não faltarão as Bolsas de Valores, os bancos comerciais, a conversibilidade da moeda e comércio relativamente livre de bens e serviços. Entretanto, a privatização não pode ser vista como panacéia para o subdesenvolvimento. Nações na América Latina e em outras regiões descobriram que, para ter êxito, um programa de privatização deve ser parte integrante de um pacote muito mais abrangente de reformas com vistas à reconstrução e ao aperfeiçoamento da infra-estrutura econômica, política e legal.

Os governos acham tentador tratar a privatização separadamente porque ela pode gerar um significativo influxo de recursos financeiros para o governo. Na Europa Oriental, por exemplo, os governos nacionais dispõem, segundo estimativas, de mais de US$ 100 bilhões de ativos para vender a investidores. Governos do mundo inteiro, ávidos de numerário, estão ansiosos por vender

---

O autor manifesta sua gratidão a Anne Nisenson, por sua assistência na preparação do presente capítulo.

seus ativos o mais depressa possível e redirecionar o dinheiro para a aceleração do desenvolvimento econômico e social de seus respectivos países. Uma decisão crítica é como minimizar os custos financeiros e sociais do deslocamento causado pela reestruturação econômica, da qual a privatização é apenas uma parte.

A realidade em muitas nações latino-americanas e na Europa Oriental, entretanto, é que a população local não detém, nem de longe nem de perto, algo que se avizinhe de US$ 100 bilhões em poupança e não tem acesso a mecanismos através dos quais pudesse angariar uma fração sequer desse montante. Para contornar esse obstáculo estrutural, os governos planejaram um certo número de métodos para aumentar o investimento interno em grande e em pequena escala nas empresas estatais privatizadas. No Chile, por exemplo, foi permitido a pequenos investidores nacionais comprar ações com apenas um pagamento à vista de 5% como sinal e o saldo a ser pago durante 15 anos a uma taxa de juros reais de 0%. Além disso, foi concedido aos pequenos investidores um desconto de 30% para pagamento antecipado do débito e foi-lhes consentido usar até 20% do investimento como crédito tributário contra futuros impostos de renda.[1] (Ver o capítulo 6, "Incentivos financeiros para investimento em privatização no Chile", para uma análise mais detalhada desses incentivos.) Outras nações, as da Europa Oriental em particular, efetuaram experiências com a vasta distribuição de certidões resgatáveis por ações em companhias privatizadas, a fim de estimular o envolvimento local e evitar a concentração de propriedade.

Mesmo quando suficiente capital pode ser gerado no mercado interno, subsiste o fato, entretanto, de que programas de privatização em função do endividamento, especialmente em países com modestos setores financeiros nacionais, são problemáticos e envolvem um custoso e ininterrupto compromisso a longo prazo por parte dos investidores. Também há o risco de que a empresa se torne de novo uma obrigação do governo.

Pequenos investidores nacionais e mercados locais de capital são freqüentemente impelidos até seus limites financeiros apenas para participar na privatização inicial de uma empresa. Numa nação com limitado acesso ao crédito, uma empresa assim privatizada será especialmente vulnerável em tempos de recessão ou se o aumento de competitividade industrial exige o investimento em modernização ou expansão. Os investidores nacionais particulares nos países em desenvolvimento simplesmente não têm bolsos tão fundos ou um acesso tão conveniente ao crédito quanto os grandes investidores institucionais ou multinacionais estrangeiros.

O investimento estrangeiro pode ser um importante contribuinte para um bem-sucedido esforço de privatização. No Chile, por exemplo, que se concentrou de modo intenso em motivar o investimento interno, as empresas financiadas com capital estrangeiro foram claramente mais resistentes ao fracasso ou à renacionalização.[2] De acordo com um estudo do Banco Mundial, numerosos fatores explicam o fracasso da privatização levada a efeito em função do endividamento no Chile:

- deficiente seleção de compradores potenciais e a conseqüente venda de empresas a investidores que carecem de adequadas bases financeiras e *expertise* técnica e gerencial;
- uma escala de alienação excessivamente grande, comparada com a capacidade limitada do mercado financeiro interno;
- um maciço apoio no endividamento como instrumento para financiar a venda de ações;
- a recessão de 1982-1983, a qual pode ter sido agravada pela primeira e a segunda fases de privatizações, que tiveram lugar em 1974-1975 e em 1975-1979.[3]

Embora o investimento externo não constitua necessariamente a maioria do investimento nos programas de privatização das nações em desenvolvimento, é um importante reservatório de capital. Faz-se acompanhar de um permanente influxo de tecnologia e perspicácia comercial que, com freqüência, está seriamente ausente, sobretudo quando se trata da privatização das maiores empresas estatais. Manuel Suárez-Mier, o ministro para assuntos econômicos da embaixada do México em Washington D.C., sublinhou a importância do investimento estrangeiro "na geração de recursos requeridos para executar o plano todo, mas também... em [sua] crucial contribuição para a modernização do parque industrial do país através da transferência de tecnologia inovadora e de capacidade organizacional".[4] O Banco Mundial também acha que "o problema em muitas economias é que existe apenas um pequeno número de investidores institucionais com os recursos financeiros e experiência administrativa requeridos para adquirir as maiores EEs".[5]

Muito se escreveu sobre que elementos os programas de privatização devem abranger se se quiser torná-los aceitáveis para as populações locais. A questão essencial das necessidades e requisitos de investidores estrangeiros foi ignorada, porém, em boa parte da literatura e no desenvolvimento de programas específicos de privatização. No Brasil, por exemplo, um estudo do Banco Mundial concluiu que os "investidores estrangeiros não foram explicitamente incluídos no programa de privatização porque o papel do capital estrangeiro na economia brasileira, como em outras, é um tema tradicionalmente discutido em clima emocional e exaltado".[6]

Algumas apreensões implícitas na relutância dos governos em fazer do investimento externo a peça central de seus programas de privatização são que os investidores estrangeiros podem obter uma posição monopolística ou oligopolística; que podem reduzir as possibilidades industriais para companhias nacionais; e que podem agressivamente repatriar capital em vez de promover objetivos econômicos e sociais nacionais. Essas apreensões referem-se ao investimento estrangeiro em geral, não apenas a investimentos associados com programas de privatização.

Como quaisquer outros investidores, os investidores estrangeiros em programas de privatização desejam maximizar o rendimento e minimizar o risco para seus investimentos. Analisarão com cuidado o ambiente macroeconômico e regulador de uma nação quando decisões sobre onde e quando aplicar fundos forem tomadas. As precondições requeridas são comuns aos investidores estrangeiros em geral e separadas das condições específicas da empresa estatal a ser privatizada. Este capítulo descreve, em linhas gerais, alguns importantes elementos num programa de privatização que tenha mais fortes probabilidades de atrair níveis significativos de investimento estrangeiro.

Considerações macroeconômicas

Os investidores procuram *fortes e estáveis indicadores econômicos* — a perspectiva de crescimento econômico sustentado, inflação moderada, taxas de juros positivas, salários estáveis e uma política cambial estável.

Uma avaliação idônea e coerente da empresa, para determinação do seu preço, só será possível com a existência *de mercados de capitais relativamente desenvolvidos*. Os mercados de capitais fornecerão também um mecanismo para investidores institucionais, os quais não estão interessados nas operações cotidianas de uma empresa, ingressar no mercado e colocar seu capital à disposição de entidades recém-privatizadas.

Na ausência de avançados mercados de capitais, os quais exigirão reconhecidamente muitos anos para se desènvolver, os governos nacionais poderiam adotar políticas que criassem um competitivo sistema bancário duplo, em que os bancos comerciais são capazes de avaliar riscos e proporcionar capital de investimento.

Para assegurar que os investidores estrangeiros não sejam continuamente a única fonte de financiamento para futuras melhorias ou expansão, tem que haver alguma confiança em que o *capital necessário* pode ser encontrado no âmbito da economia nacional. O Brasil é um exemplo da ausência dessa liquidez. Embora o país tenha suficientes ativos financeiros internos para financiar uma grande parte de seu programa de privatização, "novos investimentos adicionais, considerados por muitos essenciais para o crescimento futuro da economia brasileira, terão que ser financiados por poupanças adicionais, internas ou externas".[7]

Outros investidores característicos procurarão incluir políticas fiscais e monetárias *que favoreçam a estabilidade de preços* e as relações governamentais com agências multilaterais e bancos internacionais que forneçam uma certa medida de *credibilidade internacional. Características demográficas* — como o tamanho da força de trabalho, a distribuição etária e os níveis de educação — *devem complementar as necessidades do negócio*. Os governos devem encorajar os *regimes de mercado relativamente aberto* para a fixação de preço de produtos finais e fatores de produção, e um *explícito sistema de formação automática de preços* para monopólios naturais (como os serviços públicos de eletricidade).

Considerações políticas

Os investidores estrangeiros serão guiados em suas decisões pela existência de certas condições políticas. Destaca-se dentre estas a *estabilidade do governo*. O investidor deve ter confiança em que o governo possa formular metas realistas e dar cumprimento às suas promessas. Talvez o mais importante para os investidores estrangeiros seja acreditar no compromisso do governo com a privatização como parte de uma permanente reestruturação da economia. A percepção do risco aumenta consideravelmente se a privatização tiver por única finalidade engrossar a receita, pois isso torna mais provável que uma indústria possa ser renacionalizada no futuro. Isso é um problema importante na América Latina. Suárez-Mier declarou que o programa de privatizações do México foi empreendido como parte do "esforço de reforma macroeconômica e estrutural levado a efeito pelas autoridades mexicanas para enfrentar a crise econômica que resultou do fim abrupto do fluxo de crédito internacional do país".[8] Tal declaração daria muito mais confiança ao investidor estrangeiro do que o objetivo brasileiro de "elevar a receita para eliminar parte do déficit orçamentário e evitar os gastos necessários em investimentos nas empresas estatais, a fim de evitar novos financiamentos do déficit".[9]

As companhias buscarão estar *livres de excessivo risco político*. Elas querem estar livres do medo de expropriação ou outras medidas que afetem a capacidade dos investidores de controlar e manejar seus patrimônios. A percepção desse risco pode ser minimizada pelo uso de organizações de garantia de investimento, como a Overseas Private Investment Corporation (OPIC), a Multilateral Investment Guaranteed Agency (MIGA) ou a Garantia de Repagamento do Principal do Investimento (GRIP). Cada uma dessas entidades garante a recuperação do investimento estrangeiro contra riscos não-comerciais.

Os investidores necessitarão de *regulamentações flexíveis mas também de diretrizes claras* amparadas por leis explícitas regendo os investimentos estrangeiros e a privatização, e um *processo claro e aberto de conduta política*. A transparência na reestruturação, formação de preço e venda de empresas estatais é importante para manter a confiança e a concorrência em cada uma das transações. Um processo de política pública que seja estruturado e obedeça a diretrizes e regulamentações claras, e que não seja arbitrário, reservado ou personalizado, alcança o mesmo objetivo.

O *apoio governamental à empresa privada*, incluindo uma burocracia funcionando com eficiência e espírito de colaboração, será uma importante consideração para os investidores. Outras características incluirão um *sistema tributário que não penalize o investimento estrangeiro* e uma *política externa que não crie conflitos com as empresas privadas* que têm mercados e fontes de abastecimento diversificados. Por exemplo, a política externa do governo impedirá certos acordos de fornecimento ou de mercado com subsidiárias ou outras empresas no estrangeiro?

O país deve encorajar um *ambiente jurídico favorável aos negócios*. Isso incluiria a criação do equivalente ao Código Comercial dos Estados Unidos, para que o crescente setor privado possua alguma estrutura legal e não seja um "faroeste selvagem" onde vale tudo.

Regulamentações e mecanismos legais devem permitir a repatriação de dividendos do capital e outros fundos, colocando *poucas restrições à percentagem de ações de uma companhia que podem ser compradas*. A maioria das empresas estatais necessita de uma importante revisão geral para ser lucrativa em mercados competitivos. Os investidores quererão estar intimamente envolvidos na administração da companhia e aptos a adquirir uma influência controladora. A tão divulgada venda de 70% da Skoda, a companhia tchecoeslovaca de automóveis, à Volkswagen é um exemplo claro dessa tendência. Central para o plano de investimento da Volkswagen era uma grande reestruturação da Skoda, incluindo a introdução de várias linhas completamente novas de automóveis. Se o país tem um mercado de ações suficientemente grande para lançar as ações da companhia, ou se isso pode ser realizado numa Bolsa de Valores estrangeira, será mais atraente e mais acessível aos investidores institucionais e aos fundos, e as questões de direito de propriedade majoritária podem não ser tão importantes.

Os investidores esperarão que o país use *padrões contábeis geralmente aceitos* para garantir que o valor declarado de uma companhia é comparável com outros dentro e fora do país, e permitir a realização de previsões a respeito dos rendimentos potenciais sobre o investimento. Também esperarão ter *acesso a informação financeira idônea, consistente e comparável*, e *garantias de que o comprador tem o direito líquido e certo à aquisição de propriedade*.

Finalmente, os investidores esperarão o estabelecimento de *regulamentações de imigração que não impeçam a participação da gerência estrangeira*. Em quase todas as nações que pretendem realizar programas de privatização como veículos para o desenvolvimento econômico, um dos mais críticos fatores limitativos é a escassez de empregados qualificados capazes de compreender e implementar as mudanças técnicas e financeiras que serão necessárias, primeiro, para privatizar empresas e, depois, para torná-las viáveis a longo prazo. Com freqüência, vários empregados, desde os gerentes de linha até os analistas financeiros, contadores e auditores, têm que ser importados. Isso é especialmente importante quando a intenção de um investidor estrangeiro é reestruturar a entidade. O acesso relativamente livre a pessoal estrangeiro dotado de qualificações técnicas para mais do que meros programas de treinamento é essencial para que o investidor possa ter algum controle sobre o investimento.

Esses fatores podem fornecer um quadro padronizado que permita aos investidores estrangeiros interessados em empresas recém-privatizadas avaliar seus riscos. Esperar uma satisfação de 100% com essas condições é claramente uma racionalização de um desejo, mas os investidores estrangeiros ponderarão oportunidades alternativas de investimento com esses fatores em mente. Os programas de privatização conheceram uma tremenda expansão no final da década de 80 e começos da de 90, e os vendedores são mais numerosos do que os compradores. Quanto mais um país satisfizer essas condições, maiores são as probabilidades de que os investidores estrangeiros participem nos esforços de privatização do país.

Exemplos do campo

Os elementos que compõem esse quadro de referência não são novos; muitas decisões de investimento por companhias estrangeiras basearam-se em cálculos semelhantes de risco. Grandes firmas multinacionais que já efetuaram significativos investimentos em programas de privatização estrangeiros orientaram o grau de seu investimento em função da uma conscienciosa avaliação do clima macroeconômico e político geral na nação hospedeira potencial.

Um flagrante exemplo do efeito que o ambiente nacional pode ter sobre decisões de investimento é o caso dos investimentos da Bell Atlantic International nos programas de privatização de três nações muito diferentes.

- *Nova Zelândia.* Como o país tem uma moeda estável, não impõe limites à propriedade estrangeira ou à repatriação de capital, e tem influência política internacional e uma estável situação política interna, a Bell Atlantic optou por comprar 100% de uma empresa estatal que estava sendo oferecida ao setor privado.
- *Tcheco-Eslováquia.* Uma moeda mais instável e inconvertível, o débil compromisso do governo nacional com o seu próprio programa de privatização e questões sobre a viabilidade do equipamento e da força de trabalho diminuíram a confiança do investidor. A Bell Atlantic decidiu fazer apenas uma pequena percentagem de investimento.
- *Argentina.* As desvairadas flutuações de moeda, a fraca política econômica e a situação política instável na Argentina quase afugentaram a Bell Atlantic de todo. A companhia disse que só administraria o investimento de uma outra companhia e que ela própria não faria qualquer investimento, por causa da volatilidade do clima nacional.

Os governos que ignoram os requisitos de investidores estrangeiros correm o risco de perder a confiança do investidor e, desse modo, uma importante fonte de receita. Um desses exemplos, que sublinha a importância de uma estratégia de privatização, é o caso de um investimento suíço num hotel de propriedade estatal na Hungria que foi privatizado. Para executar a privatização, os suíços realizaram um grande investimento, a um dado preço por ação, no hotel. No dia seguinte à compra das ações, o preço por ação mais do que duplicou na Bolsa local. Se bem que esse aumento de valor fosse provavelmente devido, em grande parte, ao envolvimento suíço, foi considerado injusto. Em conseqüência, foi instaurado um processo contestando a privatização e a transação foi invalidada. O impacto negativo sobre o investimento externo é claro: como costuma dizer-se, gato escaldado...

Podemos citar outros exemplos: o recente êxito da Argentina no uso de *swaps* dívida-capital líquido a fim de atrair investimentos estrangeiros para transações de privatização, como no caso da ENTEL, em que o país cancelou US$ 5,03 bilhões de sua dívida pendente com os bancos comerciais (7,7% de sua dívida externa de US$ 65 bilhões; ver as Figs. 4.1 e 4.2). O exemplo argentino contrasta com a relutância de países como o Brasil (embora um novo programa tenha sido criado) em aproveitar as *swaps* dívida-capital líquido a fim de realizar seus objetivos de privatização. A Hungria permitiu a repatriação ilimitada de capital e lucros de investimentos de privatização por estrangeiros e o acesso garantido ao mercado de câmbio. A prática mais comum é limitar uma coisa ou outra com envolvimento menor por investidores estrangeiros nos esforços de privatização de um país.

FIGURA 4.1 A reestruturação e privatização da ENTEL, novembro de 1990

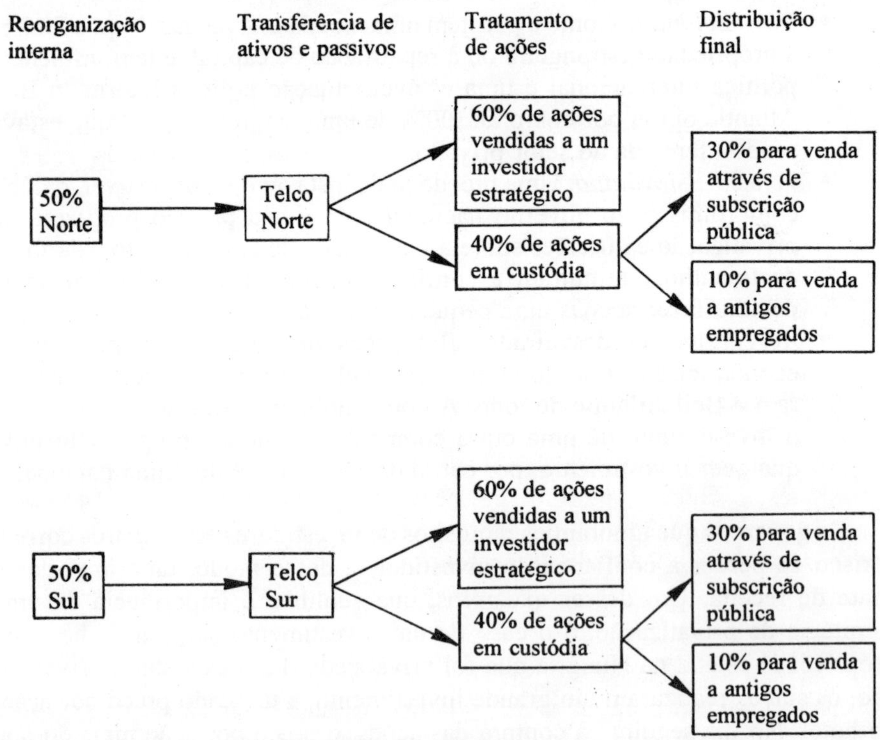

NOTA: Os objetivos da reestruturação foram reduzir o tamanho da entidade a ser vendida, recapitalizar a fim de reduzir os valores do patrimônio líquido, e vender somente o interesse controlador para reduzir o investimento requerido.
FONTE: Price Waterhouse International Privatization Group.

FIGURA 4.2 Estruturação da operação ENTEL, 1990

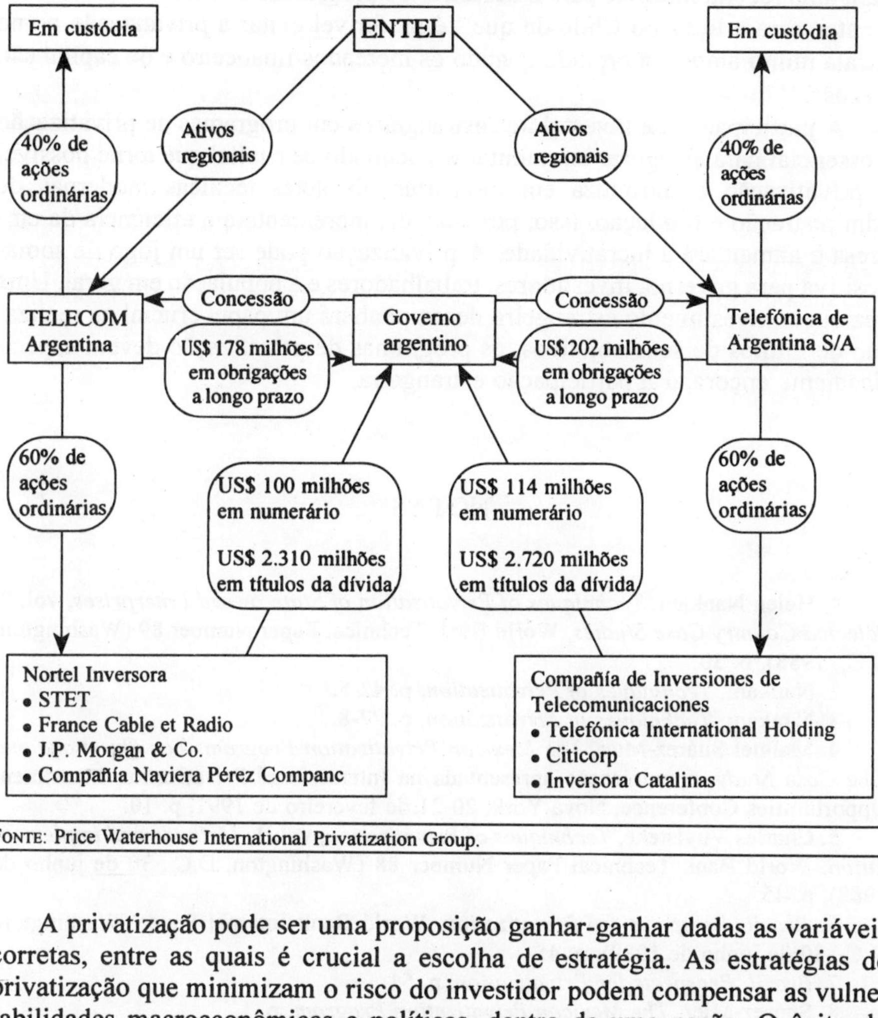

FONTE: Price Waterhouse International Privatization Group.

A privatização pode ser uma proposição ganhar-ganhar dadas as variáveis corretas, entre as quais é crucial a escolha de estratégia. As estratégias de privatização que minimizam o risco do investidor podem compensar as vulnerabilidades macroeconômicas e políticas, dentro de uma nação. O êxito do Chile, em comparação com a história dos esforços do Brasil e da Argentina nessa área, atesta a validade desse ponto.

Conclusão

Os investidores em programas de privatização estão essencialmente operando na ausência de informação completa. Em conseqüência, qualquer resultado obtido é visto como importante precedente a partir do qual pode-se realizar cálculos sobre futuro custo-benefício, e os programas estão sob intensa pressão para obter um êxito imediato. Mas essa necessidade, conjugada com a tendência das autoridades privatizantes para prometer mundos e fundos demasiado cedo, gera uma receita infalível para o desastre. Os programas de privatização devem atentar para a lição do Chile de que "é preferível evitar a privatização numa escala muito ampla, sobretudo quando os mercados financeiro e de capital são fracos".[10]

A participação de investidores estrangeiros em programas de privatização é essencial para assegurar um montante adequado de capital que torne possível a privatização e introduza em indústrias obsoletas técnicas modernas de administração e produção. Isso, por sua vez, incrementará a eficiência da empresa e aumentará a lucratividade. A privatização pode ser um jogo de soma-positiva para governo, investidores, trabalhadores e a população em geral. Uma vez que o investimento estrangeiro desempenhará um papel crucial na realização de muitos de seus objetivos, os programas de privatização devem especificamente encorajar a participação estrangeira.

NOTAS

1. Helen Nankani, *Techniques of Privatization of State-owned Enterprises*, vol. 2, *Selected Country Case Studies*, World Bank Technical Paper Number 89 (Washington, D.C., 1988), p. 30.
2. Nankani, *Techniques of Privatization*, p. 42-5.
3. Nankani, *Techniques of Privatization*, p. 27-8.
4. Manuel Suárez-Mier, *The Mexican Privatization Program: Ten Questions and One Case Study*, comunicação apresentada na International Privatization Investment Opportunities Conference, Nova York, 20-21 de fevereiro de 1991, p. 10.
5. Charles Vuylsteke, *Techniques of Privatization*, vol. 1, *Methods and Implementation*, World Bank Technical Paper Number 88 (Washington, D.C., 30 de junho de 1988), p. 45.
6. *Brazil, Prospects for Privatization*, World Bank Internal Paper (Washington, D.C., 30 de junho de 1989), p. 45.
7. *Brazil, Prospects for Privatization*, p. 51.
8. Suárez-Mier, *The Mexican Privatization Program*, p. 1.
9. *Brazil, Prospects for Privatization*, p. 11.
10. Nankani, *Techniques of Privatization*, p. 40.

BEN A. PETRAZZINI 5

Investimento Direto Externo em Privatização na América Latina

A privatização não é um fenômeno novo na América Latina. Um caso antigo de venda de patrimônio público pode ser apontado na República Dominicana já na década de 1960.[1] Em tempos mais recentes, duas ondas de privatização surgiram na região: a primeira, em meados da década de 1970, ocorreu quase exclusivamente no Chile; e a segunda, que se iniciou em meados da década de 1980, continua até o presente.[2] A segunda foi muito mais ampla do que as privatizações anteriores a respeito do número de países envolvidos, do número de empresas estatais para venda, do tamanho dessas companhias e do montante de cada venda.

A partir de meados de 1980, a oferta de ativos estatais a investidores privados vem subindo em espiral. Em 1990, cerca de US$ 5 bilhões de patrimônios estatais tinham sido vendidos ao setor privado. Os principais países nessa segunda onda foram o México e a Argentina, com vendas de US$ 2,47 bilhões e US$ 2,29 bilhões, respectivamente. A venda de bens estatais contribuiu de forma considerável para o recrudescimento geral do investimento estrangeiro privado na região, que subiu de US$ 15 bilhões em 1989 para US$ 24 bilhões em 1990. Além disso, a progressiva consolidação da estabilidade econômica em numerosos países e os lucros atraentes oferecidos pelos mercados locais de ações criaram um influxo maciço de capital externo na América Latina.[3]

Este capítulo considera o montante de investimento privado que a venda de empresas estatais atraiu e o papel concomitante do investimento direto estrangeiro (IDE), baseado nos vínculos entre programas de privatização na América Latina e os novos fluxos de investimento direto estrangeiro para a região. Também apresenta a participação do investimento direto externo para muitas das mais recentes e importantes companhias privatizadas.[4] Como o setor de telecomunicações desempenhou um papel de suma importância nos programas de privatização em toda a região, é enfatizada a venda de companhias telefônicas estatais e de outras indústrias afins. Também são examinadas as privatizações em outros setores-chave da economia, como aviação, ferrovias, petróleo e petroquímica, bancos, siderúrgicas e turismo. Alguns países, como Argentina, México e Chile, serão explorados mais detalhadamente do que outros, porque neles a privatização mais avançada e as reformas são mais significativas. Os privatizantes tardios, como o Brasil, a Bolívia, o Equador, o Uruguai e a Venezuela, também são descritos..

A última seção é dedicada à análise de controvérsias acadêmicas e políticas correntes em torno dos influxos de capital estrangeiro para economias menos desenvolvidas. Defensores e críticos do investimento direto externo apresentam os termos tradicionais do debate e alguns novos elementos relacionados com questões correntes, como as privatizações mediante *swaps* débito-capital de contrapartida.

México

O México, à semelhança de muitos outros países latino-americanos, apresentou um crescimento impressionante no período pós-Segunda Guerra Mundial. A economia cresceu a uma taxa de 6,6% de 1960 a 1976, e de 8,4% de 1977 a 1981. Entretanto, como em tantos outros países da região, uma aguda crise econômica sobreveio em 1982, introduzindo um período de estagnação e recessão. Em anos subseqüentes, o peso de uma crescente dívida externa, quedas nos preços internacionais para o petróleo, crescentes taxas de inflação e a convergência de vários outros fatores negativos assinalaram aos governantes mexicanos que era a hora para mudanças. O fracasso das primeiras e tímidas reformas mostrou que a amplitude da crise exigia importantes reformas estruturais.

Em seu esforço para superar a crise, o governo implementou uma profunda reestruturação da economia baseada em três principais transformações: reforma do Estado (privatização de empresas estatais), abertura da economia (liberalização e reformas comerciais) e incentivos para o crescimento do setor privado (novas e mais brandas regulamentações para investimentos estrangeiros e nacionais).

A partir de 1983 e continuando até o presente, o programa de privatização reduziu o número de instituições controladas pelo Estado de 1.228 para 264. Em meados de 1991, 826 empresas estatais tinham sido transferidas para o setor privado, e outras 138 estavam programadas para ser privatizadas, liquidadas, incorporadas ou dissolvidas no futuro próximo (ver Figura 5.1).

FIGURA 5.1 Alienação de Empresas Estatais no México, dezembro de 1982-março de 1991

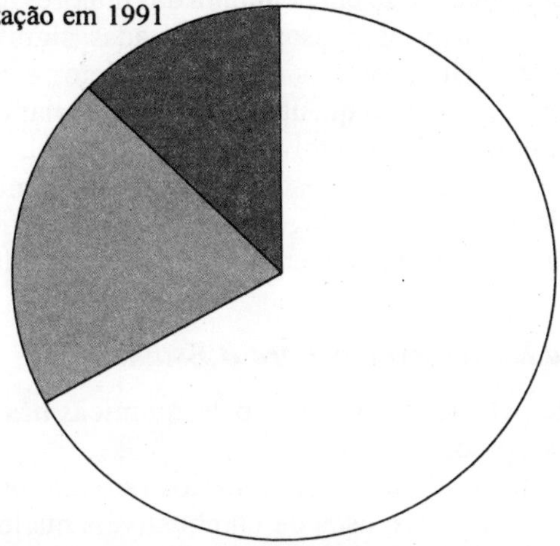

FONTE: Secretaria de Finanças e de Crédito Público do México.

A liberalização da economia foi a segunda tarefa importante. O programa teve início em 1983. Nos primeiros dois anos de implementação a percentagem do valor de importações sujeita a licenciamento foi reduzida de 83% para 37%. Em 1987, as tarifas de importação variaram entre 0 e 20%. Em 1990, a economia mexicana qualificou-se como uma das economias mais abertas do mundo: a tarifa média era 13,1%, a licença de importação era exigida apenas para 2% dos itens constantes da classificação tarifária e os setores econômicos para os quais ainda era requerido o licenciamento (automóveis e produtos farmacêuticos) estavam sendo gradualmente liberalizados.

A terceira meta era a expansão do setor privado. Quando o presidente Carlos Salinas de Gortari assumiu o cargo em dezembro de 1988, a sua equipe econômica deu-se conta de que o país precisava atrair maciços investimentos diretos estrangeiros — US$ 30 bilhões nos seis anos seguintes — para atingir os objetivos macroeconômicos do governo. Assim, o governo Salinas pôs em vigor, em 16 de maio de 1989, uma drástica revisão das regulamentações mexicanas sobre investimentos. A "Lei para promover o investimento mexicano e regulamentar o investimento externo", vigente desde 1973, foi modificada para "aumentar o volume e acelerar o fluxo de capital de investimento mediante o fornecimento de garantias legais, simplificação e esclarecimento de regras e procedimentos que se aplicam a tais transações".[5]

Esses novos regulamentos constituem um esforço para liberalizar o ambiente de investimento. Os investidores estrangeiros podem ser donos de até 100% daqueles negócios classificados como irrestritos. Os projetos na maioria dos setores econômicos já não estão sujeitos à aprovação prévia da Comissão

Nacional de Investimento Externo (CNIE). A autorização é automática assim que o projeto satisfaz um certo número de requisitos básicos: o investimento não deve exceder US$ 100 milhões; os fundos devem vir do estrangeiro; o projeto não pode estar localizado em nenhuma das maiores áreas metropolitanas do México; não deve haver ingressos ou retiradas significativas de moeda estrangeira durante os primeiros três anos do projeto; e o projeto deve usar tecnologia adequada, satisfazer requisitos ambientais, criar empregos e oferecer treinamento e programas de desenvolvimento do pessoal.

Os novos regulamentos de investimento externo também classificam as atividades econômicas em várias categorias, segundo a participação estrangeira seja limitada ou não. As atividades enumeradas como "classificadas" são as seguintes:[6]

Sistema I: Atividades reservadas para o Estado

- extração de petróleo, atividades petroquímicas básicas e refino de gás natural e petróleo;
- extração e/ou uso de urânio e minérios radioativos;
- tratamento de urânio e usos de combustíveis nucleares;
- geração, transmissão e abastecimento de energia elétrica;
- transporte ferroviário;
- telégrafos;
- cunhagem de moeda;
- bancos, fundos e sociedades hipotecárias.

Sistema II: Atividades reservadas para mexicanos

- silvicultura e viveiros florestais;
- venda a retalho de gás liquefeito;
- serviços de fretamento rodoviário;
- transporte marítimo costeiro;
- serviço de transporte em aviões e táxis aéreos mexicanos registrados;
- instituições de crédito, salvo bancos, fundos e sociedades hipotecárias;
- serviços de corretagem de títulos e valores, companhias de investimento em Bolsa de Valores, instituições de seguros e fundos independentes de pensão;
- transmissão de programas de rádio e televisão;
- notários, agências aduaneiras e representantes similares;
- administração de portos marítimos, lacustres e fluviais.

Sistema III: Investimento estrangeiro permitido até 34%

- exploração e/ou uso de carvão e minérios de ferro;
- extração e/ou uso de rocha fosfórica e enxofre.

Sistema IV: Investimento estrangeiro permitido até 40%

- petroquímica secundária;
- fabricação e montagem de peças e acessórios automotivos.

Sistema V: Investimento estrangeiro permitido até 49%[7]

- extração e/ou uso de minérios metálicos não-ferrosos, com exceção do urânio e de minérios radioativos;
- extração e/ou uso de minérios não-metálicos;
- extração e/ou uso de rochas, argilas e areias;
- fabricação de explosivos e de fogos de artifício;
- fabricação de armas de fogo e munições;
- pesca e piscicultura;
- serviços de transporte internos portuários, fluviais e lacustres;
- serviços de telecomunicações, excluindo telégrafos;
- agências locadoras.

Sistema VI: Investimento estrangeiro permitido até 100%[8]

- agricultura, como o corte de árvores e a coleta de produtos florestais;
- pecuária e animais de caça;
- publicação de jornais e revistas;
- derivados de carvão (coque e outros);
- construção civil;
- serviços de transporte marítimo de alto-mar;
- administração de estradas, pontes e serviços auxiliares;
- serviços de navegação aérea e administração de aeroportos e heliportos;
- serviços de reboques de veículos;
- serviços de companhia de investimento e análise de operações;
- ensino privado;
- serviços jurídicos, contabilísticos e de auditoria;
- serviços relacionados com instituições financeiras, de seguros e de finanças.

Esses novos regulamentos criaram uma nova abertura para a participação do capital estrangeiro no México. Entretanto, alguns analistas econômicos acreditam que as reformas não foram suficientemente radicais. O ingresso de capital estrangeiro foi escasso e declinou em anos recentes. Enquanto que em 1987 o México atraiu US$ 3,2 bilhões em investimentos diretos externos, tais investimentos caíram para US$ 2,5 bilhões em 1989 e alcançaram somente US$ 983 milhões durante o primeiro semestre de 1990. A partir dessa perspectiva, o fato de que o capital estrangeiro só é aceito em alguns setores importantes com uma participação acionária minoritária ou com ações sem direito a voto explica, presumivelmente, por que razão o investimento direto estrangeiro ficou longe das fronteiras mexicanas. Alguns atribuem a relutância estrangeira em investir no México ao fato de que a Lei de Investimento de 1973, a qual não é muito complacente com o capital estrangeiro, ainda constitui o principal instrumento legal válido para investimentos no México, apesar dos benefícios concedidos pelas regulamentações de 1989. Alguns investidores asiáticos indicaram que o México ainda não provou que as tendências econômicas atuais se traduzirão infalivelmente por estabilidade a longo prazo. Todos esses fatores afetam a confiança dos capitalistas de fora no mercado mexicano.

Essa desconfiança por parte dos investidores estrangeiros parecia ter-se dissipado no segundo semestre de 1990. No final desse ano, o investimento direto externo tinha disparado para US$ 4,2 bilhões e atingia US$ 8,0 bilhões no primeiro semestre de 1991.[9] No futuro próximo, dever-se-ia esperar, senão uma participação mais extensa do capital estrangeiro na economia mexicana, pelo menos uma certa estabilidade no influxo de investimento direto externo. Dois fatores parecem estar contribuindo para a consolidação dessa tendência emergente. O primeiro é que, na medida em que a economia do México fica mais liberalizada e mais aberta, aumentarão as pressões para permitir o recrudescimento da participação de capital estrangeiro em empresas mexicanas, estimulando mudanças legais a favor do investimento direto externo. O segundo fator é que a esperada implementação do Acordo Norte-Americano de Livre Comércio (NAFTA) tenderá a unificar o tratamento jurídico das empresas nacionais e estrangeiras, e adicionará provavelmente mais estabilidade à economia mexicana.[10]

Uma visão geral dos padrões de investimento direto externo, tal como evoluíram em anos recentes, mostra que a privatização ajudou a reverter o baixo grau de participação estrangeira na economia mexicana. A venda de estatais atraiu uma considerável soma de investimento estrangeiro e criou um ambiente favorável para os negócios.

Telecomunicações

As telecomunicações foram um elemento-chave na estratégia de modernização de Salinas desde a sua campanha eleitoral. Já em 1987 ele afirmava que "as telecomunicações tornar-se-ão a pedra angular do programa para modernizar a economia do México".[11] Fiel à sua asserção, o México empenhou-se dois anos depois na venda da segunda maior empresa do país e uma das trinta maiores companhias do mundo, Teléfonos de México, S/A (TELMEX).

A privatização da TELMEX foi dividida em duas etapas claramente definidas. A primeira envolveu a venda da participação acionária controladora da companhia para um consórcio privado de companhias mexicanas e estrangeiras; a segunda tratou das operações financeiras requeridas para oferecer ações TELMEX no mercado internacional de ações.

A privatização da TELMEX, a par da da ENTEL (Argentina), apresentou-se em 1990 como uma das mais interessantes transações envolvendo o investimento direto externo na América Latina. Como afirmou Eugene Laborne, vice-presidente da Nynex International, "a privatização da TELMEX é uma oportunidade única na vida, poderá tornar-se o negócio do século".[12] O processo de licitação para a companhia telefônica do México atraiu inicialmente dezesseis das mais qualificadas companhias internacionais de telecomunicações, incluindo Nippon Telephone and Telegraph, Cable and Wireless Plc., Southwestern Bell Co., Nynex International, GTE Telephone Co., Bell Canada, Singapore Telecom, US Sprint, Telefónica de España, France Cable et Radio, STET e United Telecommunications.

Em 13 de dezembro de 1990, um mês após o prazo limite de licitação, a TELMEX foi vendida a um consórcio que incluía o grupo financeiro Carso (México) e duas empresas transportadoras, a Southwestern Bell (EUA) e a France Cable et Radio (subsidiária da France Telecom). O governo vendeu ao consórcio por US$ 1,76 bilhão ações privilegiadas do tipo AA representando 20,4% do capital da companhia mas equivalente a 51% das ações da companhia com direito a voto. Por causa das restrições impostas pela Lei de Investimento Estrangeiro, o Grupo Carso tem o controle da companhia com 10,4% das ações; Southwestern Bell e France Cable et Radio possuem 5% cada.[13]

O montante de investimento direto externo recebido pelo governo mexicano para a TELMEX excedeu as expectativas. A venda da TELMEX foi, entretanto, valorizada ao reunir na mesma transação uma variedade de companhias aparentadas, como Anuncios en Directorios, S/A; Compañia de Teléfonos y Bienes Raíces, S/A de CV; Construcciones Telefónicas Mexicanas, SA de CV; Canalizaciones Mexicanas, S/A de CV; Alquiladora de Casas, S/A de CV; Editorial Argos, S/A; Fuerza y Clima, S/A; Imprenta Nuevo Mundo, S/A; Impulsora Mexicana de Telecomunicaciones, S/A; Industrial Afiliada, S/A de CV; Operadora Mercantil, S/A; Radiomóvil Dipsa, S/A de CV; Renta de Equipo, S/A de CV; Sercotel, S/A de CV; Servicios y Supervisión, S/A de CV; Teleconstructora, S/A; e Teléfonos del Noroeste, S/A de CV.

O interesse de investidores estrangeiros na TELMEX não era injustificado. Apenas três meses após a sua privatização, a companhia apresentou lucros impressionantes. De acordo com um relatório divulgado em abril de 1991, os lucros da TELMEX no primeiro trimestre desse ano foram 36% superiores aos do mesmo período no ano anterior, sendo a maior parte da receita proveniente de telefonemas locais e interurbanos. Os novos donos também se beneficiaram financeiramente de uma alta no valor das ações TELMEX. Em 15 de março de 1991, as ações AA tinham subido US$ 0,10 na Bolsa de Nova York.[14] Esse aumento criou um lucro de US$ 88,9 milhões para os novos donos.[15] Baseados nessas considerações financeiras, a companhia está planejando investir aproximadamente US$ 10 bilhões na melhoria e expansão da rede na primeira metade da década de 1990.

A segunda etapa da privatização da TELMEX também foi um sucesso para o governo Salinas. Em meados de junho de 1991, o governo tinha vendido ações do tipo L, representando 16,5% da companhia, em mercados de ações estrangeiros, por US$ 2,27 bilhões.[16] O México vendeu um milhão setecentos e quarenta e cinco mil ações do tipo L, que foram oferecidas nos mercados de ações de todo o mundo na forma de American Depository Shares (ADSs) a US$ 27,25 por cada ADS.[17] Os trabalhadores telefônicos e o consórcio controlador também compraram ações TELMEX. O sindicato, usando um crédito de US$ 325 milhões do governo mexicano, comprou 187 milhões de ações tipo A através da Nacional Financiera, o que constitui 4,4% do capital da TELMEX. O Grupo Carso, Southwestern Bell e France Cable et Radio tiveram acesso a 5,1% do capital através de ações tipo L. Desse modo, a Southwestern Bell, por exemplo, comprará ações L no valor de US$ 467,3 milhões, duplicando a sua participação na TELMEX. O Quadro 5.1 mostra a distribuição acionária dos 55,9% privatizados da TELMEX. A aquisição de ações da TELMEX por investidores locais e estrangeiros fez da venda da companhia telefônica a quarta maior privatização do mundo.

A presença de prestigiosas companhias estrangeiras de telecomunicações na administração e propriedade da TELMEX, assim como o êxito da venda internacional das ações da TELMEX, aumentou de forma categórica o valor da companhia. De acordo com o Dr. Pedro Aspe Armella, secretário de finanças e de crédito público do México, o valor do capital da companhia telefônica mexicana em 1991 era, aproximadamente, de US$ 14,4 bilhões, o que representa um aumento em valor de doze vezes desde a privatização da TELMEX.[18]

QUADRO 5.1 Distribuição de ações da TELMEX, setembro de 1991

Proprietário	Tipo de ação	Percentagem	Valor aproximado (milhões de US$)
Grupo Carso	AA	10,4	860
Southwestern Bell	AA	5,0	425
France Cable et Radio	AA	5,0	425
Grupo Carso, Southwestern Bell e France Cable et Radio	L	5,1	701
Sindicato da TELMEX	A	4,4	325
Investidores estrangeiros (dos EUA, Japão, Canadá, Alemanha, França, Reino Unido, Suíça e outros)	L	16,5	2.270
Governo mexicano	L	9,5	1.307
Total	AA, A, L	55,9	6.313

FONTE: O autor, baseado em várias fontes.

Outros serviços no mercado de telecomunicações latino-americano entraram também num período de profunda reforma. A telefonia celular, à semelhança de qualquer outra tecnologia emergente de telecomunicações, teria sido um serviço estatal num cenário pré-privatização. Hoje, porém, a progressiva liberalização e privatização dos serviços de telecomunicações converteu os governos latino-americanos em atônitas testemunhas de uma batalha internacional entre companhias de todas as origens para fornecer serviços básicos e de ponta na área de telecomunicações. A concorrência em grande escala de companhias estrangeiras para as concessões de redes celulares regionais mexicanas mostra até que ponto o mercado é atraente e a crescente confiança das companhias estrangeiras *high-tech* no negócio de comunicações na América

Latina. Quando a Secretaria de Comunicações e Transporte do governo mexicano abriu a licitação para o fornecimento de serviços celulares com a exigência de um mínimo de US$ 1,5 milhão de capital e comprovado *know-how* técnico, nunca esperou que 106 candidaturas preenchendo todos os requisitos fossem apresentadas para competir por oito concessões regionais que o governo estava propondo. O Quadro 5.2 mostra como as oito concessões foram arrematadas.

A telefonia celular local não é a única área de serviços de telecomunicações de ponta em que é visível o envolvimento estrangeiro. Algumas companhias estrangeiras, como a Princeton Consulting Inc. e a Satellite Applications Engineering Corporation, requereram licença do governo para instalar sistemas móveis de satélite. Além disso, algumas companhias estão se beneficiando de inovações tecnológicas e da aceitação por países menos desenvolvidos do princípio de "não-residência".[19] Tal é o caso da Overseas Telecommunications, Inc. e da Houston International Teleport, que concorrem com o Grupo SIT da Cidade do México para fornecer serviços de dados internacionais de alta velocidade através de sistemas de satélites Morelos. A partir de Ciudad Juarez, a Sersa/Geocom Inc. oferece um serviço de telecomunicações baseado em satélite que cobre toda a área da fronteira setentrional do México. Esse é apenas um exemplo de casos de um mercado crescente que estava tradicionalmente sob controle governamental e agora está aberto à participação privada interna e externa. As autoridades mexicanas esperam, a curto prazo, uma rápida diversificação dos serviços de comunicações no país, a qual, acreditam elas, será sustentada por uma forte presença de capital estrangeiro.

Companhias aéreas, bancos e outros setores econômicos

Além das telecomunicações, as companhias aéreas e serviços afins representam a segunda mais importante venda envolvendo capital estrangeiro realizada pelo governo Salinas. Em 22 de agosto de 1989, a Compañía Mexicana de Aviación, S/A de CV, a maior companhia aérea estatal, era vendida ao Grupo XABRE.[20] O consórcio é formado pelo Chase Manhattan Bank, NA; DBL Americas Development Association, LP; e GO (III) Ltd.[21] Na mesma transação, o governo vendeu ao Grupo XABRE duas outras empresas estatais relacionadas com a área da aviação comercial: Aeropuertos Y Terrenos, S/A e Datatronic, S/A. O Estado conserva uma participação minoritária em ambas as companhias. O Grupo XABRE adquiriu o controle sobre o grupo de companhias Mexicana de Aviación, S/A de CV, contribuindo para um aumento de capital de US$ 140 milhões e compreendendo US$ 3 bilhões de investimentos nos próximos 10 anos.[22] O montante recebido pelo governo foi reinvestido na companhia para fins de modernização e desenvolvimento.

Ao abrigo das regulamentações para investimento de 1989, o governo planejava manter os bancos sob controle estatal; entretanto, essa cláusula foi revista em 1990, quando o Congresso mexicano promulgou regulamentações que aprovavam a reprivatização de bancos comerciais. De acordo com a nova estrutura jurídica, investidores estrangeiros podem deter até 30% do controle

QUADRO 5.2 Concessões de telefone celular regional adjudicadas no México em 1991

Região	Companhia	Proprietário
1. Baja California Norte	Baja Celular Mexicana	Tecelmex
Baja California Sur	General Cellular Co.	Investidores locais
2. Sonora, Sinaloa	Movitel del Noroeste, S.A.	McCaw
		Cellular Comm.
		Contel Cellular Inc.
		Investidores locais
3. Chihuahua, Durango e Torreón	Telefonía Celular del Norte	Domos International
	Motorola	Centel Cellular Co.
		Investidores locais
4. Nuevo León, Tamulipas e Coahuila	Celular de Telefonía	Millicom Inc.
		Investidores locais
5. Jalisco, Colima e Michoacan	Comunicaciones Celulares de Occidente, S.A.	Racal Inc.
		BellSouth.
		Investidores locais
6. Aguascalientes, S.L.P., Zacatecas, Guanajuato, Querétaro e várias cidades e vilas	Sistemas Telefónicos Portátiles Celulares, S.A.	Bell Canada
		Investidores locais
7. Puebla, Tlaxcala, Veracruz, Oaxaca e Guerrero	Telecomunicaciones del Golfo, S.A.	Bell Canada
		Investidores locais
8. Chiapas, Tabasco, Yucatán, Campeche e Quintana Roo	Portatel del Sureste, S.A.	Associated Communic.
	LCC Co.	Investidores locais
Regiões 1, 4 e 5 acima	Radiomóvil Dipsa[a]	Southwestern Bell
		France Cable et Radio
		Carso Group (local)

a. Radiomóvil Dipsa é uma subsidiária da TELMEX a que foram adjudicadas concessões em certas regiões do país por causa de grande demanda de serviços celulares.

FONTE: "Situación actual y Perspectivas de las Telecomunicaciones en México", *Proyecto de Asistencia Preparatoria* (Cidade do México: Instituto Mexicano de Comunicaciones, 1991).

acionário de bancos mexicanos, enquanto que cada licitante estrangeiro pode adquirir não mais de 5% do controle acionário.

Apesar dessa abertura para o investimento direto externo, os primeiros sete bancos transferidos para o setor privado foram todos comprados por instituições financeiras mexicanas.[23] Além disso, no final de 1991, não havia uma idéia clara sobre se investidores estrangeiros participariam de forma significativa na venda dos outros onze bancos que ainda estavam aguardando para ser reprivatizados.[24]

Na indústria petrolífera, está bastante claro que a PEMEX (Petróleos Mexicanos) não será privatizada. Em agosto de 1989, porém, o governo empreendeu uma profunda reestruturação conceptual do setor do petróleo, reduzindo a participação e preponderância estatais. Os critérios tradicionais para a petroquímica básica foram redefinidos, e quatorze indústrias petroquímicas "básicas" foram reclassificadas como "secundárias", deixando em vinte o número de itens básicos. Ao mesmo tempo, a lista de itens secundários foi reduzida de oitocentos para sessenta e seis. Em conseqüência dessas reformas, extensos setores da produção petroquímica foram abertos à participação privada estrangeira.

A abertura de setores industriais envolve áreas tais como as indústrias química e naval. A presença de companhias japonesas e norueguesas nessas indústrias é um exemplo das origens diversas do investimento externo no programa de privatização mexicano. Em 30 de maio de 1990, Fermentaciones Mexicanas, S/A de CV foi parcialmente vendida a um consórcio nipônico formado por Kiowa Hakko Kogyo Ltd. e Sumitomo Co. pelo montante de US$ 16 milhões, conservando o Estado uma participação minoritária. Oito meses depois, em 31 de janeiro de 1991, um grupo norueguês, Sokana Industries, Ltd., comprou a Astilleros Unidos de Veracruz, S/A de CV, por US$ 18,5 milhões, tornando-se o único proprietário.[25]

No final de 1991, o governo estava preparando uma segunda rodada de privatizações nas quais os estrangeiros desempenharão um papel ainda mais importante. Entre fins de 1991 e começos de 1992, Salinas e sua equipe de privatização planejaram oferecer numerosas empresas estatais através de leilão público, em algumas das quais a participação estrangeira é permitida até 100%. A esse respeito, o caso mais interessante é o conglomerado do aço, do qual as principais companhias são a Siderúrgica de México, S/A de CV (SIDERMEX), Altos Hornos de México, S/A, e Siderúrgica Lázaro Cárdenas Las Truchas, S/A.[26] De acordo com *The Economist*, o governo mexicano poderia obter até US$ 2 bilhões de receita através da privatização desse conglomerado do aço.[27] Ao mesmo tempo, o governo oferecerá em leilão público a Constructora de Carros de Ferrocarril, sendo permitida a propriedade estrangeira de 100%; e a Sociedades Nacionales de Crédito, onde é permitida a propriedade estrangeira de até 30% das ações controladoras.

De acordo com um relatório estatal, a privatização permitiu que o Estado mexicano realocasse recursos de um modo mais produtivo e concentrasse sua atuação no fornecimento de serviços públicos em áreas de necessidades básicas. O Estado está ficando uma instituição menor e mais eficiente no gerenciamento da estratégia de modernização do México e inserção do país na economia global.[28] O que ainda não está claro, entretanto, é qual será o efeito da privatização sobre a economia como um todo e de que modo se desempenharão as empresas estatais recém-vendidas.

Argentina

Ao seguir um caminho semelhante ao trilhado pelo México, a Argentina desfrutou de um crescimento moderado durante os anos 70. Tal como a maioria dos países da região, entretanto, a Argentina mergulhou num período de profunda crise no começo da década de 80, e sua economia resvalou para um longo período de recessão e crescimento negativo. Em resposta à tendência regressiva da economia, os governantes começaram considerando a adoção de reformas estruturais. Em meados da década de 80, o governo estava pronto para levar adiante, apesar de forte oposição política, mudanças profundas nas diretrizes econômicas do país. Um fator decisivo nessa transformação foi a reestruturação do Estado e o fortalecimento do setor privado, incluindo a imediata privatização de numerosas empresas estatais.

Os primeiros passos no sentido da implementação de um programa de privatização foram dados no governo Alfonsín em meados de 1980. Durante esses anos, um punhado de empresas menores foi vendido a vários empresários nacionais. As maiores empresas estatais só foram privatizadas na administração do governo seguinte. O que é interessante a respeito do primeiro programa de privatização é que, desde o começo, o investimento direto externo foi estabelecido como prioridade. Os mais sérios esforços para vender duas das principais empresas estatais (ENTEL e Aerolíneas Argentinas) foram encaminhados no sentido de atrair capital estrangeiro para o país. O ministro de Obras e Serviços Públicos, Rodolfo Terragno, celebrou acordos com a Telefónica da Espanha (um futuro comprador da Empresa Nacional de Telecomunicaciones, ou ENTEL)[29] e com a SAS, a companhia aérea sueca (um provável comprador das Aerolíneas Argentinas). O projeto fracassou por causa da oposição peronista no Congresso.[30]

Alguns meses depois, entretanto, quando o candidato peronista venceu as eleições presidenciais de maio de 1989, os projetos de privatização foram imediatamente revividos. O programa de privatização implementado era tão radical que a Argentina tornou-se, em curto prazo de tempo, a principal força na reforma do Estado em toda a América Latina. O projeto do presidente Carlos Menem incluiu, a curto prazo, importantes estatais como a ENTEL (telecomunicações), Aerolíneas Argentinas (aviação comercial) e Ferrocarriles Argentinos (ferrovias). O investimento direto externo foi um elemento-chave no novo programa de privatização. O caso da ENTEL demonstra, provavelmente, esse forte compromisso de atrair capital estrangeiro da maneira mais clara e convincente.

Telecomunicações

O sistema de telecomunicações argentino era um dos poucos no mundo que, no período pré-privatização, era um duopólio público-privado. Embora a Empresa Nacional de Telecomunicaciones (ENTEL), uma estatal, controlasse a maior parte das linhas telefônicas de um extremo ao outro do país, seis províncias tinham sido servidas desde 1927 pela Compañía Argentina de Teléfonos (CAT), uma empresa privada que é subsidiária da Erikson, uma companhia sueca do ramo de telecomunicações.[31]

Para fins de privatização, a ENTEL foi dividida em duas novas companhias, Telco Norte e Telco Sur.[32] Para fins operacionais, o país também foi dividido em duas regiões, norte e sul. A cada companhia seria concedido o monopólio para o fornecimento de serviços em sua área correspondente. Depois dessa mudança estrutural, a ENTEL foi posta à venda sob duas condições principais que envolveram participação estrangeira. Primeiro, os futuros administradores, que controlariam 60% das ações da ENTEL, deviam ser companhias de comprovada experiência no ramo da emissão, transmissão e recepção de sons e imagens.[33] O governo acreditava que nenhuma companhia argentina possuía o *know-how* técnico ou gerencial necessário para elevar o nível do sistema argentino de telecomunicações que se exigia. Segundo, em troca dos 60% de ações da ENTEL, requeria-se que os compradores fornecessem um máximo de US$ 214 milhões em numerário, US$ 380 milhões em dívida externa argentina pagáveis num período de três anos, mais a quantia máxima de papéis da dívida que cada consórcio pudesse subscrever, com um piso de US$ 3,5 bilhões.[34] Foi esse o resultado de um longo debate oficial sobre se a Argentina deveria tentar obter dinheiro vivo pela companhia ou aceitar os critérios dos banqueiros internacionais e eliminar parte de sua dívida externa através de um mecanismo de *swap* dívida-bens de capital.[35] Como foi escolhido o segundo método, os licitantes para a ENTEL foram, inevitavelmente, consórcios estrangeiros, consistindo cada um num banco internacional estrangeiro (os donos de papéis da dívida) e uma empresa na área de telecomunicações (os detentores da *expertise* técnica). Companhias locais ingressaram nos grupos como parceiros financeiros, principalmente por sua capacidade de pressão lobbista e conhecimento do mercado interno.

Várias transportadoras comuns estrangeiras, incluindo GTE, BellSouth, Nynex International, Bell Atlantic, Continental Telephone (Estados Unidos), STET (Itália), Telefónica (Espanha), Cable & Wireless (Inglaterra), France Cable et Radio (França) e Siemens (Alemanha), mostraram interesse em investir nesse setor na Argentina. Os finalistas foram três consórcios, todos liderados por uma companhia telefônica e um banco estrangeiros, a saber: Bell Atlantic e Manufacturers Hanover; Telefónica e Citicorp; e STET (com France

Cable et Radio) e J.P. Morgan. O consórcio vencedor foi STET-France Cable et Radio para a região norte e Telefónica para o sul. Cada consórcio controlará 60% das novas companhias, enquanto que os restantes 40% serão divididos entre ENTEL, trabalhadores (10%) e os mercados de ações nacional e internacionais (30%).

A venda acarretou para o Estado um ingresso de US$ 214 milhões em numerário (*cash*) (US$ 114 milhões para a região sul e US$ 100 milhões para a região norte), US$ 380 milhões em obrigações (US$ 203 milhões para a região meridional, e US$ 177 milhões para a região setentrional), e US$ 4,95 bilhões em papéis da dívida (a TELECOM pagou US$ 1,86 bilhão em dívida pública e US$ 372 milhões em juros acumulados, e a Telefónica pagou US$ 2,18 bilhões de dívida pública e US$ 540 milhões em juros acumulados). Entretanto, se tomarmos o valor dos papéis da dívida no mercado secundário na época da venda (que era aproximadamente de 11 centavos de dólar), o preço pago pela companhia cai para US$ 1,5 bilhão.

O Quadro 5.3 mostra a composição do consórcio STET que adquiriu a Telco Norte, hoje denominada TELECOM. O Quadro 5.4 mostra a composição da Compañía de Inversiones en Telecomunicaciones (COINTEL), a qual comprou a Telco Sur e opera hoje sob o nome de Telefónica de Argentina.[36]

Após a compra da ENTEL Sul pelo consórcio Telefónica, a participação e diversificação de capital estrangeiro expandiu-se rapidamente. A companhia ofereceu ações preferenciais no mercado internacional de ações, através da Citycorp, as quais foram compradas por várias companhias estrangeiras. O Quadro 5.5 mostra a distribuição das ações subscritas.

Embora operem monopólios separados no norte e no sul da Argentina, TELECOM e Telefónica são sócias no fornecimento de serviços internacionais através da TELEINTAR, e compartilham também o controle de STARTEL, uma companhia recentemente criada que fornece serviços avançados de tele-

QUADRO 5.3 Distribuição de ações na TELECOM, Argentina, 1990

Companhia	Percentagem de ações
France Cable et Radio[a]	44,25
STET[b]	44,25
Compañía Naviera Pérez Companc[c]	6,50
J. P. Morgan Bank	5,00

a. France Cable et Radio é o ramo internacional da estatal France Telecom, poderoso conglomerado de telecomunicações que fornece serviços em regime de monopólio em toda a França. A companhia também controla a ALCATEL, que é um dos principais fornecedores de equipamentos de telecomunicações no mercado argentino.

b. STET, Società Finanziaria Telefonica, é parte do Instituto Italiano para a Reconstrução Industrial. A companhia *holding* de telecomunicações controla uma variedade de outras empresas do setor, como a SIP, Italcable, Telespazio, Italtel, Sirti, Aet, Necsy, Siemens Data e Cselt. A companhia também tem participação indireta nas empresas Sic, Consultel, Accesa, Seva, SIRM, Telesoft, SSGRR, Data Spazio e Teleo.

c. Compañía Naviera Pérez Companc, um dos mais poderosos grupos econômicos da Argentina, tem uma considerável participação acionária na Pecomnec, fabricantes argentino-japoneses de equipamentos de telecomunicações que tinham estreitas relações comerciais com a ENTEL.

FONTE: Secretaria de Planejamento, Argentina.

QUADRO 5.4 Distribuição de ações na Telefónica de Argentina, 1990

Companhia	Percentagem de ações
Citicorp Venture Capital	20,00
Banco Río (Cayman)	14,56
Telefónica International Holding[a]	10,00
Techint[b]	8,31
Banco Central, S.A. (Espanha)	7,04
Comercial del Plata	5,00
Banco Hispano Americano	5,00
Manufacturers Hanover	4,33
Bank of Tokyo	4,16
Bank of New York	4,16
Zurich Ltd.	4,16
APDT	4,03
Arab Banking Co.	3,41
Republic New York Finanziaria	1,50
Centrobanco (Panamá)	1,42
Venegas Ltd.	1,25
Banco Atlantico, S.A.	0,75
Bank of Nova Scotia	0,60
BFG	0,30

a. Telefónica International Holding, a operadora de telecomunicações da COINTEL, é uma sociedade de direito privado, com a participação minoritária (34,1%) do governo espanhol, uma cota distribuída entre investidores estrangeiros (22%) e capital nacional (43,9%).
b. Techint é uma multinacional italiana que fornece serviços de construção na área de telecomunicações (entre muitas outras atividades comerciais). Também tem muita experiência no mercado argentino.
FONTE: Telefónica de Argentina.

comunicações. Os serviços avançados (ou de valor adicionado) constituem o único setor do negócio de telecomunicações da Argentina em que as forças do mercado foram desencadeadas e os fornecedores devem operar num meio relativamente aberto e competitivo.

Das ações remanescentes da ENTEL (definida como ENTEL *residual*), 10% estão reservados para os empregados telefônicos e 30% foram vendidos, a partir do final de 1991, nos mercados nacional e internacional de ações. Um grupo de bancos era responsável pela operação. O Banco Roberts era o principal consultor e administrador da venda, enquanto que o Banco de Galícia, Banco Río, Banco del Sud e Banque Crédit Lyonnais gerenciavam a venda para investidores privados. Em virtude da necessidade de capital do Estado, os bancos depositaram um adiantamento de US$ 300 milhões em contas oficiais.[37] O governo ganhou US$ 2 bilhões com essa operação.

A privatização da ENTEL aumentou consideravelmente o investimento direto externo no mercado argentino de telecomunicações, embora o capital estrangeiro já estivesse presente na diversificação inicial da indústria, como no desenvolvimento da telefonia celular e nos serviços de processamento de dados. No começo de 1988, o governo abriu ao investimento privado a concessão de serviços telefônicos celulares na área de Buenos Aires. Em julho

QUADRO 5.5 Distribuição de ações preferenciais da Telefónica de Argentina, 1991

Companhia	Percentagem de ações
APDT	24,1
Manufacturers Hanover	15,5
Bank of Tokyo	9,6
Union Bank of Switzerland	6,1
West LB International	5,4
First National Bank of Boston	5,1
Select Arcturus Holding	4,2
Generale Bank	4,0
Riobank Inter, Trust	3,9
Bank Fuer G.A.	2,9
Westdeutsche L.G.	2,9
Société Generale Panama	2,7
Swiss Bank Corporation	2,6
DG Bank Deutsche G.	1,7
Midland Bank PLC	1,7
Deutsche-Sudamericanische	1,3
Dresdner Bank A.	1,3
Banco Hispano Americano	1,1
N.V Philips G.	1,1
Bank of Nova Scotia	1,0
Caterpillar Americas Co.	0,7
R N B and Co.	0,7
Republic New York Finanziaria	0,4

FONTE: Telefónica de Argentina.

do mesmo ano, um consórcio liderado pela BellSouth venceu a licitação pública e foi-lhe concedida a licença para operar o que no ano seguinte veio a ser a primeira rede celular privada da América Latina. O consórcio, que tem forte participação estrangeira e opera sob o nome comercial de Movicom, engloba a BellSouth (31%), a Motorola (25%), a Citycorp (8%) e duas companhias locais — Socma (16%) e BGH (20%). O governo também planeja oferecer para investidores privados concessões de sistemas celulares em todo o país. Baseada na competição maciça pelo sistema celular que se verificou no México, a Argentina esperava um forte interesse nessas ofertas.

Em serviços de dados e de valor adicionado, um setor das telecomunicações em rápido crescimento, as companhias financeiras estrangeiras estão se associando a empresários locais ou instalando os seus próprios serviços.[38] O governo adjudicou concessões a cinco companhias além da STARTEL (de propriedade dos novos donos da ENTEL) para operar na área de transmissão de dados em nível nacional. IMPSAT, SATELNET e, recentemente, ALCATEL são as companhias em atividade; as outras duas (Keydata e TECSEL) possuem licenças de funcionamento mas estão atualmente fora do mercado. Entre as companhias ativas, SATELNET é um bom exemplo das tendências de *joint venture* com a participação de capital estrangeiro. A companhia, originalmente de propriedade de um grupo local, inclui hoje a participação do grupo financeiro italiano Banca Nazionale del Lavoro. Outros serviços de telecomunicações, como mala eletrônica, são executados na Argentina através de companhias norte-americanas, como Sprint Mail e MCI Mail.

Companhias de aviação, ferrovias e turismo

Pelo decreto presidencial 1.591/89, o governo argentino ofereceu para venda a companhia nacional de aviação Aerolíneas Argentinas e suas empresas conexas, Buenos Aires Catering, S/A, e Operadora de Servicios Turísticos, S/A (OPTAR). Foi uma privatização parcial da empresa, na qual o Estado reteve 5% das ações com um direito de veto sobre questões relacionadas com a defesa e a segurança nacionais. Os empregados da empresa ficaram com 10% das ações capital; os investidores estrangeiros não podiam deter mais de 50%. Os restantes 35% foram reservados para empresários nacionais. Uma exigência peculiar para a venda era que o comprador principal tivesse uma companhia de aviação com maior capacidade operacional do que a Aerolíneas Argentinas e não detivesse mais de 30% das ações oferecidas para subscrição.

A única oferta apresentada foi a da companhia aérea espanhola Ibéria, num consórcio com empresas locais. Aerolíneas Argentinas foi vendida em 21 de novembro de 1990 a esse grupo por US$ 130 milhões *cash*, US$ 130 milhões pagáveis num período de 10 anos e US$ 2,01 bilhões em dívida externa. Os novos proprietários comprometeram-se com um investimento de US$ 684 milhões nos primeiros cinco anos. Depois da venda, o consórcio foi reestruturado. Hoje, o grupo é formado por Iberia Líneas Aéreas de España, S/A (30%); um grupo espanhol de investimento (19%); Amadeo Riva (17%); Devi Construcciones, S/A (17%); e um grupo local (2%).

Os bens patrimoniais e as operações das ferrovias argentinas também estão em venda. Embora o transporte de passageiros esteja reservado para investidores argentinos, o transporte de cargas está aberto a grupos estrangeiros e privados nacionais. A primeira ferrovia foi vendida em 15 de abril de 1991 a um grupo que incluiu a companhia italiana Techint, a norte-americana Iowa Interstate Railroad, o Chase Manhattan Investment e numerosos grupos nacionais. A Techint, líder do grupo, detém 58% das ações de capital, enquanto todos os outros participantes controlam 22%. As ações restantes já se encontram em mãos de investidores privados locais (16%) e de ferroviários (4%). O contrato deu uma concessão de 30 anos para operar a linha Delta—Rosario—Bahia Blanca (5.200km) no transporte de mercadorias, pela qual o grupo pagou ao Estado US$ 155 milhões.

Foram oferecidas quatro outras linhas de transporte de cargas, e quatro consórcios interessados submeteram suas propostas em 1991. Dois dos grupos estão interessados em adquirir a concessão do Ferrocarril Mitre (5.000km). O primeiro é constituído pela norte-americana Montana Rail Link, o Banco

Francés del Rio de la Plata e sócios locais; o segundo, pela Interamerican Railways Corporation, a Sideco Americana e investidores locais. O Ferrocarril San Martin (5.400km) atraiu a atenção de um grupo que inclui a Railroad Development Corporation, a Transapelt e companhias locais. Um grupo liderado pela Canadian International (uma subsidiária da Canadian National Railways), NMB Post Bank Group (Holanda) e investidores argentinos está tentando comprar o percurso mais curto do Ferrocarril Belgrano (706km). Finalmente, o governo está prestes a assinar um contrato que transfere o Ferrocarril Urquiza para um consórcio liderado pela RENFE, a companhia espanhola de estradas de ferro.

O Presidente Menem também incluiu a rede estatal do metrô, Subterráneos de Buenos Aires, na lista de empresas estatais para venda em 1991-1992. A rede, programada para estar em mãos da iniciativa privada até o final de 1992, é constituída por cinco linhas que se estendem por cerca de 50km e transportam 140 milhões de passageiros por ano. Várias companhias européias (incluindo Transytem/Fiat, Ansaldo Transporti, Intermetro, Breda Ferroviaria, Valente, Matra, London Transport e algumas companhias espanholas) estavam interessadas na venda do metrô.

No ramo do turismo, uma das mais importantes privatizações incluindo participação estrangeira foi a venda do famoso Hotel Llao-Llao. Construído na região internacionalmente renomada de Bariloche, o hotel foi comprado pelo grupo Citicorp-Choice-Cofipa-Surhotel, o qual pagou US$ 6,24 milhões pelo complexo turístico. A venda foi concluída com a exigência de que o novo investimento fosse efetuado antes da reinauguração do complexo.

Petróleo e siderurgias

O projeto para privatizar Yacimientos Petrolíferos Fiscales (YPF) foi oficialmente anunciado em 1987 pelo governo Alfonsín. Desde então, à parte o licenciamento de concessões para exploração e produção petrolífera, nenhuma medida importante tinha sido tomada a fim de transferir essa gigantesca empresa para a iniciativa privada. A companhia, que é a quarta maior de toda a América Latina, tem um apoio público não muito claro em prol da privatização.[39] Questões políticas a respeito das dimensões da empresa, as implicações para a soberania do controle dos combustíveis, um sindicalismo forte e oposições político-partidárias retardaram quaisquer tentativas para efetuar a venda.[40]

Menem, entretanto, manteve-se surdo a tais questões politicamente sensíveis, nomeando para presidir a YPF um homem de negócios que, durante muitos anos, dirigira a filial argentina da companhia petrolífera norte-americana Hughes Tool Co. O objetivo do novo presidente da YPF é transformar a companhia numa empresa semiprivada dentro de poucos meses. Em 1991, o governo federal controlava a maioria de ações na YPF, enquanto os governos provinciais, com as operações petrolíferas em seus territórios, eram donos do resto. O plano consiste em vender a investidores privados 45% do capital social em ações, com o governo federal retendo 27,5%; os governos das províncias produtoras de petróleo, 17,5%; e os trabalhadores da YPF, 10%. Após o anúncio da privatização, em agosto de 1991, companhias petrolíferas estrangeiras — Shell, Esso, Texaco e ELF — expressaram seu interesse em ações YPF.

Paralelamente ao projeto de privatização da YPF, as autoridades governamentais reestruturaram e abriram ao investimento privado a exploração de algumas das mais ricas jazidas petrolíferas do país. Esse processo, que foi iniciado com Alfonsín (sob o rótulo de Plano Houston), atingiu o auge em 1990-1991. Nos quatro mais ricos campos petrolíferos (as chamadas *áreas centrales*), a YPF assinou *joint ventures* com firmas privadas da França, Espanha e Estados Unidos, para repartir 50% da exploração de recursos petrolíferos.[41] Essas concessões proporcionaram ao governo uma receita de US$ 600 milhões. Nas *áreas secundarias*, foram adjudicados 28 contratos de concessão para um total de US$ 252 milhões, mais nove áreas foram licenciadas e outras 28 estão programadas para licitação nos primeiros anos da década de 90. Quanto a estas últimas, o governo espera receber US$ 100 milhões. Algumas das companhias petrolíferas estrangeiras a que foram dadas concessões nessas áreas são Amoco, Chevron, Braspetro (Brasil), British Gas, Exxon, Marathon, BHP Petroleum Pry, Occidental, Repsol (Espanha), Shell, Total (França), Trend Exploration e Triton Energy. A companhia petrolífera Texaco, sediada nos Estados Unidos, que tinha cessado todas as suas operações na Argentina há 36 anos, investiu mais na indústria petrolífera da Argentina desde 1989 do que qualquer outra empresa estrangeira.

Nas siderúrgicas, os programas de privatização avançaram lentamente. Na convicção de que a presença da iniciativa privada é requerida nesse setor, o presidente Menem nomeou recentemente um novo diretor-geral para a maior siderúrgica estatal (SOMISA), com o mandato claro de vender a companhia no prazo de poucos meses. Quatro firmas internacionais de consultoria (McKinsey, Booz Allen & Hamilton, Rolan Berger e Braxton) apresentaram propostas para a primeira fase da privatização, um estudo do status da companhia. A seleção de Braxton como firma consultora oficial acelerou o processo e o governo está esperando ofertas de compra do Brasil, Japão e Itália (incluindo Techint).

Eletricidade, gás e água

Serviços públicos como eletricidade, gás e água também estão em processo de ser privatizados. Em junho de 1991, o governo assinou um contrato com a firma canadense de consultoria Hydro Quebec para propor diretrizes para a venda de Servicios Eléctricos del Gran Buenos Aires (SEGBA). No mesmo mês, C.S. First Boston Inc., Kleinworth and Benson Ltd., e Banco General de Negocios foram selecionados para gerenciar a operação financeira. A SEGBA foi transferida para os seus novos donos em maio de 1992. Gas del Estado e Obras

Sanitarias estão num estágio semelhante ao da SEGBA; essas companhias também estão programadas para passar às mãos da iniciativa privada num próximo futuro. O governo tem realizado conversações com licitantes interessados, como o Deutsche Bank (Alemanha).

A privatização de empresas estatais na Argentina atraiu, através de vários mecanismos financeiros, uma considerável soma de investimentos diretos externos. As perspectivas de novos influxos de capital estrangeiro aumentam à medida que o programa de privatização é consolidado e a economia do país torna-se mais estável e próspera. Salvo alguns problemas econômicos vinculados ao investimento direto externo, a Argentina está esperando aproximadamente US$ 700 milhões de investimentos adicionais nos setores privatizados.[42] Entretanto, as mesmas preocupações que existem no México, a respeito do futuro desempenho de companhias privatizadas e do efeito da privatização sobre a economia do país, também são pertinentes no caso da Argentina.

Chile

A reforma do setor estatal no Chile teve início em 1974 sob a administração do general Augusto Pinochet, convertendo-a no mais antigo programa de privatização levado a efeito na América Latina. O processo pode ser dividido em dois estágios claramente definidos: o primeiro, de 1974 a 1978, e o segundo desde 1985 até o presente.

No começo da década de 1970, durante o governo do presidente Salvador Allende, o número de empresas estatais cresceu espetacularmente, em conformidade com a filosofia socialista de Allende. O número de companhias administradas pelo Estado cresceu de 64 em 1970 para 498 no final do governo Allende, três anos depois. Em reação a essa socialização da economia chilena, o governo autoritário do general Pinochet enfatizou a reprivatização das empresas estatais. Durante os primeiros meses do programa, 250 companhias foram devolvidas grátis aos seus antigos donos, e nos anos seguintes 232 companhias foram vendidas ao setor privado.[43] Em 1980, o Estado controlava apenas 43 empresas.[44]

Apesar desses números impressionantes, a primeira fase da privatização não foi uma experiência muito compensadora para o Chile. A profunda crise econômica nacional de 1982 empurrou para a falência muitas dessas empresas privatizadas e, uma vez mais, ouviram-se apelos para a intervenção do Estado. O governo teve que encampar e começar administrando dezesseis das principais instituições financeiras e numerosas companhias comerciais e industriais, como COPEC, INDUS, INFORSA, Celulosa Arauco e Celulosa Constitución.[45] Em 1984-1985, a economia começou mostrando sinais de recuperação, um fato que imediatamente levou a equipe econômica neoliberal de Pinochet a deslanchar uma segunda rodada de privatizações.

De 1985 em diante, o governo não só privatizou mais de 40 empresas estatais mas também realizou um considerável incremento no investimento direto estrangeiro. No final de 1989, registrava-se uma ampla participação estrangeira em estatais privatizadas do porte de CAP (aço), CTC (telecomunicações), CHILGENER (eletricidade), ENAEX (explosivos), IANSA (açúcar), Lab Chile (laboratórios), LAN-Chile (companhia de aviação), PILMAIQUEN (eletricidade) e SOQUIMICH (produtos químicos e minerais). Duas dessas companhias (CTC e LAN-Chile) não só representam uma importante parte do investimento direto externo no Chile, mas também mostram uma interessante dinâmica criada pela presença de companhias estrangeiras e vale a pena, portanto, descrevê-las em algum detalhe.

Telecomunicações

Os serviços telefônicos no Chile datam de 1880, com a criação da Compañía de Teléfonos de Edison, em Valparaíso. De 1927 a 1974, os serviços de telecomunicações no país estavam controlados pela International Telephone and Telegraph Corporation (ITT). Em 1974, o governo chileno adquiriu 80% da Compañía de Teléfonos de Chile (CTC). Entre essa data e o momento de sua privatização, apesar do governo ser acionista majoritário, a companhia estava sob o regime de pessoa jurídica de direito privado.

A privatização da CTC é, sem dúvida, a mais significativa do Chile. A CTC, que é a maior companhia de telecomunicações do país, fornece serviço telefônico local para 77% do território nacional e possui 94% de todas as linhas telefônicas no Chile. Em 1990, a CTC tinha 867.076 linhas instaladas, e a companhia planeja atingir US$ 1,4 bilhão de novos investimentos no final do período de 1988-1992.

Em agosto de 1987, a CORFO (companhia *holding* e banco de fomento governamental que detinha 80% do capital social em ações da CTC) anunciou a venda de 151 milhões de ações ordinárias, série A, que correspondiam a aproximadamente 30% da participação acionária do governo na companhia. Em janeiro de 1988, a CORFO transferiu as ações para a Bond Corporation Chile, S/A, que ofereceu o preço mais alto: US$ 114,8 milhões.[46] No transcorrer de 1988, a Bond Corporation aumentou a sua participação no capital social da CTC comprando ações em várias outras subscrições. No final do ano, e após investir US$ 285 milhões, a Bond estava controlando 50% do capital subscrito da CTC.[47]

A eficiência administrativa e a vivacidade financeira da Bond fizeram a companhia descrever um giro de 180 graus em curto espaço de tempo. Em 1989, a CTC estava transformada de uma apática e lerda empresa paraestatal num negócio em rápido crescimento, com uma nova e pujante imagem e uma presença impressionante no mercado. Os novos donos encontraram formas para obter fundos que garantissem a expansão da rede e a melhoria de qualidade dos seus serviços. A empresa obteve financiamento dos fornecedores de equipamentos, de futuros clientes e da venda de ações nos mercados de capital locais e internacionais. A venda de ações da CTC na Bolsa de Nova York foi provavelmente a herança mais benéfica que seria deixada para a companhia pela efêmera propriedade da Bond. Os lucros subiram para US$ 100 milhões por ano e 100% dos lucros foram pagos através de dividendos aos acionistas. Dois anos depois, entretanto, o império internacional Bond desmoronou e seus negócios no Chile sofreram as conseqüências. A CTC foi vendida em abril de 1991 à Telefónica de España por US$ 392 milhões. Alan Bond não só garantiu um lucro de US$ 100 milhões por ano durante o período em que administrou a companhia como também um lucro de aproximadamente US$ 100 milhões na operação de venda.

A compra do controle acionário da CTC pela Telefónica criou, porém, problemas jurisdicionais, porque a companhia espanhola também tem considerável participação na ENTEL (a companhia telefônica chilena para discagem à distância), da qual adquiriu 20% das ações numa primeira privatização da companhia. Além disso, o banco oficial da Telefónica, o Banco de Santander, controla 10% das ações da ENTEL com direito a voto. Desse modo, a Telefónica não só tem uma forte presença regional mas também apresenta problemas de monopólio para o governo chileno.[48] A Comissão Preventiva do governo determinou que a Telefónica conservasse suas ações em uma só empresa, vendendo sua parte na outra. Mas os empresários espanhóis esperam manter seus interesses em ambas as companhias e recorreram da decisão, a qual deve ser resolvida, em última instância, pela Suprema Corte chilena.

Além da participação estrangeira nos serviços telefônicos locais, interurbanos e internacionais, o Chile, como muitos outros países latino-americanos, tem um considerável montante de investimento externo em seu sistema telefônico celular. O mercado, que está crescendo rapidamente, foi dividido entre quatro companhias: (1) A CTC detém uma licença para serviços em escala nacional; (2) Cidcom de Telefonía Celular de Chile, de propriedade da Pacific Telecom, tem licenças para Santiago e Valparaíso; (3) VTR Telecomunicaciones, de propriedade da companhia britânica Millicom, tem uma licença nacional que exclui Santiago; e (4) TELECOM, constituída por ENTEL-Chile (33,3%), Télex-Chile (33,3%) e Motorola (33,3%), também detém uma licença nacional que exclui Santiago.

O sistema de telecomunicações chileno já possui uma forte presença estrangeira, mas quando o país se empenha com denodo em tornar-se um protagonista no cenário econômico global, a necessidade de serviços de telecomunicações *high-tech* aumentará, exigindo uma participação cada vez maior de companhias estrangeiras altamente qualificadas.

Companhias aéreas

A privatização no Chile também teve um considerável efeito sobre o negócio da aviação comercial. No começo de 1990, o governo vendeu a empresa aérea nacional, LAN-Chile, à empresa escandinava SAS, numa *joint venture* com investidores locais. O grupo pagou US$ 48 milhões *cash* por 78% dos bens patrimoniais da companhia e o controle do negócio. A SAS desempenhou um importante papel nesse processo ao ajudar investidores locais na obtenção de um empréstimo internacional para a compra da parte deles na companhia e permitir assim que esses investidores locais, ao garantir o controle da mesma, assumissem a sua presidência. A empresa escandinava, que participou tanto na primeira quanto na mais recente subscrição de ações de Aerolíneas Argentinas, também mostrou interesse em outras privatizações de companhias aéreas latino-americanas. Além disso, no contexto de um projeto de globalização, a companhia européia adquiriu também 17% da Continental Airlines por cerca de US$ 32 milhões, tornando-se a principal acionista dessa companhia sediada nos Estados Unidos.

Entretanto, a SAS superestimou sua capacidade financeira para alcançar essa expansão global (a qual incluía ainda a compra de hotéis e estações de veraneio) e, ao mesmo tempo que a LAN-Chile se tornava um negócio deficitário (com um prejuízo de US$ 4,5 milhões no primeiro semestre de atividade), a companhia mergulhava no vermelho (registrando uma dívida de US$ 20 milhões). Acuada por esses ônus financeiros (além de um prejuízo de US$ 5 milhões causado pela Guerra do Golfo), a companhia desfez a aliança com os investidores chilenos e formalizou uma nova coalização com a CORFO (a companhia *holding* do governo, que tinha ficado com 22% das ações da LAN). A essa altura, o governo chileno estava planejando vender sua parte na companhia, mas a crise retardou os planos oficiais. Em conseqüência de realinhamentos no interior da companhia, a CORFO assumiu a presidência da LAN-Chile e agora o Estado lidera o negócio do setor privado. O governo chileno ainda planeja, não obstante, vender suas ações assim que a companhia aérea recuperar a estabilidade financeira e operacional.

Apesar de sofrer um fracasso em grande escala em suas primeiras tentativas de privatização, o Chile pôde levar adiante com moderado êxito o seu segundo programa de privatização. O país, que é visto hoje como um modelo de política econômica estável, foi capaz de atrair grande número de investidores estrangeiros. De fato, o esforço para captar investimentos do exterior foi tão bem-sucedido que o governo está tentando agora restringir a entrada de mais capital estrangeiro, por causa do temor de que o excessivo afluxo de capitais venha intensificar as pressões inflacionárias existentes no país.

Privatizações nas fases iniciais: Venezuela, Equador e Bolívia

Depois da Argentina, Chile e México, o seguinte privatizador mais importante na América Latina parece ser a Venezuela. Em setembro de 1991, o país já tinha privatizado três bancos comerciais e a sua companhia aérea, a Venezolana Internacional de Aviación, S/A (VIASA); dera a concessão de uma faixa de telefone celular; e encontrava-se nas fases adiantadas de privatização da companhia telefônica estatal (Compañía Anónima Nacional de Teléfonos de Venezuela-CANTV).

No início de 1991, a administração de Carlos Andrés Pérez anunciou uma importante realização em seu ambicioso programa de privatização e liberalização.[49] Uma *joint venture* formada por companhias estrangeiras de telecomunicações (a norte-americana BellSouth e a britânica Racal Telecom) e um grupo venezuelano (BBS, Comtel e Bancor) obteve uma concessão de telefone celular com a oferta de US$ 107 milhões. A nova companhia, que adotou a razão social Telcel, fornecerá serviços em todas as principais cidades do país.[50] A participação privada no negócio de telefonia celular é considerada o primeiro componente da privatização da CANTV. A venda da companhia telefônica, a qual está programada para os últimos meses de 1991, já atraiu a atenção de várias empresas estrangeiras do ramo, como a US West, Southwestern Bell, Bell Atlantic, Nippon Telephone & Telegraph, GTE, France Telecom, Bell Canada e AT&T. Considerando a forte presença de companhias estrangeiras no sistema de telecomunicações do Caribe, o governo venezuelano, que está tentando alcançar US$ 2 bilhões para a companhia de telecomunicações, espera uma bem-sucedida venda da CANTV.[51]

A outra importante privatização, a companhia aérea VIASA, envolve também considerável investimento externo: 60% da companhia foram comprados por um grupo constituído pela companhia aérea espanhola Iberia e o Banco Provincial da Venezuela pela soma de US$ 145,5 milhões. Um mês antes da venda, seis companhias estrangeiras de aviação comercial — Alitalia, British Airways, Swissair, Northwest, Iberia e KLM — estavam licitando pela VIASA. Na rodada final, o Fondo de Inversiones de Venezuela, a entidade governamental responsável pela privatização da VIASA, reduzira a escolha à holandesa KLM e à vencedora final, a Iberia. O resultado da privatização deixou as ações da companhia distribuídas da seguinte maneira: Iberia, 45%; Banco Provincial, 15%; empregados da VIASA, 20%; e o governo venezuelano, 20%.

Nem a Bolívia nem o Equador efetuaram ainda quaisquer privatizações importantes com significativo investimento direto externo, mas ambos os países empreenderam *joint ventures* com companhias estrangeiras para exploração e produção de petróleo. A Bolívia começou a privatizar várias atividades relacionadas com o setor petrolífero, usando contratos comumente qualificados como "recuperações beneficiadas". Muitos desses contratos foram assinados em 1990-1991. Em março de 1991, por exemplo, Texaco e Sun Oil assinaram um contrato de exploração e produção com a estatal Yacimientos Petrolíferos Fiscales Bolivianos (YPFB). É um investimento com uma perspectiva de aproximadamente US$ 25 milhões num período de sete anos. Pela mesma época, foi adjudicada à Esso Exploration of Bolivia uma concessão de exploração por 30 anos com um investimento estimado de US$ 40 milhões.

A Bolívia avançou bastante nas negociações para a privatização de sua companhia aérea estatal, Lloyd Aéreo Boliviano (LAB). A mais antiga empresa de aviação comercial da América Latina, LAB foi avaliada pela First Boston Corporation e tem muitos compradores estrangeiros interessados, como Varig, Iberia, Hapag-Lloyd e um consórcio japonês. A Bolívia tem planos para expandir o seu programa de privatizações a fim de incluir também a companhia nacional de estradas de ferro.

O Equador está executando um programa de quase-privatização em exploração e produção de petróleo. Um exemplo disso é o contrato assinado em agosto de 1991 entre a companhia petrolífera equatoriana, Petroecuador, e um consórcio estrangeiro liderado pela Conoco, dos Estados Unidos.[52] A transação incluiu uma *joint venture* pelo prazo de 20 anos para explorar e produzir cru pesado e extrapesado de depósitos na bacia amazônica. Apesar da forte adesão inicial da Conoco ao projeto (a companhia investiu US$ 100 milhões em exploração e planejara gastar US$ 700 milhões em operações de perfuração, além da construção de uma nova auto-estrada e 210km de oleoduto) e para surpresa das autoridades governamentais equatorianas, a companhia norte-americana saiu do consórcio dois meses depois da assinatura do contrato. US Maxus tomou o lugar da Conoco e assumiu a operacionalidade do projeto, com planos para produzir 350 mil barris/dia por volta de 1995. Outras companhias estrangeiras, como a Texaco e a US Oryx também participam na produção equatoriana de petróleo. O governo estará concedendo em breve novas áreas de perfuração à Mobil e à Arco; três novos candidatos para expandir as áreas de exploração no país são a Occidental, dos Estados Unidos, a ELF, da França, e a Triepol, do Equador.[53]

O governo também deseja a participação de capital estrangeiro na expansão da rede elétrica do país. De acordo com o ministro da Energia e Minas, Donald Castillo, o país requer um investimento básico de US$ 3,04 bilhões para atualizar a geração, transmissão e distribuição de energia hidrelétrica num programa de oito anos. Em maio de 1991, o Congresso equatoriano aprovou legislação para estimular a participação nacional e estrangeira em atividades de mineração através de incentivos fiscais e monetários a investidores privados.

Os privatizadores tardios: Brasil e Uruguai

Muitos outros países latino-americanos estão desenvolvendo abrangentes programas de privatização, embora vários deles estejam ainda nos estágios iniciais e os fluxos de investimento direto externo para esses países sejam muito limitados. Não obstante, nos casos mais adiantados, a presença de grupos estrangeiros interessados é evidente e os governos estão prevendo considerável participação estrangeira. O Brasil é um desses casos.

Quando Fernando Collor de Mello assumiu o cargo em 15 de março de 1990 como o primeiro presidente do Brasil democraticamente eleito após a ditadura militar, tudo levava a crer que o país se lançaria numa ampla reforma do setor público. A principal força desse projeto de reestruturação pública seria, como em outros países latino-americanos, a privatização maciça de empresas estatais. Em março de 1990, o Decreto nº 99.464 arrolou as primeiras doze estatais que seriam transferidas nos meses seguintes para o setor privado. Dezoito meses depois, entretanto, as primeiras companhias ainda não tinham sido vendidas.[54]

A primeira estatal programada para venda era o complexo siderúrgico USIMINAS (Usinas Siderúrgicas de Minas Gerais, S/A). A companhia, responsável por 40% da produção brasileira de aço e avaliada em US$ 1,08 bilhão, foi oferecida à subscrição pública de ações em leilão marcado para 24 de outubro de 1991. O projeto tinha, porém, importantes adversários políticos, como o então vice-presidente do país, Itamar Franco. O governo vendeu efetivamente 75% das ações da companhia, com 94% dessas ações ficando nas mãos de companhias brasileiras e 5,9% indo para firmas estrangeiras. Os restantes 25% foram vendidos entre os empregados da companhia (10%) e o atual sócio estrangeiro do Estado, a Nippon Steel (15%). A subseqüente privativação planejada envolve a Companhia Electromecânica Celma. A empresa, pela qual o governo espera obter US$ 73 milhões, já é parcialmente de propriedade (13%) da firma norte-americana United Technologies. A Nippon Steel e a United Technologies terão status prioritário para comprar até 40% das ações que detêm o controle da companhia.

De acordo com a legislação brasileira, as vendas de capital-ações de empresas estatais (incluídas no Programa Brasileiro de Desnacionalização) a estrangeiros (pessoas físicas ou jurídicas) não pode exceder 40% das ações que controlam a companhia.[55] Em casos excepcionais, uma percentagem mais elevada pode ser aprovada pelo Congresso. Embora isso pareça ser uma séria restrição à participação estrangeira, brechas nas leis permitirão que investidores estrangeiros adquiram 100% das ações que controlam algumas das empresas estatais brasileiras. A Constituição Federal aceita como brasileira qualquer companhia constituída no Brasil, independentemente da origem do capital. Assim, qualquer investidor estrangeiro que constitua uma nova companhia ao abrigo das regulamentações brasileiras adquire todos os direitos de qualquer outra companhia brasileira. Alguns congressistas estão tentando fechar essas brechas introduzindo reformas na Constituição.

No tocante a outras restrições sobre a participação privada, a Constituição é muito clara e direta. Algumas operações estatais, como as telecomunicações e o refino de petróleo, são consideradas monopólios públicos e não estão, portanto, sujeitas à privatização. Outras entidades estatais, como Petróleo Brasileiro (PETROBRÁS), Banco do Brasil S/A e Instituto de Resseguros do Brasil, tampouco podem ser transferidas para o setor privado. Entretanto, a Constituição é sempre passível de mudanças.

No Uruguai, a Câmara de Deputados promulgou em 27 de setembro de 1991 uma lei para privatizar a companhia telefônica estatal, Administración Nacional de Telecomunicaciones (ANTEL). Com essa privatização, o governo está procurando atrair sócios estrangeiros a fim de duplicar o atual investimento de US$ 50 milhões por ano em infra-estrutura de telecomunicações em todo o país, de modo a satisfazer a demanda reprimida de serviços. As regulamentações uruguaias permitem até 49% de investimento direto externo no setor de telecomunicações. Telefónica de España, France-Telecom, STET (Itália), Nynex (Estados Unidos), Bell Atlantic e BellSouth já expressaram seu interesse.

O que o governo uruguaio já realizou no capítulo de investimento direto externo no setor de telecomunicações foi a concessão a um consórcio de investidores estrangeiros e locais de uma faixa do espectro da rádio para o suprimento de telefonia celular. O grupo, composto de BellSouth, Abiatar, Motorola e um grupo uruguaio, operará em Montevidéu e na área costeira meridional.

Outras empresas uruguaias com probabilidades de ser privatizadas em breve incluem a Pluna (companhia aérea), ILPE (instituto de pesca), a administração portuária autônoma, a distribuição de gás, as ferrovias, a UTE (eletricidade), a OSE (tratamento e distribuição de água), seguros e destilação de álcool.

Os privatizadores tardios beneficiam-se da experiência daqueles países que assumiram a liderança na reforma do Estado. Os fracassos e êxitos de casos anteriores propiciarão aos recém-chegados conhecimentos e valiosas informações sobre os métodos mais apropriados para vender empresas estatais. Ao mesmo tempo, entretanto, esses países podem descobrir que, num mercado mundial repleto de privatizações, o capital disponível para a compra de patrimônios estatais em países em desenvolvimento pode ser mais difícil de atrair em grandes quantidades através de novas ofertas, e o número de licitantes interessados pode ficar substancialmente reduzido, dificultando a conclusão de programas de privatização.

Avaliando o investimento direto externo

Tomar emprestado da comunidade financeira internacional tem sido uma experiência amarga para a maioria dos países latino-americanos. No final da década de 70, grandes empréstimos a juro baixo e longo prazo contraídos com os bancos comerciais internacionais deram aos países da região a ilusão de fácil acesso a vastas somas de capital barato. Os governos sentiram estar deitando mão à ferramenta apropriada para o desenvolvimento "autônomo". Mas o sonho teve vida curta. Em 1982, um elevado aumento na taxa de juros da dívida acumulada ajudou a precipitar uma crise econômica sem precedentes, e a maioria dos tomadores tem tido que enfrentar, desde então, sérias limitações econômicas e uma perspectiva sombria para os anos vindouros.

Os altos custos sociais e econômicos vinculados aos empréstimos externos deixaram dolorosas lembranças e sérios questionamentos a respeito do que antes se pensava serem os indiscutíveis benefícios de contrair empréstimos externos. Muitos políticos e tecnocratas agora no poder estão reconsiderando os benefícios dos empréstimos, em lugar do investimento direto externo. Como uma autoridade governamental mexicana afirmou acreditar, "é melhor ter um sócio que um credor".[56] Esse conceito muito simples de como obter capital estrangeiro, mais o fato de que os empréstimos externos despencaram abruptamente em anos recentes, criou de novo uma forte atração regional pelo investimento direto externo.[57]

Esse renovado interesse no investimento direto externo também provocou um acalorado debate regional sobre as virtudes e inconvenientes dessa forma de participação do capital estrangeiro.[58] Baseados nos argumentos mais importantes apresentados no âmbito desse debate, os parágrafos que se seguem destacarão os benefícios oferecidos e os problemas criados pela participação de capital externo. A análise também incluirá o efeito das privatizações por meio de *swaps* dívida-capital de contrapartida sobre a economia local.

Os defensores do investimento direto externo argumentariam que, como os investimentos diretos são uma forma produtiva de canalizar recursos de capital para economias em desenvolvimento, as companhias estrangeiras podem contribuir para a economia hospedeira com recursos que são geralmente escassos em países menos desenvolvidos. Comparado com outros modos de investimento (como empréstimos internacionais, que podem ser desviados para os mercados de capitais), o investimento direto externo tende a favorecer o lado produtivo dos recursos de capital. A própria natureza do investimento direto e o risco implícito do capital que a participação estrangeira subentende levam as companhias estrangeiras não-financeiras a expandir a capacidade produtiva do empreendimento até seus limites.

As empresas estrangeiras tendem não só a trazer novo capital de investimento mas também a cuidar do seu próprio financiamento, assim aliviando os governos locais do peso de sustentar linhas de crédito para o setor. No contexto internacional, as empresas multinacionais têm hoje melhores possibilidades de desenvolver projetos e assegurar o acesso a créditos, mesmo em severos ambientes econômicos.

As companhias estrangeiras também podem desempenhar, através de projetos de investimento, um importante papel como avalistas de novos empréstimos do mercado internacional de crédito. Um exemplo dessa vantagem potencial da participação estrangeira é oferecido pela privatização da companhia aérea nacional chilena, a LAN-Chile. A uma companhia local que estava interessada em adquirir uma participação na companhia aérea privatizada foi concedido um empréstimo de US$ 29 milhões pelo Morgan Guaranty Trust Bank. A chave para essa transação foi a presença da empresa aérea escandinava SAS como sócia da companhia chilena. A SAS, que é desde longa data um importante cliente do Morgan, forneceu a garantia exigida pelo banco para aprovar o empréstimo.[59]

No que se refere à transformação dos padrões produtivos da região, um aumento no investimento direto externo pode elevar e incentivar a capacidade tecnológica do país receptor. A experiência de gerenciamento na operação de mercados internacionais é um outro recurso escasso que a empresa estrangeira traz para a América Latina. Décadas de economias fechadas e protegidas aviltaram a capacidade gerencial dos empresários latino-americanos, uma fraqueza que as grandes multinacionais podem compensar com sua vasta experiência internacional. A participação de multinacionais, se guiada por adequadas políticas comerciais, também deve ajudar a reverter o sistema produtivo predominante da América Latina de uma economia de crescimento voltado para dentro para uma economia orientada para a exportação. As grandes companhias transnacionais controlam redes comerciais em escala mundial que facilitariam o acesso a mercados externos. É responsabilidade dos organismos reguladores nacionais criar incentivos nessa direção se a região pretende efetivamente desenvolver uma economia orientada para a exportação.

Os adeptos do investimento direto externo também argumentam que esse tipo de investimento tem períodos de maturidade mais extensos do que os desenvolvidos por ciclos produtivos e comerciais. O investimento direto externo retarda mais do que reforça os padrões recessivos do ciclo econômico. Ao mesmo tempo, tal investimento concede o benefício de que as remessas de lucro mostram geralmente uma dinâmica pró-cíclica que caminha em paralelo com as tendências recessivas. Em outras palavras, a remessa de divisas estrangeiras para o exterior tende a aumentar quando a economia está em expansão e tende a diminuir quando a economia enfrenta um período de recessão.[60]

Os governos de países em desenvolvimento também consideram mais fácil negociar com companhias orientadas para a produção do que com instituições financeiras internacionais. Dois fatores são centrais na melhoria da posição de negociação de países em desenvolvimento. Em primeiro lugar, as companhias no setor produtivo têm interesses produtivos e comerciais específicos e, por conseguinte, tendem a negociar numa base individual. Os bancos comerciais internacionais são propensos a formar fortes cartéis nos quais os países em desenvolvimento têm pouquíssimas chances de fazer valer os seus interesses. Em segundo lugar, as grandes companhias estão atadas a bens patrimoniais fixos que devem estabelecer residência no país hospedeiro, ao passo que os recursos operacionais dos bancos (capital financeiro) têm um caráter volátil e esquivo.

No outro lado do debate, os críticos do investimento direto externo declararam que, "com freqüência, as firmas multinacionais não trazem muito, se é que trazem, capital novo do exterior quando investem. O mais comum é estabelecerem-se, tomarem para uso próprio capitais locais e procurarem a proteção do país hospedeiro contra forças concorrentes que poderiam forçá-las a desenvolver novos métodos de produção de custo mínimo e emprego concentrado de mão-de-obra, métodos que são mais apropriados para um país do Terceiro Mundo".[61] Desse ponto de vista, o investimento direto externo é explicado como uma estratégia corporativa global que visa colocar barreiras à entrada de certas indústrias e estender ao mundo inteiro a capacidade de extrair rendas.

Os críticos sugerem que, embora seja verdade que, em períodos recessivos, a remessa de lucros líquidos para o exterior tende a diminuir, também é verdade que, pelo menos na história recente da América Latina, o montante geral de divisas estrangeiras enviado para fora durante esses ciclos declinantes não diminui.[62] Com freqüência, a experiência da América Latina tem sido que, durante os períodos econômicos instáveis e severos, o investimento direto externo obedece ao padrão de comportamento geral de outras formas de investimento, refluindo para o exterior. À semelhança dos bancos privados, das instituições multilaterais e dos investidores privados nacionais, as grandes companhias multinacionais tendem a retirar-se de países em dificuldades com extrema rapidez, desviando os recursos de capital para outras regiões do mundo (ver Quadro 5.6).

De particular interesse entre os vários mecanismos financeiros ao abrigo dos quais os governos ofereceram empresas estatais para venda estão os *swaps* dívida-capital de contrapartida, por causa do efeito que tiveram para induzir a participação estrangeira na economia da América Latina.[63] Comparados com outras formas de investimento direto externo, os *swaps* dívida-capital de contrapartida foram responsáveis no passado por grandes ingressos de capital estrangeiro. No Chile, por exemplo, em 1979-1986, o investimento direto externo regular atingiu a média anual de US$ 205 milhões, enquanto que os *swaps* dívida-capital de contrapartida registraram uma média de US$ 400 milhões por ano. No caso do México, no mesmo período, o investimento direto externo regular somou US$ 932 milhões anualmente, ao passo que os *swaps* dívida-capital de contrapartida responderam por US$ 1,133 bilhão de participação estrangeira.[64]

QUADRO 5.6 **Influxos de investimento direto 1970-1987 (média anual em milhares de direitos especiais de saque)**

	1970-1979	1980-1982	1983-1985	1986-1987
América Latina	2.031	5.347	3.503	3.577
América do Norte	4.129	13.558	18.935	32.825
Europa Ocidental	6.853	13.114	12.925	21.485
Japão	110	262	330	560
Sudeste Asiático	913	3.522	4.696	4.319
Outros	2.495	9.223	8.233	5.373
Total	16.531	45.026	48.622	68.139

FONTE: Inter-American Development Bank, *The World Economy, Latin America and the Role of the IDB* (Washington, D.C., 1989).

Estudos de uma equipe do Banco Mundial sobre *swaps* e investimentos diretos externos na América Latina mostraram que os *swaps* tinham um efeito diferente sobre a boa vontade de bancos e companhias multinacionais para investir. O estudo concluiu que "virtualmente todo o investimento feito por bancos não teria acontecido sem um programa de *swap*". No caso das grandes companhias, "cerca de um terço dos investimentos efetuados por MNCs [*multinational corporations*] não teria sido concretizado se não se dispusesse de um programa de *swap*".[65]

Para bancos e multinacionais, os programas de *swap* comportam extensos benefícios. Os bancos podem trocar papéis de dívida com desempenho medíocre por ativos negociáveis, uma operação que aumenta as probabilidades de liquidar parte das carteiras da dívida de países menos desenvolvidos mais cedo e em melhores condições. As multinacionais consideram os *swaps* uma excelente oportunidade para investir a um custo muito baixo, comprando ações da dívida em mercados secundários a preços com elevado desconto.

Para o país hospedeiro, o investimento direto externo através de um programa de privatização pode desempenhar um importante papel na suplementação de investimentos, porquanto representa um ingresso extra de capital que o governo teria, em caso contrário, de obter de outras fontes. Com o influxo adicional de capital estrangeiro, "a política de privatização representará uma forma genuína de superação da restrição imposta pelo racionamento de mercados de crédito externo sobre os investimentos".[66]

Entretanto, na maioria dos programas de *swap*, o país endividado não recebe "dinheiro novo" nem realiza uma expansão do sistema produtivo através de "novos investimentos". Os *swaps* dívida-capital de contrapartida têm sido usados para comprar ativos estatais existentes ou companhias, e não representam qualquer ingresso de capital "real".[67]

No caso de *swaps*, o investimento direto externo torna-se um mecanismo temporário para financiar o déficit fiscal, com um provável saldo negativo para o país a longo prazo.[68] Nos primeiros tempos do período pós-privatização, o país gozará dos benefícios de um considerável influxo de capital, redução dos serviços da dívida e expansão setorial devida ao exigido reinvestimento do lucro.[69] Não é provável que esses benefícios se mantenham a longo prazo, quando as companhias não-residentes começarem remetendo lucros líquidos de volta para seus países de origem. Em face de um possível aperto externo (devido às remessas de divisas), os economistas latino-americanos recomendaram que os investimentos estrangeiros fossem canalizados para bens comerciáveis e exportáveis a fim de reduzir a possibilidade de um desequilíbrio no setor externo no futuro. Embora a recomendação ofereça uma política atraente para os programas de privatização da região, os países latino-americanos defrontam-se com o problema de que a maioria das empresas estatais que são atraentes para investidores estrangeiros estão no setor de serviços. Portanto, nos serviços privatizados, "se a taxa de retorno sobre o capital físico é superior à taxa de juros, o *swap* dívida-capital de contrapartida constitui um mecanismo suscetível de acarretar um incremento no desequilíbrio do balanço de pagamentos no futuro".[70] Tal é o resultado preliminar de um estudo prospectivo baseado no caso da ENTEL (ver o Quadro 5.7).

A situação pode deteriorar-se ainda mais se o país não desenvolver um adequado órgão regulador para supervisionar o crescimento do lucro da companhia. Esse é certamente o caso de indústrias tais como as telecomunicações, onde a inovação tecnológica, ampliadas economias de escala e progressos nas taxas de produtividade tendem a reduzir custos e aumentar a taxa de retorno do negócio. A falta de uma sensível estrutura reguladora que traduza decréscimos nos custos para tarifas mais baixas aumentaria a disponibilidade da companhia para remeter divisas para o exterior, em detrimento dos mercados domésticos de capitais.

QUADRO 5.7 Efeitos externos da privatização da ENTEL, Argentina (Projetados)

	Anos seguintes à privatização									
	1	2	3	4	5	6	7	8	9	10
A. Economia nos pagamentos do serviço da dívida pública externa[a] (milhões de dólares)	550	550	550	550	550	550	550	550	550	550
B. Fluxo de dividendos distribuíveis[b] (milhões de dólares)	250	150	230	430	330	400	600	700	900	900
B/A	0,45	0,27	0,42	0,78	0,60	0,73	1,09	1,27	1,63	1,63

a. Isto pressupõe que os 30% de ações da ENTEL que permanecem nas mãos do Estado são vendidos em troca de papéis da dívida.

b. Estimativa baseada em que a ENTEL tenha o mesmo nível futuro de desempenho eficiente que a companhia chilena de telecomunicações e um baixo crescimento no uso de unidades de mensagem (pulsos).

FONTE: Pablo Gerchunoff e Lilian Castro, "La Racionalidad Macroeconómica de las Privatizaciones", mimeografado (Buenos Aires, Instituto De Tella, agosto de 1991), p. 17.

Além disso, os *swaps* dívida-capital de contrapartida têm, para o país hospedeiro, um efeito de "sobrepaga" sobre a dívida redimida. A maioria dos países não estão suprindo plenamente o serviço de suas dívidas, nem pretendem fazê-lo.[71] Portanto, espera-se que os futuros pagamentos para o serviço de suas dívidas sejam inferiores ao montante com o qual o país resgata a dívida através de operações de *swap*.[72] Tomando a dívida em seu valor nominal, o país devedor é incapaz de se beneficiar de transações a preços baixos em mercados secundários.[73]

A operação tem efeitos contraditórios na medida em que, por um lado, resgata a dívida mas, por outro, converte papéis da dívida com medíocre desempenho num valioso instrumento financeiro, elevando seus preços em mercados secundários. Por exemplo, os papéis da dívida argentina foram pagos em mercados secundários a 11 centavos de dólar no momento da privatização da ENTEL.[74] Depois que o governo aceitou mais de US$ 5 bilhões (a maior operação de *swap* dívida-capital de contrapartida na América Latina) pela companhia telefônica, o preço da dívida argentina começou a subir e em meados de 1991 os compradores já estavam pagando 23 centavos de dólar. Os adversários do programa de *swaps* também enfatizaram que essas operações são realizadas num contexto de discussões internacionais de alívio da dívida que incluem a possibilidade de refinanciamento da dívida por seu valor no mercado secundário.

Esses e outros problemas das operações de *swap* para os países hospedeiros geraram preocupações não só no mundo acadêmico mas também nas esferas políticas e econômicas de países menos desenvolvidos. Um exemplo é a oposição doméstica à privatização da companhia brasileira USIMINAS. A companhia estava originalmente programada para ser vendida em 24 de setembro de 1991, com o governo permitindo o uso de *swaps* dívida-capital de contrapartida para a compra da companhia. Entretanto, o leilão teve que ser adiado por mais de um mês, em virtude de decisão de um tribunal federal de instância inferior proibindo o uso de eqüidade da dívida na operação. O conflito entre o governo federal e os juízes federais exigiu o envolvimento do Supremo Tribunal de Justiça, o qual sentenciou a favor do uso de *swap* na venda da USIMINAS.

É verdade que essas críticas aos programas de *swap* oferecem um "guia de consciência" aos responsáveis políticos latino-americanos. Não obstante, é também verdade que, para muitas autoridades do Estado, o estabelecimento de um plano de ação no atual contexto histórico é uma atividade sumamente cerceada pelas críticas condições econômicas de seus países. A possibilidade de escolha de alternativas para os programas de *swap* dívida-capital de contrapartida diminuiu quando a crise se avolumou e tornou-se irresistível. Para vários governos na região, *swaps* foram a condição necessária para atrair licitantes em número suficiente para se efetuar uma venda "bem-sucedida".

As tentativas de privatização em Porto Rico, Bolívia e Argentina corroboram essa argumentação a respeito do status indefinido dos mercados de privatização internacional e a existência de capital disponível para empresas privatizáveis. Porto Rico teve que cancelar a venda de sua companhia telefônica por falta de licitantes. A Bolívia, apesar de ter oferecido várias empresas estatais no mercado internacional, não recebera quaisquer ofertas significativas para qualquer de suas companhias até fins de 1991. A Argentina também teve de cancelar privatizações na ausência de compradores interessados. No final de 1991, numerosos programas de privatização ativos no mundo inteiro tinham criado um mercado saturado, em que vendedores em ambientes de risco ou desprovidos de atrativos estão numa posição fraca para determinar as condições ideais para a venda.[75]

Finalmente, a intensa pressão exercida pela comunidade financeira internacional em favor de *swaps* dívida-capital de contrapartida como o modo oficial de privatização foi, em muitos países, a força impulsora no processo de tomada de decisão. A fim de poderem oferecer empresas estatais ao setor privado, vários governos latino-americanos endividados tiveram que solicitar perdão por atraso de pagamento a seus credores, algo que os líderes das finanças internacionais viram como excelente oportunidade para influenciar as condições em que a operação teria lugar. Através de *swaps*, muitos bancos comerciais internacionais puderam melhorar o desempenho de suas combalidas carteiras de dívida na América Latina, trocando papéis de dívida de valor discutível por ativos produtivos em economias em desenvolvimento.

Observações finais

Quando muitos dos maiores projetos de privatização foram anunciados em meados de 1989, os governantes latino-americanos estavam incertos quanto ao futuro sucesso da iniciativa. Recentes acontecimentos políticos e econômicos no mundo estavam desviando as atenções de investidores, estrangeiros ou não, para outras áreas do globo, como a Europa Oriental, o Extremo-Oriente e o Sudeste asiático, bem como para vários países industrializados. No final da década de 80, a América Latina não era um lugar atraente para investidores.

Entretanto, os governos conseguiram mudar esse quadro sombrio e a região está recuperando a posição que tinha outrora na distribuição global de recursos de capital. A privatização de empresas estatais parece ter sido um fator decisivo nesse processo, e um exame preliminar oferece algumas provas de que os programas adotados em numerosos países foram muito bem-sucedidos, atraindo os investimentos diretos externos. Em 1990 e 1991, apenas dois países (Argentina e México) atraíram, com a venda de suas respectivas companhias telefônicas, a impressionante soma de US$ 8,9 bilhões em investimentos. Argentina, Chile e México são hoje países hospedeiros para mais de 90 companhias estrangeiras que participam direta ou indiretamente, através de companhias privatizadas, nas atividades econômicas dessas nações.

Alguns governos não só foram bem-sucedidos na venda de estatais mas também conseguiram controlar problemas econômicos de longa data, como inflação, recessão e déficit fiscal. À medida que a economia da região se torna mais estável e próspera, o destino dos programas de privatização e a perspectiva de novos ingressos de capital estrangeiro poderão melhorar.

Entretanto, a estabilidade futura do investimento direto externo na América Latina ainda é muito incerta. A privatização de alguns setores econômicos mostrou recentemente ter conseqüências não previstas e indesejáveis para a estabilidade econômica do país, um fator que, sem dúvida, comprometerá a presença de capital estrangeiro. A venda do sistema bancário do México ao setor privado interno é ilustrativa. Em agosto de 1991, o governo mexicano transferiu para o setor privado os primeiros sete bancos, parte do que foi planejado ser a total reprivatização do sistema bancário da nação. Os bancos foram comprados pelos mesmos grupos locais que controlam o mercado de ações do país. Na época da venda, o México desfrutava de estabilidade e prosperidade econômicas ainda débeis mas crescentes. Entretanto, as operações financeiras implementadas por esses novos grupos privados desencadearam uma espiral de especulações financeiras que provocou, pela primeira vez num longo período, uma transitória crise monetária.[76]

Na opinião de alguns analistas mexicanos, o governo, ao vender o sistema bancário a um grupo limitado de interesses financeiros relacionados com o mercado de ações, estava deixando o controle da economia mexicana nessas poucas mãos. As concepções especulativas desses grupos de negócios já produziram os primeiros sinais do que alguns observadores definem como uma "economia de cassino". A crise monetária induzida pelos recém-privatizados bancos foi controlada pelo Banco do México, que inundou o mercado financeiro com 8 bilhões de pesos (US$ 2,6 milhões), dando liquidez ao mercado e sustando a onda especulativa. Há temores de que, com o sistema bancário controlado por grupos financeiros, a economia do país volte à instabilidade e à inflação.

A privatização de certos setores econômicos requer, portanto, mais e não menos regulamentação. A estabilidade e credibilidade futura das atuais reformas econômicas exigem um considerável grau de intervenção governamental para garantir que as novas regras do jogo serão respeitadas pelos atores econômicos nacionais e estrangeiros. Isso é ainda mais verdadeiro no caso da América Latina, onde muitos anos de inflação e instabilidade econômica criaram uma mentalidade de jogo nos envolvidos em atividades produtivas.

Os países latino-americanos obtiveram considerável êxito na venda de empresas estatais e na captação de investimentos diretos externos para as companhias recém-privatizadas. Contudo, a futura evolução da privatização na região dependerá muito do sucesso dos programas de estabilização e da redução de riscos políticos. Por essa razão, os governos terão que manter estreita vigilância sobre a evolução da economia interna, caso pretendam convidar o capital estrangeiro a participar da jornada rumo ao progresso da região.

NOTAS

1. Luis R. Luis, "Why Privatize in Latin America?", suplemento de *Latin Finance* (março de 1991), p. 6.

2. Em países como a Argentina, as primeiras tentativas de privatização de empresas estatais tiveram pouco êxito. Apenas algumas companhias de menor porte foram transferidas para o setor privado. Na maior parte da América Latina, durante esses anos, em vez de reduzir o seu tamanho e presença na economia, o Estado expandiu-se e tornou-se altamente intervencionista. Ver, por exemplo, Horacio Boneo (org.), *Privatización: Del Dicho al Hecho* (Buenos Aires: El Cronista Comercial, 1985).

3. A Argentina e o México, por exemplo, mostraram um impressionante crescimento de investimentos estrangeiros em suas Bolsas de Valores durante os primeiros meses de 1991. No México, os investimentos estrangeiros na Bolsa de Valores cresceram 140% nos primeiros cinco meses do ano, enquanto que na Argentina o mercado de capitais cresceu 291% nos primeiros sete meses de 1991. O mês de agosto de 1991 apresentou, por si só, um *boom* histórico na Bolsa de Valores do país, com um crescimento de 650% sobre o mês anterior.

4. Os casos foram selecionados por causa do grande volume de capital estrangeiro envolvido na transação ou por causa do valor estratégico da indústria para o seu país. Como o senso comum dita, não é a mesma coisa ter participação ou controle estrangeiro na indústria do petróleo, telecomunicações ou aviação comercial como ter tal envolvimento na exploração florestal, ou na produção de curtumes, ou na produção de sal, a menos que a indústria seja de especial valor estratégico para a economia do país, como é o caso do cobre no Chile.

5. México, Secretaria para o Desenvolvimento do Comércio e Indústria, "Mexico and the Foreign Investor: A Partnership for Growth", mimeograf. (Cidade do México, 1990.) Para amplos estudos sobre o investimento direto externo do México, ver Wilson Peres Nuñes, *Foreign Direct Investment and Industrial Development in Mexico* (Paris: OECD Development Center, 1990) e Torben Huss, *FDI and Industrial Restructuring in Mexico* (Nova York: UN Center on Transnational Corporations, agosto de 1991).

6. Algumas dessas atividades econômicas, colocadas no plano de classificação inicial como "reservadas para o Estado mexicano" (como os bancos), foram posteriormente reconsideradas para privatização com uma percentagem limitada de participação estrangeira.

7. Entretanto, ao abrigo do artigo 23 da lei, a propriedade estrangeira dessas atividades é permitida até 100% através dos Fundos de Fideicomisso de Investimento Temporário.

8. A participação estrangeira nesta categoria está sujeita a autorização da Comissão Nacional de Investimento Estrangeiro.

9. Banco de México e Bancomer. É importante levar em consideração que a impressionante cifra para o primeiro semestre de 1991 se deve, em parte, à venda de ações da TELMEX no valor de US$ 2,7 bilhões.

10. O impacto desse acordo regional no fluxo de capital estrangeiro aumenta quando se considera que 65% do investimento direto externo do México provêm dos Estados Unidos.

11. Citado em Gabriel Szekely, "México's Challenge: Developing a New International Economic Strategy", em *Changing Networks: Mexico's Telecommunications Options*, orgs. Peter F. Cowhey, Jonathan D. Aronson e Gabriel Szekely (San Diego: Center for US-Mexican Studies, 1989), p. 81.

12. *El Nacional*, 18 de outubro de 1990, p. 21.

13. Telecomunicações é um setor em que os estrangeiros estão autorizados a deter até 49% das ações que controlam qualquer companhia mexicana. Ver México, Secretaria para o Comércio e o Desenvolvimento Industrial, *Legal Framework for Direct Foreign Investment in Mexico* (Cidade do México, 1990).

14. Na época da privatização da TELMEX (dezembro de1990), as ações AA estavam cotadas a US$ 2,03; em meados de março de 1991, tinham subido para US$ 2,13.

15. *El Nacional*, 15 de março de1991, p. 23.

16. Um outro elemento produzido pela reforma financeira da TELMEX foi a criação das ações tipo L. Essas novas ações tipo L são ações sem direito a voto, com um valor que é 2,5 vezes inferior ao das tradicionais ações A da TELMEX.

17. Cada ADS contém 20 ações do tipo L.

18. *El Nacional*, 22 de maio de 1991, p. 23.

19. Tradicionalmente, o acesso ao mercado estava ligado aos princípios comerciais de "direitos de estabelecimento" e "presença comercial". Hoje, com o surgimento das redes telemáticas *high-tech* (telecomunicações e informática), as companhias estão aptas a fornecer serviços desde o exterior. Companhias "não-estabelecidas" não precisam investir na economia local para fornecer serviços no mercado local, e o único impedimento que têm de superar é a aquisição de uma licença para conectar-se à rede pública nacional. Ver Russel Pipe, *Telecommunications Services: Considerations for Developing Countries in Uruguay Round Negotiations*, relatório preparado para UNCTAD (Amsterdã, maio de 1989), e Karl P. Sauvant, *International Transactions in Services: The Politics of Transborder Data Flows* (Boulder, Colo.: Westview Press, 1986).

20. Antes, a propriedade da companhia estava distribuída, para acionistas selecionados, da seguinte maneira: governo federal (50,83%), Probursa (4,01%), Operadora de Bolsa (3,42%), Grupo Mexicano de Desarrollo (3,39%), Família Sáenz (3,32%), CBI (3,05%), Vector Casa de Bolsa (2,04%), Valores Bursatiles (1,74%), Inverlat (1,64%), Arka (1,53%), Abaco (1,32%), Estrategia Bursátil (1,20%), Prime (1,00%), BANAMEX (0,91%), Afin (0,85%), Invermérxico (0,85%), Família Bailleres (0,85%), Acciones Bursatiles (0,69%), Mexival (0,59%), Casa Comercial de Bolsa (0,50%), Casa de Bolsa Cremi (0,42%), Casa de Bolsa México (0,32%), outros (15,53%). Ver División Académica de Administración y Contaduría, "Cia. Mexicana de Aviación, S/A de CV", mimeogr. (Cidade do México, Instituto Tecnológico Autónomo de México (ITAM), 1990).

21. GO (Ill) Ltd., é uma companhia de investimento residente nas Ilhas Cayman.

22. A venda de empresas estatais através de um grande aumento de capital da companhia é um mecanismo de transferência não muito comum nos programas de privatização da América Latina. Entretanto, esse modo de operação está adquirindo popularidade para certas áreas da economia, como petróleo, petroquímica e mineração.

23. Os novos donos dos bancos comerciais reprivatizados são Multibanco Mercantil de México (Grupo Financiero Probursa/José Madariaga Lomelin), Banpaís (Grupo Mexival/Isidoro Rodríguez), Banca Cremi (Grupo Multiva/Hugo Villa Manzo), Banca Confia (Grupo Abaco/Jorge Lankenau Rocha), Banorie (Grupo Margen/Margain Berlanga), Bancreser (Grupo Roberto Alcántara) e BANAMEX (Grupo Accival/Roberto Hernández e Alfredo Harp Helu). A maior parte dos bancos foi vendida em agosto de 1991, proporcionando ao governo mexicano um lucro de US$ 4,3 bilhões.

24. Ainda sob controle do Estado em outubro de 1991: Bancomer, Banco de Cédulas Hipotecarias, Banco del Atlántico, Comermex, Banca Serfin, Banco Internacional, Banco Sómex, Banorte, Banca Prómex, Banco del Centro e Banoro.

25. Ver México, Secretaria de Finanças e Crédito Público, "El Proceso de Enajenación de Entidades Paraestatales" (Cidade do México: Unidad de Desincorporación de Entidades Paraestatales, maio de 1991).

26. Outras companhias programadas para privatização no setor siderúrgico são: Avios de Aceros, S/A; Carbón y Minerales de Coahuila, S/A; Cerro del Mercado, S/A; Cía. Minera El Mamey, S/A; Cía. Minera La Florida de Múzquiz, S/A; Consorcio Minero Benito Juárez Pena Colorada, S/A; Ferroaleaciones de México, S/A; Hullera Mexicana, S/A; Internacional de Aceros, S/A; La Perla Minas de Fierro, S/A; Minas de California, S/A; Minera del Norte, S/A; Minerales de Monclova, S/A; Refractarios H.W. Flir de México, S/A; CLEMEX, S/A; Siderúrgica Nacional, S/A; e ZINCAMEX 1, S/A.

27. Conforme citado em *Uno Mas Uno*, 20 de março de 1991, e *Notimex*, 31 de março de 1991.

28. "El Proceso de Enajenación de Entidades Paraestatales", p. 29.

29. Em março de 1988, a administração de Alfonsín assinou uma carta de intenção com a Telefónica Internacional, pela qual a companhia espanhola de telecomunicações concordava em adquirir uma participação de 40% na ENTEL através de um programa de investimento de US$ 750 milhões e em assumir a responsabilidade pela administração da companhia.

30. Nessa época, a privatização de empresas estatais tinha que ser aprovada pelo Congresso.

31. CAT fornece serviços de telecomunicações nas províncias de San Juan, Mendoza, Salta, Tucumán, Santiago del Estero e Entre Rios.

32. Foram nomes criados pelo governo somente para fins de venda.

33. A administração de Menem pretendia, desse modo, atrair companhias telefônicas dos Estados Unidos, que a administração considerava serem as melhores do mundo.

34. Os papéis da dívida foram comprados pelos licitantes no mercado secundário a um preço com elevado desconto (11 centavos para o dólar), mas aceitos pelo governo argentino por seu valor nominal (ou seja, US$ 1 cada).

35. Para um estudo sobre a política de privatização das telecomunicações argentinas ver Ben A. Petrazzini, "Restructuring Telecommunications Policy in Argentina: An Issue beyond domestic Concerns", estudo apresentado na 15ª Conferência da Associação Política Internacional, Buenos Aires, julho de 1991.

36. Os principais compradores de TELECOM difundiram provavelmente suas ações de um modo tão amplo quanto a COINTEL, mas essa informação não está disponível.

37. Essa primeira transferência de ações para os bancos responsáveis pelo marketing das ações da ENTEL e pelo depósito de US$ 300 milhões no Tesouro estatal foi ativada pelas tentativas reguladoras do Congresso, que ameaçou o desenvolvimento do programa de privatização com uma lei que concederia ao Estado o controle sobre 30% das ações que constituíam o "residual ENTEL."

38. De acordo com estudos realizados pela Camara de Informática y Comunicaciones, o mercado argentino de processamento de dados tem um potencial para aproximadamente US$ 500 milhões anuais. Ver *El Cronista Comercial*, 24 de fevereiro de 1991, p. 4-5.

39. As três maiores companhias são as estatais petrolíferas do México, Venezuela e Brasil.

40. As vendas da YPF em 1990 totalizaram US$ 5,18 bilhões, tornando-a a maior companhia da Argentina.

41. As companhias estrangeiras participantes são Total Austral, S/A (França) na área "El Huemel" (US$ 135 milhões); Repsol (Espanha) em "Vizcacheras" (US$ 95

milhões); Santa Fe Energy (Estados Unidos) em "El Tordillo" (US$ 100 milhões) e Occidental (Estados Unidos), em Puesto Hernández (US$ 270 milhões).

42. Somente as telecomunicações responderão por US$ 300 milhões, de acordo com um estudo desenvolvido pelo instituto de pesquisas argentino, Instituto Torcuato Di Tella. Ver Pablo Gerchunoff e Lilian Castro, "La Racionalidad Macroeconómica de las Privatizaciones: El Caso Argentino," mimeogr. (Buenos Aires: Instituto Torcuato Di Tella, junho de 1991).

43. Durante esses anos, o governo recebeu US$ 2 bilhões para as companhias privatizadas.

44. A maioria das companhias remanescentes era de grandes empresas responsáveis por uma importante parcela da economia do Chile.

45. Para mais detalhes sobre o processo de privatização do Chile, ver Pontificia Universidad Católica de Chile, "Aspectos de la Privatización de Empresas Públicas", mimeogr. (Santiago, Chile, dezembro de 1989).

46. A corporação, que faz parte de uma *holding* com interesses em ouro, cerveja, iates e finanças, é propriedade de Alan Bond, um magnata australiano.

47. Para mais detalhes sobre esta questão, ver Salomon Brothers, Inc., e International Finance Corporation, "Prospectus on Compañía de Teléfonos de Chile, S/A", mimeogr. (Nova York: 1990).

48. A companhia já está na Argentina e está interessada nas companhias telefônicas da Venezuela, Paraguai e Uruguai, além de outras na América Latina.

49. As primeiras privatizações foram de três bancos comerciais: Banco Occidental de Descuento, Banco Italo Venezolano e Banco República.

50. Caracas, Maracay, Valencia, Maracaibo, Puerto Ordaz, Barquisimeto e Barcelona.

51. Companhias de telecomunicações britânicas e norte-americanas controlam várias empresas telefônicas no Caribe. A Cable & Wireless possui a maioria acionária nas telecomunicações da Jamaica (59%), Barbados (65%) e St. Kitts e Nevis (80%); a British Telecom está presente em Belize (25%); e a GTE estadunidense é a única proprietária da companhia telefônica da República Dominicana. Para um estudo abrangente dos processos de privatização das telecomunicações em países em desenvolvimento, ver William Ambrose, Paul R. Hennemeyer e Jean-Paul Chapon, *Privatizing Telecommunications Systems: Business Opportunities in Developing Countries* (Washington D.C.: World Bank, 1990).

52. Outros membros do consórcio são a Overseas Petroleum and Investment Corporation of Taiwan e as companhias norte-americanas US Maxus Ecuador Inc., Nomeco Ecuador, Murphy e Canam Offshore. Conoco detém 35% das ações controladoras na *joint venture*.

53. *Petroleum Intelligence Weekly*, 30, nº 43 (28 de outubro de 1991). p. 5.

54. Essas companhias são a Companhia Siderúrgica de Tubarão; Usinas Siderúrgicas de Minas Gerais, S/A (USIMINAS); Usinas Mecânicas, S/A; Maresa, S/A; Companhia Petroquímica do Nordeste; Petrobrás Química, S/A (PETROQUISA); Companhia Siderúrgica do Nordeste; Aços Finos Piratini, S/A; Indústria Carboquímica Catarinense, S/A; Goiás Fertilizantes, S/A e Mineração Caraíba Ltda.

55. Ver artigo 13, Lei nº 8.031/90.

56. Entrevista com alto funcionário do governo mexicano, setembro de 1991.

57. Para uma extensa análise das perspectivas de fluxos financeiros na América Latina, ver Robert Devlin e Martine Guerguil, "América Latina y las Nuevas Corrientes Financieras y Comerciales", *Revista de la CEPAL*, 43 (abril de 1991).

58. A literatura apresentando os benefícios do investimento direto externo em países em desenvolvimento inclui Michael Todaro, *Economic Development in the Third World* (Nova York: Longman, 1981); Arthur McCormack, *Multinational Investment: Boon and Burden for Developing Countries*? (Nova York: W.R. Grace & Co., 1980); e Orville L. Freeman, *The Multinational Company: Investment for World Growth* (Nova York: Praeger, 1981). Para uma abordagem crítica do tema, ver, por exemplo, Samuel Lichtensztejn, "Inversión Extranjera Directa por Deuda Externa: Freno o Impulso de la Crisis en América Latina?", em *Crisis Financiera y Mecanismos de Contención* (orgs.), Carlos Tellos Macías y Clemente Ruíz Durán (Cidade do México: Fondo de Cultura Económica, 1990) e Theodore H. Moran, *Multinational Corporations: The Political Economy of Foreign Direct Investment* (Lexington, Mass.: Lexington Books, 1985).

59. Devlin e Guerguil, "América Latina y las Nuevas Corrientes", p. 49.

60. Lichtensztejn, "Inversión Extranjera", p. 290.

61. Moran, *Multinational Corporations*, p. 4. Algumas dessas características do investimento direto externo em países em desenvolvimento podem ser apontadas na privatização da ENTEL (Argentina).

62. Lichtensztejn, "Inversión Extranjera", p. 287.

63. O surgimento desse modo inovador de investimento estrangeiro afastou parcialmente o debate sobre investimento direto externo dos argumentos tradicionais, o qual passou a concentrar-se em "investimentos" relacionados com a dívida, como os *swaps* dívida-capital de contrapartida.

64. Ver Joel Bergsman e Wayne Edisis, *Debt-Equity Swaps and FDI in Latin America* (Washington, D.C.: World Bank, 1988), p. 3.

65. Ibid., p. vi.

66. José María Fanelli, Roberto Frenkel e Guillermo Rozenwurcel, *Growth and Structural Reform in Latin America: Where We Stand*, Cuadernos CEDES nº 57 (Buenos Aires: CEDES, 1990), p. 65.

67. Alguns analistas consideram isso uma virtude porque não aumenta as pressões inflacionárias nas economias de alta inflação da América Latina.

68. Ver José María Fanelli e Roberto Frenkel, *Un Marco Macroeconômico de Consistencia para el Análisis del Ajuste y el Cambio Estructural en América Latina: Metodología y Hechos Estilizados*, Cuadernos CEDES nº 44 (Buenos Aires: CEDES, 1990).

69. A maioria dos países latino-americanos exige que a maior parte dos lucros obtidos durante os primeiros anos do investimento sejam reinvestidos no setor.

70. Fanelli, Frenkel e Rozenwurcel, *Growth and Structural Reform in Latin America*, p. 65.

71. A Argentina, por exemplo, desde a crise da dívida em 1982, não pagou mais do que 50% dos juros pendentes. Durante o período em que os programas de privatização estavam sendo implementados, pagou somente 15% do serviço da dívida.

72. Países que privatizaram usando operações de *swap* aceitavam o papel da dívida pelo valor nominal e não ao preço do mercado secundário.

73. ECLAC, *Changing Production Patterns with Social Equity* (Santiago, Chile, United Nations, 1990).

74. A mais baixa cotação para qualquer país da América Latina nessa época.

75. No setor de telecomunicações, por exemplo, aproximadamente quarenta companhias telefônicas foram vendidas ou estavam sendo preparadas para venda só durante o período de 1989-91.

76. O Banco do México exige que 30% dos créditos têm que ser *cash* ou em papéis do governo como os *Cetes* (*certificados de la Tesorería de la Federación*). Como a diferença da taxa de juro entre empréstimos (35%) e depósitos (21%) era tão acentuada, os novos proprietários privados dos bancos excederam o limite de 30%. No final do mês, o mercado de ações foi afetado por uma corrida de bancos privados tentando comprar papéis *Cetes* a fim de atingir os 30% de liquidez, e as taxas de juros dispararam, atingindo uma média de 70%. A crise monetária aprofundou-se em resultado de novas retiradas de moeda especulativa do mercado de capitais por outros operadores financeiros. Ver Fernando Ortega Pizarro, "El Proyecto Económico de México, em Manos de los Grupos que están Comprando la Banca", *Proceso* (9 de setembro de 1991), p. 25.

JUAN FOXLEY RIOSECO 6

Incentivos Financeiros para Investimento em Privatização no Chile*

Quando o governo chileno iniciou a abertura de seus bancos e empresas públicas para privatização, foi recebido com relativa falta de interesse por parte de compradores potenciais e virtualmente sem interesse algum dos investidores estrangeiros. Por conseguinte, tiveram que ser oferecidos incentivos a fim de atrair o investimento tanto externo quanto interno. Este capítulo apresenta uma recapitulação desses incentivos, com especial atenção para subsídios implícitos envolvidos na privatização de US$ 1,55 bilhão em empresas públicas desde 1985 a 1990.

Incentivos para compradores estrangeiros

Os investidores estrangeiros que desejam participar do processo de privatização do Chile deparam-se com, entre outras, duas importantes considerações: impostos e repatriação de ganhos. As estruturas de incentivo, desenvolvidas inicialmente pelo governo chileno para uso em capitalização da dívida mas, depois, utilizadas com a privatização, resultaram em investimento externo em empresas privatizadas que variou entre 20% até 100% (ver o Quadro 6.1).

* As opiniões expressas neste capítulo são de responsabilidade do autor e não refletem necessariamente as da Corporación de Fomento de la Producción.

Incentivos tributários

Garantias de regime tributário fazem parte dos incentivos estabelecidos para investidores estrangeiros. Criados originalmente como mecanismo de redução da dívida, esses incentivos tributários foram usados tanto para efeitos de redução da dívida quanto para a privatização. Ao abrigo dos incentivos, o Chile acumulou conversões dívida-capital de contrapartida que atingiram um total de US$ 3,572 bilhões, ou 25% da dívida externa pendente a médio e a longo prazo. Um total de US$ 143 milhões foi usado para a privatização de sete grandes companhias. Foi esse o modo como, por exemplo, em junho de 1989, 25% da CAP (Compañía de Acero del Pacífico, uma siderúrgica) passaram às mãos de acionistas estrangeiros, enquanto que a Compañía Telefónica de España detinha em dezembro de 1990 43% da CTC (Compañía de Teléfonos de Chile). (Ver Quadro 6.1.)

Regulamentações correntes e repatriação de ganhos

Pelos capítulos XVIII e XIX das Regulamentações de Moeda Estrangeira, o Banco Central regulamenta a aquisição estrangeira de notas promissórias da dívida externa chilena. Para comprar ações de uma firma chilena, os estrangeiros devem primeiro comprar notas promissórias, as quais são vendidas com um desconto (cerca de 11%). As notas promissórias são então trazidas para o país através do sistema bancário e convertidas em moeda local pelo seu valor nominal, a fim de serem usadas na compra de ações domésticas. Os investidores estrangeiros que utilizam este método devem preencher um requerimento ao Banco Central fornecendo toda a informação pertinente a respeito das notas promissórias e do investimento envolvidos. Após a aprovação, o Banco Central garante o acesso ao mercado oficial de câmbio para transferir para o exterior o capital investido e os lucros obtidos no investimento, sujeito às seguintes condições:

- O capital só poderá ser repatriado dez anos após o ingresso do investimento no país.
- A moeda estrangeira usada para repatriar o capital só pode ser obtida com o produto de uma venda total ou parcial de ações.
- Os lucros auferidos durante os primeiros quatro anos não podem ser remetidos para o exterior antes do quinto ano, com um teto anual de 25% dos ganhos acumulados. Os lucros obtidos a partir do quinto ano não estão sujeitos a essas restrições.

Incentivos para compradores domésticos

Os incentivos para compradores locais visavam três grupos claramente identificáveis: empregados das empresas públicas a ser privatizadas, compradores

QUADRO 6.1 Participação externa em privatização no Chile, junho de 1989

Empresa	Acionista estrangeiro	Participação (percentagem)	Preço de venda (milhões de US$)
CAP	Cía. de Inversión Suizandina, S.A.	20,0	
	Inversiones Citicorp Chile, S.A.	2,9	
	Tanner Continental Illinois, S.A.	1,4	
	The Chile Investment Company, S.A.	0,6	
	Total	24,9	109
CHILGENER	Continental International Finance Corp.	20,0	
	Inversiones Financieras SP Chile Ltda.	19,8	
	The Chile Investment Company, S.A.	1,3	
	Total	41,1	40
CTC[a]	Bond Corporation Chile, S.A.	48,8	240
ENAEX	Austin Power	67,0	11
IANSA	Continental Finance Corp. II Ltda.	18,4	
	Tanner Continental Illinois, S.A.	3,1	
	Total	21,5	35
LABCHILE	Continental International Finance Corp.	17,6	
	The Chile Investment Company, S.A.	2,0	
	Total	19,6	14
PILMAIQUEN	I.M. Trust	100,0	n.a.
SOQUIMICH	Capricorn Holding Inc. y Cía. Ltda.	19,8	
	Inversiones ICC Chile Ltda.	2,1	
	Total	21,9	104

a. Durante 1989 e 1990 houve mudanças na estrutura da propriedade da CTC. A Telefónica Internacional Chile, S/A, subsidiária da Telefónica de España, comprou toda a participação do grupo australiano Bond. Ações da CTC foram vendidas na Bolsa de Nova York na forma de American Depositary Receipts (ADRs) e foram adquiridas principalmente pelo Bank of New York. Em dezembro de 1990, a Telefónica detinha 42,83%, enquanto o Bank of New York era dono de 14,71%.

NOTA: n.a. = não acessível.

FONTES: Dominique Hachette e Rolf Lüders, "Aspects of Privatization: The Case of Chile, 1974-1985", mimeogr. (Santiago: Pontifícia Universidad Católica de Chile, 1988); Bolsa de Comercio de Santiago, *Reseña de Valores* (Santiago, dezembro de 1990); e CORFO.

na Bolsa de Valores e administradores de fundos de pensão. Esses incentivos compreendiam os seguintes:

- Se as companhias nunca tinham sido públicas antes, as subscrições de ações eram cotadas a um preço inferior ao seu valor econômico, o qual era estimado na base de lucros esperados.
- Crédito a taxas inferiores às do mercado era concedido pelo Banco Central e pela CORFO (Corporación de Fomento de la Producción), um banco de desenvolvimento e companhia *holding* do governo.
- Eram concedidos créditos a taxa especial aos acionistas.
- Os empregados receberam pagamento adiantado de compensação por seus anos de serviço, um componente-chave de suas pensões. As disposições de ordem financeira mantidas pelas próprias empresas privatizantes para fazer face a essas obrigações podiam ser usadas de modo similar. Os pagamentos antecipados comportam, porém, a restrição de que pelo menos 80% do pagamento devem ser usados para a aquisição de ações.
- Através da negociação coletiva, podia ser estipulado que as bonificações aos empregados fossem pagas em ações em vez de dinheiro.
- As contribuições financeiras, que são a troca de um investimento requerido pelos usuários de um serviço público por uma participação acionária no capital da empresa, são reembolsáveis.
- A diminuição de capital foi usada somente no caso da CAP e consistiu em reduzir o capital acionário de modo a que a taxa de participação privada subisse de 13% para 49%, enquanto que a participação da CORFO era reduzida de 87% para 51%.
- Projetos específicos eram financiados por leilão de lotes de ações de novas emissões, o que tem sido sinalizado pelo governo atual como um método alternativo de privatização, vinculado ao novo investimento.

O envolvimento dos trabalhadores no processo leva a uma difusão mais ampla dos valores mobiliários, o que tem sido um dos objetivos primordiais do programa chileno de privatização. Entretanto, muitas barreiras tiveram que ser superadas. Com freqüência, os trabalhadores não tinham os recursos necessários para adquirir ações em suas empresas. Assim, incentivos e isenções tributárias foram necessários em aditamento a um preço atraente. Para esse fim, incentivos tais como pagamentos adiantados, pagamento de bonificações em ações e, sobretudo, condições especiais de crédito foram implementados. Esse crédito especial foi concedido principalmente pela CORFO ou pela própria empresa.

Além dos incentivos já mencionados, aos trabalhadores que possuam ações na companhia é permitido participar na direção da empresa. Beneficiam-se, ademais, de uma medida de segurança se conservarem suas ações até a aposentadoria, porque a empresa compromete-se a reembolsar os trabalhadores pelo valor integral de sua compra inicial se houver qualquer perda de capital.

Um caso especial envolve a reprivatização dos bancos que foram colocados sob controle do governo durante a crise econômica de 1982. Nessa época, em conseqüência da recessão e da inadimplência do setor privado, muitas instituições financeiras não puderam honrar seus compromissos. Numerosas empresas faliram ou sofreram grandes perdas. Isso levou o Estado a intervir assumindo o controle dos bancos.

Em 1985, uma vez completamente superada a crise, a Lei nº 18.401 foi adotada para reprivatizar essas instituições e disseminar a sua propriedade. Isso tornou-se conhecido como "capitalismo popular". Ao abrigo da lei, a CORFO foi investida de autoridade para conceder créditos a contribuintes que estivessem em dia com suas obrigações. Esses créditos continham disposições extremamente benéficas. No caso do Banco do Chile e do Banco de Santiago, as condições eram 5% de pagamento à vista, com o saldo pagável em 15 anos e sem qualquer juro real (ou seja, a uma taxa de juro exatamente igual à taxa de inflação). Isso era em aditamento a um desconto de 30% nas prestações pagas em seu vencimento.

Além disso, havia fortes incentivos tributários para investir nesses dois bancos. Em primeiro lugar, os pagamentos de dividendos avaliados em menos de 30% dos lucros anuais de cada banco estavam isentos de Imposto de Renda. Em segundo lugar, 20% do investimento nas ações dos bancos podiam ser deduzidos da base do Imposto de Renda. Isso significou um considerável subsídio ao setor privado. Na seção seguinte veremos em maior detalhe a extensão desse e de outros subsídios implícitos.

Subsídios implícitos na privatização

O governo proporciona três tipos principais de subsídios implícitos. Cada tipo é definido abaixo e explicados os métodos de cálculo. (Exemplos do cálculo de cada tipo de subsídio são fornecidos nos Quadros A6.1 — A6.4 do Apêndice ao final deste capítulo.) Os subsídios descritos são subsídios implícitos, não remunerações diretas em numerário. Além disso, todos os subsídios são *ex ante*, o que significa que estão calculados a partir da melhor informação disponível à data do investimento. Assim, o cálculo do subsídio econômico está baseado em dividendos futuros de lucros esperados e no custo de capital na época em que cada lote de ações é vendido. Isso também se aplica às taxas e impostos esperados utilizados no cálculo dos subsídios financeiros e fiscais.

Um subsídio financeiro é o valor atual da diferença entre o valor econômico da empresa e o preço real da venda. Existem dois métodos, pelo menos, para medir o valor econômico. Um é o preço de mercado, o qual se presume refletir o valor da empresa tal como é percebido por investidores. Esse método não é viável, porém, nos casos em que as ações nunca foram vendidas antes. Nos cálculos, neste caso, o preço de mercado só foi usado para os anos de 1988 e 1989, e apenas para aquelas empresas que tinham um suficiente número de ações existentes.

Um segundo método para determinar o valor econômico consiste em calcular o valor atual do futuro fluxo estimado de dividendos em ações. Para se chegar a isso, calculamos primeiro os dividendos estimados e depois aplicamos a taxa de juros aplicável para o período.[1] Um segundo critério usado foi a percepção do mercado do valor contábil para o ano correspondente, calculado na base da proporção entre o valor na Bolsa e o valor contábil médio para as empresas negociadas na Bolsa nesse ano.

Um subsídio financeiro é o valor atual do fluxo de rendimento líquido decorrente do crédito concedido com disposições especiais, tais como, a taxas de juros inferiores às taxas de mercado, descontos no pagamento de prestações nos dias estabelecidos, ou períodos de graça. De um modo geral, esse crédito foi concedido pela CORFO ou pela própria empresa. Um caso especial é o dos bancos encampados pelo governo, conforme acima exposto.

Um subsídio fiscal é o valor atual de créditos do Imposto de Renda que se originam na aquisição de ações dos bancos reprivatizados (Banco do Chile e Banco de Santiago). O tamanho do subsídio depende da alíquota do imposto sobre a renda do contribuinte, porquanto isso determina a taxa de receita marginal. Esse benefício pode vigorar por oito anos.

É importante notar que as perdas de capital do governo, embora relacionadas com os ganhos privados, não lhes são necessariamente equivalentes, uma vez que os fluxos de caixa ou as taxas de desconto podem diferir. Além disso, aumentos eventuais em futuros recolhimentos tributários podem mitigar o efeito negativo que esses subsídios poderiam gerar.

Estimativa de subsídios implícitos

Podem ser calculados os diferentes tipos de subsídios para empresas privatizadas entre 1985 e 1989 usando as definições acima. Os Quadros 6.2 e 6.3 resumem os resultados do processo de privatização no Chile durante esse período. O principal objetivo dos quadros é ilustrar os custos implícitos em que o Estado incorreu para transferir as empresas para mãos privadas.

O Quadro 6.2 mostra a participação da CORFO nas empresas privatizadas e o valor do subsídio econômico, calculado de acordo com a explicação acima. O quadro também mostra a forma como as empresas foram vendidas, a percentagem vendida, a soma por que foram vendidas e o montante de crédito concedido pela CORFO. O Quadro 6.3 apresenta os subsídios para empresas não-financeiras. O subsídio econômico total foi 8,1% do valor das vendas, e o subsídio financeiro foi 18,8% do crédito total. Isso é equivalente a um subsídio total para a venda de empresas não-financeiras da ordem de US$ 156 milhões, ou 10,1% do valor econômico das vendas.

Os bancos foram reprivatizados sob condições especiais e, portanto, foram analisados separadamente. O Quadro 6.4 apresenta a informação geral sobre o processo para cinco bancos. O Quadro 6.5 mostra os subsídios financeiros e

QUADRO 6.2 Participação do Estado e vendas de empresas estatais, 1985-1989

Firma	Valor econômico (mil US$)	Participação da CORFO (no início da privatização)		Valor econômico das vendas CORFO		Preço efetivo (mil US$)	Crédito CORFO	
		Percentagem	Mil US$	Percentagem[a]	Mil US$		Percentagem de venda[b]	Mil US$
CAP[c]	115.176	94,6	108.957	94,6	108.957	70.801		
CHILGENER[c]	71.445	99,4	71.017	99,4	71.017	57.836		
CHILMETRO[c]	125.143	99,4	124.392	99,4	124.392	86.449		
CHILQUINTA[c]	27.563	99,4	27.398	99,4	27.398	20.183		
CTC[c]	283.875	83,6	237.320	83,5	237.036	292.770	3,0	8.809
ECOM[d]	1.846	100,0	1.846	100,0	1.846	2.074	83,3	1.728
EDELMAG[d]	9.158	87,6	8.022	87,6	8.022	3.234	84,9	2.747
ELECDA[d]	10.070	86,1	8.671	86,1	8.671	3.206	96,7	3.099
ELIQSA[d]	5.192	86,1	4.471	86,1	4.471	3.351	53,3	1.787
EMELARI[d]	4.739	86,1	4.080	86,1	4.080	3.140	55,5	1.744
ENAEX[d]	6.314	95,4	6.024	95,4	6.024	7.438	57,4	4.267
ENDESA[c]	478.991	99,0	474.201	98,0	469.411	498.492	28,2	140.424
ENTEL[c]	178.700	99,9	178.521	99,6	177.985	144.537		
IANSA[c]	46.986	99,7	46.845	99,7	46.845	37.352		
LABCHILE[c]	14.168	97,1	13.757	97,1	13.757	14.632		
PEHUENCHE[d]	105.016	70,0	73.511	70,0	73.511	51.627		
SOQUIMICH[c]	184.092	93,0	171.206	93,0	171.206	131.923		
Total	1.668.474	93,5	1.560.200	93,2	1.554.590	1.429.043	11,5	164.605

a. Percentagem do valor econômico da empresa.
b. Percentagem do total da venda.
c. O valor estimado para 1985 é calculado com base na percepção do mercado como uma percentagem do valor contábil; para os anos de 1986 e 1987, os dados são extraídos de Hachette e Lüders, "Aspects of Privatization"; para os anos de 1988 e 1989 foram usados os critérios de preço de mercado.
d. Presume-se que o valor econômico é a percepção do mercado como percentagem do valor contábil em cada ano, de acordo com a média de índices realmente observados na Bolsa de Valores.

NOTA: Os espaços em branco indicam zero.

FONTES: CORFO e Dominique Hachette e Rolf Lüders, "Aspects of Privatization: The Case of Chile, 1974-1985", mimeogr. (Santiago: Pontificia Universidad Católica de Chile, 1988).

QUADRO 6.3 Subsídios implícitos em vendas de empresas estatais

Empresa	Subsídio econômico Mil US$[a]	Subsídio econômico Percentagem[b]	Subsídio financeiro Mil US$	Subsídio financeiro Percentagem[c]	Total (Mil US$)
CAP[d]	38.156	35,0			38.156
CHILGENER[d]	13.181	18,6			13.181
CHILMETRO[d]	37.943	30,5			37.943
CHILQUINTA[d]	7.215	26,3			7.215
CTC[d]	-55.734	-23,5	1.365	15,5	-54.369
ECOM[e]	-228	-12,3	158	9,2	-70
EDELMAG[e]	4.788	59,7	464	17,0	5.252
ELECDA[e]	5.465	63,0	455	14,7	5.920
ELIQSA[e]	1.120	25,1	265	14,9	1.385
EMELARI[e]	940	23,0	251	14,4	1.191
ENAEX[e]	-1.415	-23,5	43	1,0	-1.372
ENDESA[d]	-29.081	-6.2	27.879	19,4	-1.202
ENTEL[d]	33.448	18,8			33.448
IANSA[d]	9.492	20,3			9.492
LABCHILE[d]	-874	-6,4			-874
PEHUENCHE[e]	21.884	29,8			21.884
SOQUIMICH[d]	39.283	22,9			39.283
Total	125.584	8,1	30.880	18,8	156.464

a. Obtido subtraindo o valor econômico do valor *cash* da venda.
b. Percentagem do valor econômico da venda total.
c. Percentagem da dívida total.
d. O valor estimado para 1985 está calculado com base na percepção do valor contábil; os dados para 1986 e 1987 foram obtidos de Hachette e Lüders, "Aspects of Privatization"; para os anos de 1988 e 1989 foram usados critérios de preço de mercado.
e. Presume-se que o valor econômico é a percepção do mercado como percentagem do valor contábil em cada ano, de acordo com a média de índices na Bolsa de Valores.
NOTA: Os espaços em branco indicam zero. Os números podem não combinar com a soma por causa dos arredondamentos.
FONTES: CORFO e Dominique Hachette e Rolf Lüders, "Aspects of Privatization: The Case of Chile, 1974-1985", mimeogr. (Santiago: Pontifícia Universidad Católica de Chile, 1988).

fiscais envolvidos na reprivatização. O subsídio foi 80,7% do total das vendas. O subsídio total, para empresas financeiras e não-financeiras, é de 22,6% das vendas.

Comentários finais

Em conseqüência do programa de privatização do Chile, menos ativos produtivos se encontram atualmente em mãos do Estado, e as antigas companhias estatais estão hoje bastante disseminadas. Assim, os esforços do atual governo concentram-se agora em incrementar o investimento privado líquido, externo e interno, e em novos projetos, em vez de na venda de velhas ações.

As principais áreas de investimento que estão sendo oferecidas pelo Estado são as de serviços públicos, como água, tratamento de esgotos e energia elétrica, e em obras de infra-estrutura portuária e rodoviária. A participação privada nos serviços de utilidade pública está aberta através do capital acionário em empresas estatais, enquanto que no caso da infra-estrutura, também está sendo desejado o estabelecimento de contratos de concessão com investidores individuais.

O financiamento das privatizações durante o regime autoritário que governou o Chile até 1990 foi criticado, por vezes, como contrário aos interesses do Estado ao transferir subsídios encobertos para o setor privado. Também foi questionado o fato de que administradores nomeados pelo antigo governo para dirigir as empresas estatais tornaram-se subseqüentemente donos de vastas parcelas das companhias privatizadas sob sua própria administração. Embora este último ponto não tenha sido tratado aqui, pode ter sido tão importante quanto os subsídios implícitos quando se trata da legitimização do processo de privatização. Pesquisas de opinião pública revelam que 55% opõem-se à simples venda de antigas ações em empresas estatais, mas existe um forte apoio à direção eficiente e à participação privada nas empresas estatais.

O caso chileno mostra um alto grau — 80% — de financiamento subsidiado no caso dos bancos. As empresas não-financeiras, que estavam numa situação melhor do que as empresas financeiras quando foram postas em venda, precisaram de subsídios de apenas 10%. O último montante não parece injustificadamente grande se se admitir que eventuais ganhos de eficiência gerarão futuras receitas tributárias para o Estado. Se isso ocorre ou não é da responsabilidade não só das novas empresas mas também do governo, que está encarregado da administração geral da economia.

A experiência de privatização chilena deve ser julgada como bem-sucedida, pelo menos no que se refere às empresas não-financeiras. Isso dá origem a um segundo passo da participação privada: o financiamento de novos projetos. Nesse empreendimento, privatização combinada com investimento será a maior prioridade.

QUADRO 6.4 Condições para a reprivatização de bancos

Banco	Número de ações (milhões)	Percentagem privatizada	Número de operações	Valor de ações vendidas a crédito US$ milhões	Valor de ações vendidas a crédito %[a]	Prazo (anos)	Taxa de juros (%)
BHIF[b]	1.238	99,0	296	12	100,0	15	5,0
Chile[c]	11.000	90,5	28.000	177	95,0	15	0,0
Concepcion	228	95,1	1	29	100,0	20	0,0
Internacional	238	95,0	112	4	100,0	15	0,0
Santiago[c]	11.400	97,4	18.000	120	95,0	15	0,0
Total	24.104		46.409	342			

a. Percentagem da venda total.
b. 10% de desconto para pagamento da prestação no prazo.
c. 30% de desconto para pagamento da prestação no prazo.
NOTA: Os espaços em branco indicam zero.
FONTE: CORFO.

QUADRO 6.5 Subsídios financeiros e fiscais na venda de bancos

Banco	Subsídio financeiro		Subsídio fiscal		Total
	Mil US$	Percentagem[a]	Mil US$	Percentagem[b]	(Mil US$)
BHIF	2.986	24,3			2.986
Chile	101.290	60,3	50.536	28,6	151.826
Concepcion	16.259	57,8			16.259
Internacional	1.352	41,8			1.352
Santiago	68.860	60,3	34.356	28,6	103.216
Total	190.747	50,5	84.892	28,6	275.639

a. Percentagem da dívida total.
b. Percentagem do investimento de valor *cash* da venda.
NOTA: Os espaços em branco indicam zero.
FONTE: CORFO.

NOTA

1. Dominique Hachette e Rolf Lüders, "Aspects of Privatization: The Case of Chile, 1974-1985", mimeogr. (Santiago: Pontifícia Universidad Católica de Chile, 1988).

APÊNDICE

QUADRO A6.1 Cálculo de subsídios econômicos, empresas não-financeiras, 1985-1989 (mil UF[a] salvo indicação em contrário)

Venda da CTC	1985[b]	1986/87[c]	1988[d]	1989[d]	Total	Total (mil US$)
Ações vendidas (1.000)	1.814,4	56.792,5	248.545,6	71.278,2	378.430,7	
% vendida	0,5	14,1	53,5	15,4	83,5	
Preço estimado	24,7	2.032,6	8.533,3	2.411,8	13.002,5	237.036,0
Preço efetivo	19,9	2.145,1	10.648,3	3.246,5	16.059,8	292.769,7
Subsídio econômico	4,9	-112,5	-2.114,9	-834,6	-3.057,3	-55.733,7

Venda da ENTEL	1985[b]	1986/87[c]	1988[d]	1989[d]	Total	Total (mil US$)
Ações vendidas (1.000)	1.111,5	30.278,8	29.202,5	33.733,7	94.326,5	
% vendida	0,2	32,7	30,3	36,4	99,6	
Preço estimado	2,9	2.644,9	2.872,6	4.242,9	9.763,3	177.984,9
Preço efetivo	5,6	1.528,7	2.872,9	3.521,4	7.928,5	292.769,7
Subsídio econômico	-2,7	1.116,2	-0,3	721,5	1.834,8	33.447,5

Venda da ENDESA	1985[b]	1986/87[c]	1988[d]	1989[d]	Total	Total (mil US$)
Ações vendidas (1.000)	0	1.808.612,0	5.494.750,0	521.323,8	7.824.686	
% vendida	0	22,0	69,4	6,6	98	
Preço estimado		6.150,7	17.704,4	1.894,3	25.749,4	469.410,8
Preço efetivo		6.855,4	18.375,8	2.113,4	27.344,6	498.492,0
Subsídio econômico		-704,8	- 671,4	-219,0	-1.595,2	-29.081,1

(*continua*)

QUADRO A6.1 (*continuação*)

	Venda da CAP					
	1985[b]	1986/87[c]	1988[d]	1989[d]	Total	Total (mil US$)
Ações vendidas (1.000)	28.923,8	132.104,5	0	0	161.028,3	
% vendida	7,0	87,6	0	0	94,6	
Preço estimado	1.045,2	4.931,8			5.976,8	108.956,7
Preço efetivo	363,7	3.520,1			3.883,8	70.800,9
Subsídio econômico	681,5	1.411,7			2.093,0	38.155,9

	Venda da SOQUIMICH					
	1985[b]	1986/87[c]	1988[d]	1989[d]	Total	Total (mil US$)
Ações vendidas (1.000)	0	92.567,1	22.210,9	0	114.778,0	
% vendida	0	75,0	18,0	0	93,0	
Preço estimado		7.491,3	1.900,2		9.391,4	171.205,7
Preço efetivo		5.156,7	2.079,9		7.236,6	131.923,0
Subsídio econômico		2.334,5	-179,7		2.154,8	39.282,7

	Venda da CHILGENER					
	1985[b]	1986/87[c]	1988[d]	1989[d]	Total	Total (mil US$)
Ações vendidas (1.000)	669,0	11.843,7	2.919,7	0	15.432,3	
% vendida	4,3	76,3	18,8	0	99,4	
Preço estimado	177,5	3.218,5	499,6		3.895,6	71.016,5
Preço efetivo	103,8	2.441,0	627,8		3.172,6	57.835,8
Subsídio econômico	73,7	777,5	-128,2		723,0	13.180,7

a. UF é a unidade de indexação chilena e é equivalente a um mês de intervalo de CPI. Vale aproximadamente US$ 21.

b. Preço estimado de acordo com a "percepção do mercado", ou seja, uma percentagem do valor contábil em cada ano, de acordo com a média de índices na Bolsa de Valores (a relação contábil de troca para junho de 1985 é 32%).

c. Estimativa por Dominique Hachette e Rolf Lüders, "Aspects of Privatization: The Case of Chile, 1974-1985", mimeogr. (Santiago: Pontifícia Universidad Católica de Chile, 1988).

d. Preço estimado de acordo com o valor de mercado.

NOTA: Os números podem não combinar com a soma por causa dos arrendondamentos.

FONTE: Cálculos do autor.

QUADRO A6.2 Cálculo de subsídios financeiros, empresa não-financeira (CTC, vendida para as forças armadas), 1989

Pacote	Taxa[a] (%)	Prazo (Anos)	Valor da venda (mil US$)	Fluxo anual (mil US$)	Fluxo descontado (mil US$)
A	2,0	6	2.046	365	1.618
B	3,0	5	4.103	896	3.446
C	4,5	4	2.661	742	2.380
Total			8.809		7.444

NOTA: Os números podem não combinar com a soma por causa dos arredondamentos.
Valor do subsídio

Montante da dívida	US$ 8.809.000
Valor atual da dívida	US$ 7.444.000
Subsídio	US$ 1.365.000
Percentagem	15,50

a. Taxa anual média de juros: 9,43%
FONTE: Cálculos do autor.

QUADRO A6.3 Cálculo de subsídios financeiros, empresa financeira (Banco de Santiago)

Ano	Fluxos, incluindo 30% de desconto (mil US$)	Fator de desconto	Fluxos descontados (mil US$)
1	5.325	1,0812	4.925
2	5.325	1,1690	4.555
3	5.325	1,2639	4.213
4	5.325	1,3665	3.897
5	5.325	1,4775	3.604
6	5.325	1,5975	3.333
7	5.325	1,7272	3.083
8	5.325	1,8674	2.851
9	5.325	2,0191	2.637
10	5.325	2,1830	2.439
11	5.325	2,3603	2.256
12	5.325	2,5520	2.087
13	5.325	2,7592	1.930
14	5.325	2,9832	1.785
15	5.325	3,2255	1.651
Total			45.247

NOTA: Preço de venda: US$ 120.113.000
Cash: 5% (US$ 6.006.000)
Condições: crédito, juros de 0,00%, 15 anos, anuidades iguais, 30% de desconto para pagamentos no prazo.
Compradores: individuais
Taxa anual média de juros, 1985-1987: 8,12%

Valor do subsídio

Montante da dívida	US$ 114.107.000
Valor atual da dívida	US$ 45.247.000
Subsídio	US$ 68.860.000
Percentagem	60,3

FONTE: Cálculos do autor.

QUADRO A6.4 Cálculo de subsídios fiscais, empresa financeira (Banco de Santiago)

Ano	Desconto na base (20% de investimento, em mil US$)	Fluxo de poupança fiscal (25%,[a] em mil US$)	Fator de desconto	Fluxo descontado (mil US$)
1	24.023	6.006	1,08	5.555
2	24.023	6.006	1,17	5.137
3	24.023	6.006	1,26	4.752
4	24.023	6.006	1,37	4.395
5	24.023	6.006	1,48	4.065
6	24.023	6.006	1,60	3.759
7	24.023	6.006	1,73	3.477
8	24.023	6.006	1,87	3.216
Total				34.356

NOTA: Investimento: US$ 120.113.000
Desconto básico de imposto: 20%
Taxa diferencial de imposto: 25%
Fluxo de poupanças em impostos: US$ 6.006.000
Taxa de desconto (média 1985-1987): 8,12%
Valor atual de poupanças: US$ 34.356.000
Subsídio fiscal: US$ 34.356.000
Percentagem: 28,60

a. Taxa diferencial de imposto de 25%, correspondente a rendas na faixa de US$ 7.365.000 a US$ 10.311.000 anualmente.

FONTE: Cálculos do autor.

PARTE II

ABERTURA DE SETORES ECONÔMICOS DA AMÉRICA LATINA AO INVESTIMENTO PRIVADO EXTERNO

MARK S. FOWLER E AILEEN AMARANDOS PISCIOTTA 7

A Privatização como um Objetivo: Telecomunicações e Reforma Reguladora

As estruturas reguladoras desempenham um importante mas freqüentemente esquecido papel nas privatizações de telecomunicações. Uma sólida estrutura reguladora é crítica para a promoção do crescimento do setor a longo prazo, para a expansão econômica e para a realização de certos objetivos sociais e políticos na construção e operação da rede de telecomunicações. As estruturas reguladoras, implementadas primordialmente para servir a uma transação de privatização inicial, se não forem adequadamente estabelecidas podem consolidar relações industriais ineficientes, assim limitando de forma substancial as oportunidades para o crescimento futuro das telecomunicações e contrariando ou protelando a realização de metas nacionais. Entretanto, se cuidadosamente formuladas e planejadas, as estruturas reguladoras podem promover o desenvolvimento e assegurar a realização de objetivos de privatização a longo prazo.

O desafio para os detentores do poder de decisão está em identificar as necessidades específicas de um determinado país e adaptar soluções e abordagens às circunstâncias próprias desse país. Oferecemos neste capítulo algumas diretrizes básicas para enfrentar esse desafio. O nosso tema é que na maioria dos mercados a introdução de concorrência e a confiança nas forças do mercado beneficiarão tanto os fornecedores quanto os consumidores do serviço. As estruturas reguladoras devem visar à realização desse resultado. Sobretudo no mundo em desenvolvimento, entretanto, cuidadosa atenção deve ser dedicada ao propósito de assegurar a expansão de serviços básicos. Portanto, a concorrência deve ser introduzida judiciosamente. Isso requer um cuidadoso equilíbrio de objetivos e gradual implementação de programas de ação mediante um forte regulador guiado por metas bem articuladas a longo prazo.

O objetivo da privatização

A privatização é um processo e um objetivo final. Como processo, envolve complexas análises de risco e intricadas atividades transacionais. Como objetivo, a privatização significa uma mudança fundamental nos incentivos e metas que governam a administração.

Sob a propriedade do Estado, os incentivos e objetivos da administração são definidos pela política social e, com freqüência, implementados por burocracias ineficientes. No mercado global de hoje, não é suficiente para que a privatização ocorra efetuar uma transição da propriedade pública, ou estatal, para a propriedade privada. Os monopólios, sejam públicos ou privados, tendem sempre a ser burocráticos e ineficientes. O significado real da privatização é obter para o público e para o mercado como um todo a completa gama de benefícios dos incentivos que impulsionam a empresa privada competitiva. Eles incluem a inovação, o investimento, a eficiência e a receptividade às necessidades do mercado.

Pela pura força da inexorável marcha do desenvolvimento tecnológico e das irreprimíveis exigências dos usuários de empresas de caráter cada vez mais multinacional, será exigido das administrações que admitam mais participantes e decomponham os monopólios. Os mercados de telecomunicações em todo o mundo estão se expandindo a passos largos e ficando menos homogêneos e mais variados e complexos. As telecomunicações servem a muitas necessidades de múltiplas maneiras. Só muito excepcionalmente se poderá ainda argumentar que as telecomunicações são um "monopólio natural". O pleno benefício de todas as variadas facetas das telecomunicações não pode ser alcançado através do monopólio. Pelo contrário, deve ser obtido através da acomodação e mesmo da promoção de múltiplas vozes.

Portanto, o foco apropriado da privatização não é meramente sobre a simples transação que desafoga o governo de um dívida ou de um ônus causado por uma empresa altamente dispendiosa. O foco deve incidir, antes, sobre o estabelecimento de estruturas projetadas para encorajar e promover os traços mais positivos da empresa privada e das forças do mercado.

A função das telecomunicações e a importância da infra-estrutura

A privatização tem um significado especial no setor de telecomunicações. Isso é porque o valor das telecomunicações transcende o valor do fio de cobre, dos links de microondas, dos chaveamentos e das estações terrestres. Transcende até o valor da troca de mensagens, seja por voz, fac-símile, dados, vídeo, telex ou outros meios. O valor das telecomunicações consiste em sua capacidade de aglutinar a sociedade e servir de alicerce ao comércio interno e internacional. Os serviços de telecomunicações estão se convertendo rapidamente na própria base, não só de transações comerciais e crescimento econômico, mas também da transmissão e distribuição de programas educacionais, serviços de saúde, notícias e informação, artes e cultura, e ajuda de emergência. Os serviços de telecomunicações não só melhoram a qualidade de vida, mas também podem ajudar a salvar vidas. Nesse contexto, as telecomunicações de ponta no moderno ambiente multinacional estão sendo cada vez menos um luxo e cada vez mais uma necessidade.

O valor dos serviços de telecomunicações está inextricavelmente vinculado à amplitude geográfica, às capacidades tecnológicas e à flexibilidade da rede através da qual esses serviços são fornecidos. O valor inerente das telecomunicações é a facilitação da comunicação entre um universo crescente de usuários por uma variedade crescente de meios. Essa extensão da rede define sua força como infra-estrutura. Assim, infra-estrutura refere-se ao valor da rede como recurso, não só para o suprimento de determinados serviços, mas para a expansão de valor a cada usuário na área ampliada de uma única rede interligada. O valor da rede para todo o participante aumenta exponencialmente com a adição de outros usuários e o acesso a serviços cada vez mais sofisticados. Devia ser o objetivo supremo de qualquer administração empenhada na privatização fomentar o crescimento e desenvolvimento desse valor na infra-estrutura da rede de telecomunicações a todos os cidadãos. O desafio consiste em fazer isso de um modo que equilibre efetivamente a força de um sistema de telecomunicações centralmente planejado e operado com os benefícios que a confiança nas forças do mercado pode fornecer.

Que equilíbrio deve ser estabelecido? Será um entre a promoção dos aspectos comerciais privados de mercados competitivos e a realização de razoáveis metas sociais. Do lado da comercialização, os detentores do poder de decisão criariam atraentes incentivos financeiros para a operação eficiente, a inovação técnica e a modernização de instalações, assim como para o estabelecimento de razoáveis e racionais estruturas de preço, normas para a flexibilidade do serviço e facilidade de interconexão técnica. Do lado da satisfação de metas sociais, cumpre aos que detêm o poder decisório promover incentivos para a ampliação de serviços permissíveis e a fixação de metas para os necessários subsídios. Também devem evitar o desvio de tráfego lucrativo da rede pública por motivos não-econômicos. Assim, ao mesmo tempo que lhes compete encontrar uma solução que redunde numa bem-sucedida privatização e que promova a eficiência e a lucratividade do investimento privado, também devem erigir uma estrutura reguladora que assegure a satisfação de metas sociais. O ideal é promover uma rede que possa servir ao mais sofisticado usuário de empresa multinacional com serviços digitais interativos e integrados, ao mesmo tempo que supre o mais remoto usuário rural de baixa renda com o acesso à "linha vital" dos serviços básicos de telefonia. Somente estruturas reguladoras que sejam apropriadamente planejadas e implementadas desde o começo podem transformar esse ideal em realidade.

O desafio da América Latina

Na América Latina, a infra-estrutura das telecomunicações deve não só ser protegida e preservada mas em muitos lugares deve ainda ser construída. Um problema amplamente difundido na América Latina é que os assinantes residenciais e comerciais sofrem com serviços inadequados. Em contraste com países desenvolvidos, como os Estados Unidos, que têm uma penetração muito acima de 90%, o fornecimento de serviços básicos na maioria dos países latino-americanos anda perto dos 10%. Usuários residenciais suportam longas esperas para instalação de um telefone e, uma vez que o obtêm, o serviço é freqüentemente precário. Por exemplo, na Argentina, antes da venda recente da ENTEL, os pedidos de instalação registravam um atraso superior a quatro anos, o tempo médio de espera para conserto era de 14,5 dias e a eficiência das chamadas locais era de apenas 47%.

Outros países latino-americanos têm problemas semelhantes. As empresas sofrem usualmente com a falta de ligações internacionais confiáveis e com a incapacidade para reduzir despesas mediante a propriedade do equipamento terminal localizado em suas próprias instalações. Talvez o aspecto mais crítico, os serviços empresariais não dispõem de chaveamento digital e capacidades de processamento indispensáveis para o acesso a valiosos serviços de informação e bases de dados em escala mundial. Portanto, essa deficiência acaba disseminada por todos os produtos e serviços que sustentam a economia da nação.

O serviço para áreas rurais continua sendo uma importante meta social. Contudo, essas regiões são usualmente mais custosas de alcançar e de servir em conseqüência de uma combinação de fatores, incluindo a indisponibilidade de tecnologia econômica, tal como satélites domésticos de alta capacidade, baixos volumes de tráfego e elevadas despesas de manutenção. As redes de telecomunicações construídas predominantemente segundo o modelo de propriedade pública (regido por metas sociais), em vez de um modelo de sistema verdadeiramente privado (regido pela receptividade do mercado), tendem para o desperdício de valiosos recursos. Mecanismos de subsídio mal definidos e mediocremente objetivados oneram de forma injustificável os assinantes do sistema existente e resultam em subutilização de uma rede cujos custos são largamente fixos, seja ela usada ou não. Subsídios mal objetivados significam que menos assistência alcançam aquelas áreas que são as mais necessitadas.

Os Estados Unidos aprenderam bem essa lição. Conseguiram agora efetuar a difícil mas importante transição do antigo Sistema Bell integrado, impregnado de subsídios aleatórios, para uma estrutura industrial e um sistema de fixação de preços que canaliza o apoio diretamente para os que mais necessitam dele. Essa mudança desafogou as empresas e os grandes usuários, de modo que as eficiências de redes de telecomunicações bem administradas podem ser disseminadas por toda a economia.

O desafio da América Latina é transferir-se do modelo público para o privado, embora atendendo simultaneamente a essas exigências fundamentais de serviço. Os países desenvolvidos tiveram a vantagem de construir a partir de substanciais redes existentes, em sua transição para mercados competitivos, privatizados. Os países em desenvolvimento vêem-se tentando saltar para uma estrutura privatizada que acomode a competição necessária para satisfazer as demandas do usuário empresarial e, ao mesmo tempo, a ampliação do serviço básico aos assinantes residenciais e rurais. Somente uma estrutura legal e reguladora cuidadosamente planejada e flexível, conjugada com um processo regulador aberto e eqüitativo, pode realizar essas metas.

O foco da reforma reguladora e o mito da desregulamentação

Historicamente, o foco de regulamentação consistiu em assegurar que um serviço de monopólio "natural", o qual afeta o interesse público, é realmente fornecido de um modo que serve objetivos sociais estabelecidos. À medida que os serviços, redes e tecnologias se tornaram mais avançados e complexos, e que certos mercados se tornaram cada vez mais competitivos, o papel da regulamentação também mudou. Na era moderna, o papel do regulador não é apenas o de assegurar que um monopólio atue no interesse público mas também o de facilitar e promover o crescimento, a inovação técnica, eficiência e receptividade do usuário. Assim, o foco da regulamentação transferiu-se de uma supervisão condescendente das operações da companhia para um policiamento mais incisivo das fronteiras entre o domínio decrescente do monopólio natural e o universo em expansão dos serviços competitivos.

O grande desafio para os reguladores é encontrar o equilíbrio adequado entre serviços que devem conservar algum vestígio de monopólio, por um lado, e o desenvolvimento de concorrência, por outro. Isso requer a proteção da infra-estrutura pública de desvios não-econômicos através da implementação de estruturas de taxas racionais e da imposição de interconexões técnicas não-discriminatórias. Também requer que o regulador promova o ingresso no mercado minimizando a regulamentação onde esta for contraproducente e facilitando a introdução de novas tecnologias e serviços através da manutenção de procedimentos de processamento adequados e da coordenada alocação de freqüências.

É um mito da desregulamentação que a liberalização de mercados de telecomunicações e a abertura de oportunidades para entrada competitiva diminuam os requisitos de supervisão reguladora, pelo menos a curto e médio prazo. Especialmente em mercados onde os objetivos sociais devem ser definidos e realizados numa estrutura industrial mista contendo alguns elementos de monopólio e alguns de competição, a tarefa do regulador é extremamente difícil mas de suma importância. O regulador deve prestar escrupulosa atenção a transações entre esses elementos monopolísticos e competitivos. A execução dessa tarefa exige várias coisas:

- Exige extraordinária diligência e criatividade no estabelecimento de normas de alocação de custos, requisitos contábeis e outras técnicas para detectar e policiar subsídios e todas as formas de atividades anticompetitivas na fixação de preços pelo fornecedor monopolístico.
- Também exige capacidade para analisar e processar solicitações concorrentes para alocação de freqüências, assim como para realizar e impor padrões técnicos que sejam suficientes para garantir a interligação não-discriminatória mas que não sobrecarreguem a indústria de forma a tirar-lhe a eficiência. O regulador deve estabelecer padrões particulares para detectar e penalizar todas as formas de comportamento anticompetitivo, incluindo o abuso de propriedade e operação de instalações locais "congestionadas" e o uso impróprio de informação que constitui prerrogativa do cliente.
- Requer capacidade para classificar e reclassificar serviços em resposta flexível a desenvolvimentos e mudanças técnicas no mercado.
- Requer habilidade para estabelecer subsídios racionais e objetivos para assinantes de alto custo, especialmente para sistemas em áreas rurais.
- Exige, sobretudo, a dotação de uma entidade reguladora com recursos suficientes para empreender a formidável tarefa de regulamentar efetivamente um sistema de telecomunicações em escala nacional. Deve cuidar-se de não sobrecarregar a entidade reguladora com tarefas que ela não pode desempenhar, para não correr o perigo de torná-la ineficaz.

Elementos-chave de uma estrutura reguladora efetiva

Sob as circunstâncias prementes da privatização, as metas associadas à reforma reguladora das telecomunicações podem facilmente tornar-se confusas. Privatização não é sinônimo de reforma reguladora. As metas associadas à maximização a curto prazo do valor na venda de ativos não são as mesmas de quando se quer obter a maximização do valor da infra-estrutura a longo prazo. Em muitos casos, seria muito preferível ter a reforma reguladora iniciada bem antes do processo de privatização. Isso permitiria a identificação de metas e o estabelecimento de uma estrutura industrial que reflita os objetivos a longo prazo do setor de telecomunicações.

Muitos países que recentemente tentaram aproveitar-se do impulso adquirido pelas iniciativas de privatização foram incapazes de dar-se a regalia de começar por uma reforma reguladora. Outros países que encaram a privatização como uma perspectiva futura fariam bem em iniciar agora o processo de avaliação de seus objetivos no tocante à estrutura industrial e às opções para uma estrutura reguladora. Se a perspectiva de ter que decidir tudo de imediato é simplesmente inevitável, os detentores do poder de decisão devem identificar as metas e os objetivos específicos para o setor de telecomunicações logo no início do processo. Não dar esse passo colocaria em perigo o crescimento da infra-estrutura. Poderia também ser um substancial dissuasor para os investidores estrangeiros ou os compradores potenciais. Objetivos programáticos bem elaborados fornecerão clareza e orientação no estabelecimento da estrutura reguladora.

Estabelecimento de metas claras

O primeiro passo para o estabelecimento de metas razoáveis é proceder a um inventário abrangente do status da rede e das necessidades do país. Aspectos quantitativos, como os números de linhas servidas, prazo de espera para a instalação e percentagem de completação de chamadas, são importantes estatísticas. Os fatores qualitativos são igualmente importantes. A estrutura existente da indústria, incluindo a propriedade comum de operações locais, de longa distância e/ou internacionais, é uma determinante importante da flexibilidade e do crescimento futuros da estrutura da rede. A estrutura da rede existente pode ditar a facilidade com que adicionais entidades independentes possam ser autorizadas ou encorajadas a ingressar em mercados específicos, como os serviços rurais, e até nos mais competitivos e lucrativos serviços internacionais. O status e o inventário da rede e dos equipamentos de transmissão indicarão onde as necessidades de investimento são mais críticas. Outros fatores qualitativos, incluindo geografia, demografia, topografia e clima, afetarão os objetivos no tocante à extensão das linhas e ao desenvolvimento de serviços rurais. Também devem ser avaliados os mercados para redes privadas e serviços de valor adicionado. Questões especiais, como os interesses dos sindicatos operários e aspectos históricos do tratamento de questões referentes à alocação de freqüência e à estrutura da tarifa, afetarão as expectativas para o aumento de eficiência a curto prazo. Finalmente, a jurisdição e participação do Estado ou outras autoridades locais também influenciarão o desenvolvimento de um plano para o setor como um todo.

Após a conclusão de um inventário, as metas a curto prazo e a longo prazo devem ser identificadas separadamente. As metas a curto prazo são suscetíveis de incluir a promoção do investimento de capital e a extensão de linhas. Tais objetivos serão desenvolvidos em termos tanto qualitativos quanto quantitativos. Por exemplo, um objetivo de extensão de serviço pode incluir a adição de um certo número de linhas por ano, mas o serviço cujo fornecimento se requer pode ser definido como acesso básico a um número limitado de chamadas. Para as áreas rurais, o acesso limitado a serviços básicos pode ser apropriado, com o foco incidindo sobre as possibilidades de serviço a longa distância. Outras metas a curto prazo incluem os aperfeiçoamentos na rede requeridos para serviços comerciais a fim de aliviar os congestionamentos a longa distância e internacionais.

Nas principais privatizações latino-americanas, várias metas foram fixadas. Por exemplo, na Argentina, o governo estabeleceu obrigações muito particulares para as novas empresas telefônicas, TELECOM e Telefónica. As novas companhias devem assegurar um prazo de 15 dias para a instalação de aparelhos; para conserto, um dia; 80% de eficiência nas chamadas para consertos e informações; e 98% de eficiência em chamadas locais e interurbanas. As concessionárias são obrigadas a monitorar a consecução das metas de serviço e a submeter ao poder concedente um relatório anual.

Também no México, com uma taxa de penetração de aproximadamente 10% e apenas 5% de equipamento de chaveamento digital, o governo estabeleceu obrigações quantitativas e qualitativas para melhoria dos serviços na privatizada TELMEX. A TELMEX deve expandir as redes de fibra óptica, digitalizar os sistemas de microondas e instalar estações de comunicações por satélite. É exigido da companhia um crescimento anual médio de 12% no período de 1991 a 1995, e 2,7 milhões de linhas devem ser adicionadas ao sistema. A TELMEX deve reduzir o prazo de encomenda de nova linha de um ano e meio para seis meses em 1994 e para um mês no ano 2000. A TELMEX também deve dotar as cidades menores com, pelo menos, uma cabine telefônica e as cidades maiores com centrais telefônicas modernizadas.

As metas a longo prazo incluem o estabelecimento de apoio econômico racional para "serviço universal", qualquer que seja a sua definição, e a promoção de eficiência, inovação e interconectividade doméstica e internacional. Essas metas a longo prazo são melhor servidas pela introdução da concorrência. Entretanto, para que a concorrência seja introduzida com pleno êxito, terá que ser fornecido um quadro regulador de referência, com vistas à reorganização e racionalização de sistemas de subsídio, estruturas equilibradas de tarifas que reflitam as características de custo e os padrões técnicos, e uma arquitetura de rede que permita uma interconexão correta.

Criação de uma forte agência reguladora

O objetivo básico no estabelecimento de uma efetiva entidade reguladora é dotá-la de suficientes poderes para uma eficiente e rápida tomada de decisões, ao mesmo tempo que se requer também que a intervenção reguladora nas relações do mercado seja minimizada tanto quanto possível. Esse equilíbrio inicia-se com metas que são claramente definidas nos documentos legais de habilitação, sejam eles decretos presidenciais, estatutos ou regulamentações ministeriais.

Um tratamento detalhado dos atributos estruturais e processuais das entidades reguladoras está muito além do âmbito deste capítulo. Entretanto, certas características fundamentais podem ser identificadas. Primeiro, as metas que são estabelecidas para guiar a entidade devem incluir a acessibilidade do serviço básico oferecido a todos os cidadãos, circunstâncias técnicas e de mercado justas e eqüitativas para encorajar o ingresso competitivo (sem penalizar a eficiência) e a inovação técnica.

Segundo, a entidade reguladora deve funcionar tão independentemente quanto o arcabouço jurídico do país permita. A independência da tomada de decisões conduz a ações que servem o setor de telecomunicações muito melhor do que os interesses míopes e insensatos de natureza política. Parte da independência da agência reguladora também deriva dos mecanismos estabelecidos para assegurar fundos contínuos e adequados. A entidade reguladora deve possuir o seu próprio orçamento e, idealmente, deve contar com fundos proporcionados diretamente através de dotações orçamentárias do governo e através da cobrança de diversas taxas aos concessionários. Também pode ser mais eficiente combinar a regulamentação das telecomunicações com certos aspectos da regulamentação dos veículos de comunicação de massa, sobretudo no que se refere à alocação do espectro de freqüências de rádio para novos serviços.

O órgão regulador também deve estabelecer processos decisórios internos que apresentem, na medida do possível, decisões equânimes e coerentes. Esses procedimentos devem incluir a delegação de decisões de rotina ao pessoal do *staff*. Pode ser desejável uma avaliação judicial ou ministerial de decisões importantes, a fim de garantir que o órgão regulador é responsável pelas metas, objetivos estabelecidos e decisões previamente tomadas.

Terceiro, a entidade deve estar internamente organizada segundo diretrizes funcionais, a fim de permitir a máxima flexibilidade para ajustar-se aos desenvolvimentos do mercado. Idealmente, a agência deve estar apta a estabelecer e reestruturar sua própria organização interna de acordo com o que as circunstâncias exijam. As políticas de recursos humanos devem propor-se atrair pessoal qualificado e especializado que seja encorajado a permanecer com a entidade pela duração de suas carreiras profissionais. Esse pessoal deve ser desafiado com responsabilidade substancial e receber incentivos para que contribuam individualmente para os objetivos globais da agência. Nos Estados Unidos, a Federal Communications Commission implementou um sistema de bonificações por desempenho extraordinário, o que resultou em elevado moral e grande produtividade.

Planejamento de uma estrutura reguladora flexível

Antes que planos de ação reguladora específicos possam ser adotados a respeito de determinados serviços, cumpre estabelecer uma estrutura reguladora global. Não existe um modo perfeito de planejá-la. Num mercado que é parcialmente monopolístico e parcialmente competitivo, são inevitáveis os contínuos ajustamentos da demarcação entre classes de serviços. Algumas opções para classificar serviços são mais adaptáveis do que outras ao contínuo crescimento técnico. Os exemplos de países industrializados incluem:

- Nos Estados Unidos é feita a distinção entre transportadores comuns e transportadores não-comuns. Uma distinção adicional é feita entre serviços básicos e serviços considerados nobres.
- O Japão faz a distinção entre transportadores baseados em instalações e transportadores de revenda. Também tem duas classificações diferentes de fornecedores de serviços com valor adicionado.
- A Alemanha classifica os serviços como imperativos (monopólio), permissivos e competitivos.
- A França, de um modo geral, faz distinção entre redes abertas e redes fechadas.
- O Reino Unido mantém uma classificação para os operadores de telecomunicações públicas e numerosas classes de fornecedores de serviço especial.

Cada um desses quadros de referência tem suas vantagens e inconvenientes. De um modo geral, porém, as estruturas reguladoras que se baseiam em classificações de características operacionais e definições de serviços tendem a exigir mudança periódica a fim de acomodar diferentes circunstâncias de mercado. Além das distinções entre classificações de serviços, os modelos reguladores classificam freqüentemente os transportadores de acordo com o poder do mercado. Nos Estados Unidos, os transportadores comuns são dominantes ou não-dominantes, dependendo da competitividade do mercado e das dimensões e poder do transportador.

Em muitas administrações, a distinção básica ainda é entre o fornecedor do serviço em monopólio (usualmente, a Post, Telegraph and Telephone Administration, ou PTT) e os serviços abertos à concorrência. A Argentina é um exemplo de país que selecionou um modelo de monopólio por um prazo prescrito. Um modelo alternativo é a estrutura duopolística, como a implementada originalmente no Reino Unido, no início da década de 1980, com a British Telecom e a Mercury. Em março de 1990, o governo britânico anunciou mudanças radicais em sua política, eliminando o duopólio e abrindo muitos mercados à competição. A Austrália também está atualmente estudando uma estrutura de duopólio, com a privatização da Aussat. Embora o Japão não institucionalizasse um duopólio, abriu os seus mercados em passos muito comedidos, autorizando somente um número limitado de concorrentes para a NTT e a KDD. Em contraste, o Chile e a Nova Zelândia selecionaram desde o início mercados plenamente competitivos.

Uma alternativa para uma estrutura reguladora baseada em classificações de serviços e transportadores pode ser uma estrutura construída em torno de níveis de supervisão reguladora, variando entre a mais compacta regulamentação e a virtualmente inexistente regulamentação. Cada nível incluiria, presumivelmente, diferentes combinações de submissão às exigências reguladoras, incluindo o licenciamento de instalações, a revisão de tarifas, requisitos contábeis e política de fixação de preços, montagem padrão e requisitos de interconexão. Essa espécie de organização permite à entidade reguladora selecionar o nível apropriado de supervisão baseado na natureza do serviço fornecido, no poder de mercado do transportador e no status de competição no mercado. As classificações podem ser mudadas para adequar-se às circunstâncias cambiantes sem a necessidade de criar definições revistas de serviço. Essa abordagem também pode ser sumamente apropriada para países em desenvolvimento que ainda não elaboraram estruturas reguladoras bem estabelecidas. Tais países necessitam combinar o nível de supervisão apropriado para um determinado transportador com os seus próprios níveis existentes de recursos reguladores. O êxito dessa alternativa dependeria obviamente da força e estabilidade da entidade reguladora.

Independentemente das classificações de serviço e das estruturas reguladoras para determinar que mercados podem admitir o ingresso da concorrência, a distribuição do espectro apresenta considerações sem precedentes. Deve ser prestada atenção especial à classificação dos usos do espectro segundo as categorias mais adequadas às necessidades do país e ao estabelecimento de procedimentos para a eficiente e correta alocação de usos concorrentes. O planejamento geral do recurso do espectro pode ser melhor centralizado num escritório que seja receptivo para as necessidades das telecomunicações e dos setores de comunicação de massa. O escritório também pode assegurar a concordância com requisitos internacionais e a conciliação com a segurança nacional e outras necessidades governamentais. Entretanto, o desenvolvimento de regras de serviço e o licenciamento de operadores individuais dentro de cada alocação do espectro de serviço devem ser delegados na entidade reguladora. Esta última também deve ter uma participação significativa nos trâmites relativos à redistribuição do espectro. Isso é importante para assegurar que os usos do espectro são distribuídos mais de acordo com as exigências reais do mercado do que pelo planejamento centralizado do governo.

Implementação de políticas reguladoras em fases de transição

O processo de privatização, incluindo as transações que afetam a disposição inicial de ativos e o processo de funcionamento como empresa privada, causa grande transtorno e requer enormes ajustes. Nem todos os objetivos podem ser realizados de imediato. Para a maioria dos países, seria aconselhável desenvolver um plano de transição, estendendo-se entre cinco e dez anos, que incorporasse sucessivas etapas de constante avanço no rumo de um mercado mais competitivo.

Nas etapas iniciais da transição, a entidade reguladora deve concentrar-se no fortalecimento da rede e infra-estrutura básicas. Essa etapa pode requerer que certos serviços essenciais sejam fornecidos numa base de monopólio para garantir que os incentivos financeiros adequados existem para maximizar o valor no processo de privatização e para assegurar o desenvolvimento apropriado da planta capital da rede básica. O período inicial exigirá a implementação de políticas de preço que encorajem o investimento, o reequilíbrio de tarifas a fim de realizar preços mais "racionais" para uso da rede, desenvolvimento de padrões técnicos e arquitetura da rede para interligação de fornecedores de serviços competitivos, e o estabelecimento de mecanismos de subsídio para fornecer serviço a áreas rurais e de elevado custo.

Uma fase inicial também pode incluir a autorização de certos serviços fornecidos independentemente e que não prejudicam necessariamente a infraestrutura da rede. Tais serviços podem incluir sistemas celulares, os quais podem ajudar a aliviar a congestão de tráfego, e as redes de valor adicionado. A autorização de redes intracompanhia também pode ser incluída nessa fase inicial. As redes intracompanhia podem, entretanto, suscitar questões sobre distribuição de freqüências, sobretudo se o quadro de distribuição adequado reflete a distinção norte-americana entre operações de transportador comum e transportador não-comum. Essas questões devem ser resolvidas antes que sejam autorizadas as redes intracompanhia, com a expectativa de que tais redes possam ser usadas, em última instância, para fornecer serviço a terceiros.

Numa fase intermédia da transição, uma vez racionalizadas as estruturas de preço e bem estabelecido um programa de investimento, podem ser autorizados competidores adicionais, baseados em instalações. Esses concorrentes incluiriam redes especializadas para fornecer serviços a terceiros e revender instalações de infra-estrutura. A implementação bem-sucedida dessa fase intermédia exigiria que a estrutura reguladora estivesse suficientemente madura para acomodar a inevitável interligação entre essas redes especializadas e a rede pública chaveada. Tal interconexão, a qual pode ser efetuada através de centrais de ramificação particular, localizadas nas instalações do assinante ou através do chaveamento fornecido por transportadores especializados para redes de distribuição local, é virtualmente impossível de detectar ou de impedir. O regulador deve, portanto, dispor de políticas de preço que exijam das redes especializadas efetuarem contribuição apropriada para o custo de manutenção da central local. A implementação adequada desses mecanismos de formação de preço impedirá a diversão indesejável de tráfego lucrativo da rede pública chaveada e sustentará os benefícios da infra-estrutura pública para todos os usuários.

Num período final e mais maduro de transição, a concorrência pode ser introduzida nos serviços internacionais. A complexidade dos mercados internacionais deve-se ao fato de que o Intelsat é um consórcio internacional e torna-se difícil atribuir responsabilidades a diferentes entidades signatárias do Intelsat. A introdução bem-sucedida de concorrência em serviços internacionais requer que o custo de fornecer segmentos de espaço Intelsat seja separadamente identificado e "desenfeixado" das taxas ponta a ponta. Cada concorrente, incluindo o signatário Intelsat, deve estar apto a obter capacidade de segmento de espaço em termos e condições semelhantes. Os serviços internacionais fornecidos através de teleportos ou por cabos submarinos internacionais podem ser implementados sem essa complicação. É difícil e desaconselhável, entretanto, limitar os transportadores aos tipos de instalações de transmissão que podem ser usados.

À medida que se leva a efeito o avanço no sentido da competição através dessas várias fases, a regulamentação pode ser liberalizada e eliminada. Sem dúvida, nas fases iniciais a regulamentação deve ser sumamente rigorosa. Quando os sistemas de formação de preços e de interligação técnica estão consolidados para assegurar a preservação da infra-estrutura e quando concorrentes adicionais podem ser acomodados, é então possível afrouxar os vínculos reguladores. Com o amadurecimento da rede, a classificação de determinados serviços e transportadores pode passar dos níveis mais estritos aos mais liberais e destes para nenhuma regulamentação.

Finalmente, é de extrema utilidade incluir na estrutura reguladora inicial um período especificado de reexame crítico. Esse período pode ser usado para avaliar o desempenho da transportadora em relação aos objetivos de serviço estabelecidos e para reavaliar a adequação e a eficácia da estrutura reguladora prescrita. Um ponto de reavaliação previamente determinado criará incentivos tanto por parte da indústria quanto da entidade reguladora para atingir mais rapidamente e com maior segurança os objetivos estabelecidos.

Conclusão

Os países latino-americanos que pretendem privatizar as telecomunicações têm uma única e importante oportunidade. A infra-estrutura das telecomunicações, se adequadamente alimentada, pode incutir uma nova força e vitalidade às estruturas sociais e econômicas como um todo. O êxito dependerá de uma abordagem ponderada para a introdução de forças do mercado. Como se descreveu no presente capítulo, a chave para essa abordagem é a implementação de uma estrutura e de uma entidade reguladoras efetivas.

Todos os participantes no processo de privatização devem interessar-se pelo planejamento da estrutura reguladora e pela função que cabe à entidade reguladora. Para o vendedor, uma bem planejada estrutura reguladora garantirá que à rede telefônica básica é dado o mais alto valor possível e que razoáveis obrigações do serviço público podem ser identificadas e executadas. Para o comprador potencial, a adequada estrutura reguladora garante estabilidade e proteção do investimento. Para os fornecedores de serviço competitivo, define a oportunidade.

Cada país tem suas próprias necessidades e recursos, e desenvolverá suas próprias soluções. Esperamos que essas soluções, passada a transição inicial, estejam voltadas para um conceito mais amplo de privatização. Com esse conceito mais amplo em mente, é possível implementar estruturas reguladoras que habilitem cada país a maximizar os benefícios da infra-estrutura para todos os seus cidadãos e a impulsionar o crescimento e desenvolvimento da economia como um todo.

JAMES B. SULLIVAN 8

Participação Privada no Setor de Energia Elétrica

Para muitos países desenvolvidos e em desenvolvimento, a participação privada no setor de energia elétrica pode ajudar a resolver os constantes problemas de financiamento insuficiente e de operações ineficientes. Este capítulo examinará o problema de escassez de energia em países em desenvolvimento e o que poderá acontecer nos próximos dez a vinte anos. Apresentará depois várias abordagens da participação privada que foram adotadas por países desenvolvidos e em desenvolvimento. Finalmente, examinará algumas das experiências de países em todo o mundo.

Escassez de energia em países em desenvolvimento

Um suprimento adequado e confiável de eletricidade é essencial para o desenvolvimento social e econômico, em países desenvolvidos e em processo de desenvolvimento. Os setores industriais, comerciais e de serviços das economias do mundo são altamente dependentes dessa forma de energia. A demanda

O autor deseja agradecer as contribuições feitas para este artigo pelos Srs. Mangesh Hoskote, John Hammond e William Polen.

energética nos países em desenvolvimento aumentou mais de 5,5% ao ano durante os últimos quinze anos, e a demanda de eletricidade cresceu à média anual de 7%.[1]

Entretanto, os países em desenvolvimento usam em média apenas 500 kilowatts-hora (kWh) per capita de eletricidade anualmente, comparados com mais de 10.500 kWh per capita nos Estados Unidos e 6.000 kWh per capita na Europa e no Japão. Mais de 75% da população do mundo consome apenas 18% do total de eletricidade usada (ver a Fig. 8.1).

Em face dos grandes aumentos de demanda, muitos países estão hoje sofrendo escassez de energia, acima de 10% de sua capacidade de geração. Na República Dominicana, por exemplo, a escassez de energia durante os últimos cinco anos foi superior a 15% da demanda.

Dois fatores responsáveis pelos problemas atuais ou projetados de suprimento de energia com que se debatem os serviços estatais de utilidade pública são os insuficientes recursos financeiros para a expansão dos sistemas de energia de acordo com a crescente demanda e as ineficiências na geração, transmissão e distribuição.

Os países em desenvolvimento necessitam simplesmente de mais energia elétrica para seu desenvolvimento sócio-econômico do que as empresas do setor público estão hoje aptas a fornecer.

Efeitos da escassez de energia

O efeito econômico negativo desses déficits energéticos nos países em desenvolvimento tem sido tremendo (ver Quadro 8.1). A indústria privada de países em desenvolvimento é talvez a mais duramente atingida pela escassez de energia. Vários estudos revelaram que, só por si, as interrupções de fornecimento elétrico podem causar perdas econômicas de aproximadamente US$ 1 por kWh não fornecido. No Paquistão, por exemplo, os déficits de energia no setor industrial levaram, por si só, a um decréscimo de 1,8% do PIB e a um declínio de 4,2% no ganho de divisas do país. Na Índia, o custo para a indústria de um suprimento precário de eletricidade foi calculado em 1,5% do produto nacional bruto (PNB).[2]

Essas estimativas não incluem, porém, o valor de futuros investimentos abandonados por causa da precariedade ou inconfiabilidade da energia elétrica. A instalação, como alternativa, de grupos geradores diesel, dependentes do petróleo, tem sido a solução mais comum encontrada por firmas industriais e comerciais para a inconstância do suprimento elétrico. Entretanto, o uso de diesel é antieconômico, uma vez que as unidades operam somente em regime de *part-time*, causando elevados custos de capital por kilowatt-hora. Foi calculado que uns 10% da total capacidade geradora instalada em muitos países em desenvolvimento é na forma de geração *standby* nas instalações do cliente. Isso também desvia o capital de investimento de outros usos mais produtivos.

FIGURA 8.1 **Distribuição do consumo mundial de eletricidade per capita, 1984**

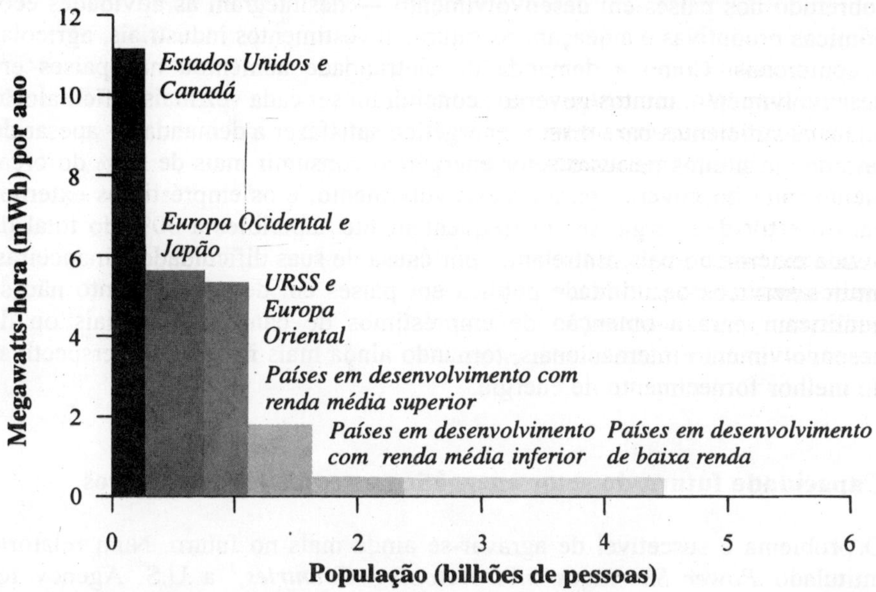

FONTE: Nações Unidas, *1984 Energy Statistics Yearbook* (Nova York: 1986).

QUADRO 8.1 Custos dos déficits de energia em países em desenvolvimento selecionados

País	Setor	Causa da deficiência	Custo da deficiência
Brasil	Doméstico	Interrupção não-planejada	US$ 1,95—3,00/kWh
Chile	Doméstico	Interrupção não-planejada	US$ 0,53/kWh
	Indústria	Interrupção não-planejada	US$ 0,25—12,00/kWh
Egito	Indústria	Interrupção não-planejada	US$ 0,40/kWh
Índia	Indústria	*Load shedding*	1% a 3% de GDP
Jamaica	Indústria	Interrupção não-planejada	US$ 1,25/kWh
Paquistão	Indústria	*Load shedding*	US$ 0,46/kWh
Tanzânia	Doméstico		US$ 0,50/kWh
	Comercial		US$ 1,00/kWh
	Indústria		US$ 0,70—1,40/kWh

NOTA: *Load shedding* é a prática pelo serviço de utilidade pública de interrupções planejadas por causa do déficit de capacidade.

FONTE: Oak Ridge National Laboratory, "The Impact of Inadequate Electricity Supply in Developing Countries"(Oak Ridge, Tenn., janeiro de 1988).

É evidente que os déficits de energia e as interrupções de fornecimento — sobretudo nos países em desenvolvimento — desintegram as atividades econômicas produtivas e ameaçam os futuros investimentos industriais, agrícolas e comerciais. Como a demanda de eletricidade aumentou nos países em desenvolvimento, muitos governos concluíram ser cada vez mais difícil alocar recursos suficientes para o setor energético satisfazer a demanda — apesar do fato de em muitos países o setor energético consumir mais de 20% do orçamento total do governo para o desenvolvimento, e os empréstimos externos para o setor de energia serem freqüentemente superiores a 30% do total da dívida externa do país. Entretanto, por causa de suas dificuldades financeiras, muitos serviços de utilidade pública em países em desenvolvimento não se qualificam para a obtenção de empréstimos de bancos comerciais ou de desenvolvimento internacionais, tornando ainda mais incertas as perspectivas de melhor fornecimento de energia.

Capacidade futura do setor energético e requisitos financeiros

O problema é suscetível de agravar-se ainda mais no futuro. Num relatório intitulado *Power Shortages in Developing Countries*,[3] a U.S. Agency for International Development (USAID) projetou que se a tendência atual na expansão do fornecimento de eletricidade em países em desenvolvimento continuar sob uma modesta taxa de crescimento econômico de 4,5% ao ano até o ano de 2008, os países em desenvolvimento necessitarão de uma capacidade adicional de geração de energia de mais de 1.500 gigawatts (GW), em comparação com os 450 GW de capacidade instalada em 1984 (ver a Figura 8.2). Isso exigirá um investimento anual de cerca de US$ 125 bilhões, comparado com os gastos atuais de aproximadamente US$ 50 bilhões, necessitando de um investimento de capital total da ordem de US$ 2,5 trilhões.

Através de progressos espetaculares na eficiência do fornecimento e uso final, e com estrita conservação, a necessidade de capacidade de geração adicional pode ser reduzida para 700 GW no período de 1988-2008. Não obstante, há um crescente consenso em que os serviços públicos controlados pelo governo — por causa da instabilidade em obter financiamentos, falta de peças sobressalentes, influência política e funcionamento ineficiente — serão incapazes de realizar esse cenário de conservação.

Mesmo que os aperfeiçoamentos em conservação e eficiência sejam implementados com êxito, essa estratégia de "mínimo custo" exigirá investimentos da ordem de US$ 70 bilhões por ano para nova geração de capacidade. Isso pressagia um hiato de capital de cerca de US$ 300 bilhões durante os próximos 20 anos.

Quanto à América Latina e ao Caribe, de acordo com recentes relatórios do Banco Mundial,[4] o fornecimento de eletricidade está projetado para crescer a uma média de 5,4% ao ano de 1989 a 1999 (ver o Quadro 8.2). Esse crescimento exigirá mais de US$ 155 bilhões em investimento de capital adicional.

FIGURA 8.2 Projeção das necessidades de investimento em eletricidade para países em desenvolvimento (cenário de crescimento médio), 1988-2008

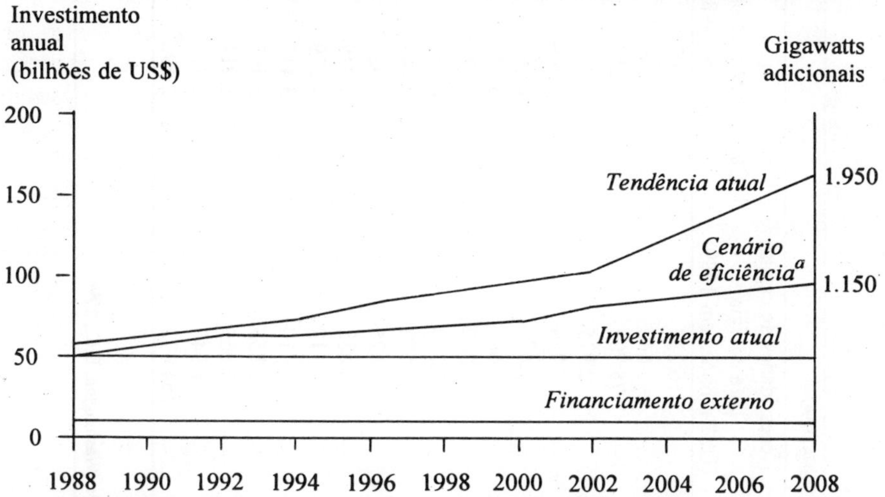

a. demanda de 6,1%.

FONTE: US Agency for International Development, *Power Shortages in Developing Countries: Magnitude, Impacts, Solutions, and the Role of the Private Sector* (Washington, D.C.: 1988).

A reunião de recursos financeiros para esse nível de expansão e investimento está claramente além das capacidades dos países em desenvolvimento. Um investimento de capital dessa magnitude não está ao alcance dos tesouros públicos desses países. As receitas de muitos, senão da maioria, dos serviços de utilidade pública de propriedade do governo cobrem apenas uma pequena fração de seus gastos operacionais e de expansão de capital. Bancos de desenvolvimento internacional, como o Banco Mundial e o Banco Interamericano de Desenvolvimento (BID), e doadores bilaterais só podem fornecer uma reduzida fração do capital necessário.

Ineficiências do sistema

Uma das principais causas das dificuldades financeiras de serviços de utilidade pública de propriedade governamental é a formação antieconômica dos preços da eletricidade. Alguns governos, por uma série de razões sociais e políticas, optam por subsidiar os preços da eletricidade para todos ou para certos grupos de consumidores. Quase todos os países em desenvolvimento subsidiam maciçamente a eletricidade que fornecem à agricultura e aos consumidores residenciais. A comparação de tendências tarifárias entre países da OCDE (Organização para a Cooperação e o Desenvolvimento Econômico) e países em desenvolvimento mostra que, simultaneamente com o custo de vida, os

QUADRO 8.2 Necessidades de energia elétrica na América Latina e no Caribe, 1989-1999

País	Capacidade geradora total requerida (MW)	Crescimento do fornecimento de eletricidade (% média anual)	Necessidades de capital para energia (US$ milhões em 1989)	Capacidade adicionada $/KW (US$ 1989)
Argentina	8.535	7,0	16.237	1.902
Bolívia	369	7,0	642	1.740
Brasil	28.511	4,9	75.702	2.655
Chile	1.520	4,5	2.925	1.924
Colômbia	3.026	5,7	7.759	2.564
Costa Rica	816	6,3	1.878	2.301
El Salvador	172	4,0	683	3.971
Equador	792	4,6	2.000	2.439
Guatemala	427	6,9	1.779	4.719
Honduras	270	7,1	579	2.144
Jamaica	309	5,2	625	2.023
México	18.818	6,7	36.682	1.949
Nicarágua	35	2,0	113	3.229
Panamá	120	4,4	410	3.417
Peru	1.136	5,0	3.855	3.393
República Dominicana	1.078	6,2	2.063	1.914
Uruguai	585	3,7	1.040	1.778
Total		5,4[a]	154.972	2.592[b]

a. Crescimento médio para a região.
b. Montante médio para a região.
FONTE: Banco Mundial, *Capital Expenditures for Electric Power in the Developing Countries in the 1990s* (Washington, D.C., 1990).

preços da eletricidade aumentaram de forma constante nos países da OCDE, ao passo que declinaram invariavelmente nos países em desenvolvimento (ver a Figura 8.3). Esse declínio representa uma disparidade crescente entre os custos reais de produção e as taxas cobradas aos consumidores, as quais são incompatíveis com as necessidades de receita dos serviços. As receitas obtidas não cobrem adequadamente os custos envolvidos na produção de eletricidade; a formação do preço baseia-se mais em fatores políticos e sócio-econômicos do que em princípios de contabilidade de custos.

Em alguns países, o montante de subsídio para a agricultura e os consumidores residenciais é assombroso. Na Índia, por exemplo, o custo de fornecimento de 1 kWh de eletricidade a um cliente agrícola é superior a US$ 0,14, enquanto ele paga menos de US$ 0,03.

Muitos serviços de utilidade pública governamentais em países em desenvolvimento são grandes e indevassáveis instituições, na grande maioria das vezes com excesso de pessoal, salários baixos e administração inadequada. Uma medida de eficiência institucional é a proporção cliente-para-empregado. No Japão, por exemplo, essa proporção é de um empregado para 429 clientes; nos Estados Unidos, é de cerca de um empregado para 175 clientes. Na América Latina, com base em relatórios recentes do Banco Mundial, a proporção média é de um empregado para 89 clientes (ver Quadro 8.3). Essa proporção assemelha-se muito à de outros países em desenvolvimento, onde os serviços públicos são solicitados a desempenhar também serviços sociais e de "cabide de emprego" que conflitam freqüentemente com sua missão precípua de fornecer um serviço elétrico eficiente.

Muitos serviços de utilidade pública em países em desenvolvimento caracterizam-se também por planejamento e gerenciamento ineficazes. Isso resulta, em parte, da inépcia dos serviços públicos de propriedade governamental em atrair e reter um número suficiente de engenheiros, planejadores e administradores qualificados. Isso restringiu a capacidade desses serviços para adotar modernas técnicas de planejamento de sistema de mínimo custo e de expedição, programas de conservação de energia e programas de administração de demanda.

Além disso, o fornecimento de energia em países em desenvolvimento caracteriza-se pela baixa eficiência do uso de combustível e pelos baixos fatores de capacidade, especialmente para usinas térmicas. Enquanto típicas usinas de vapor em países desenvolvidos requerem 9.000 a 11.000 Btu's (unidades térmicas britânicas) de combustível por kWh, em muitos países em desenvolvimento a exigência de combustível é superior a 13.000 Btu's por kWh. Acresce que, por causa das freqüentes panes em usinas elétricas e falta de manutenção adequada, muitas usinas em países em desenvolvimento têm baixos fatores de capacidade. Na América Latina, o fator de capacidade média para usinas térmicas é de 40%, em comparação com mais de 70% em países desenvolvidos (Quadro 8.3).

Um outro problema comum são as perdas extremamente elevadas de eletricidade na rede de transmissão e distribuição (T&D). Enquanto que as

FIGURA 8.3 Tendências dos preços médios de eletricidade em países em desenvolvimento e países da OCDE, 1979-1988

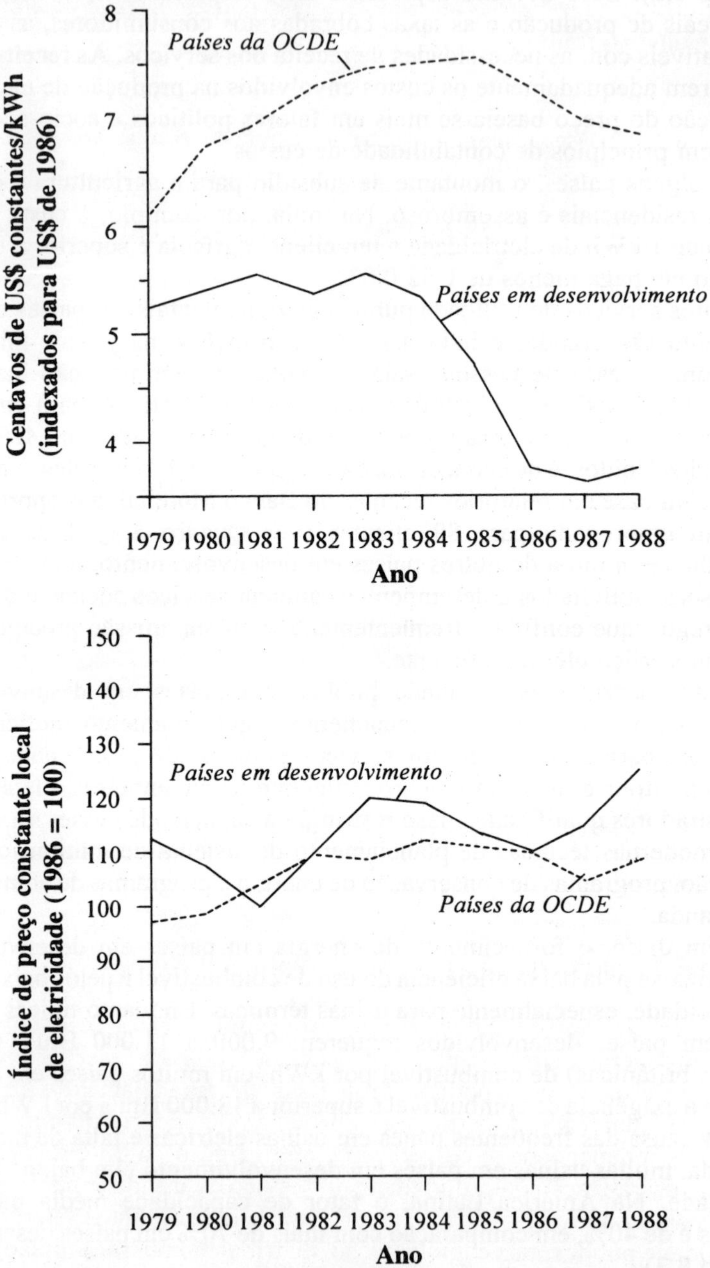

FONTE: U.S. Agency for International Development, Office of Energy, *International Energy Agency 1988 Energy Prices and Taxes*, 4º trimestre (Paris).

perdas T&D devem estar normalmente abaixo de 10% da geração bruta (as perdas consideradas economicamente ótimas podem ser de ordem de apenas 5%), a perda média na América Latina era 18% (ver Quadro 8.3). Essas perdas são atribuíveis a problemas técnicos e ao uso não autorizado de energia — em outras palavras, roubo.

QUADRO 8.3 Desempenho do sistema de energia elétrica na América Latina e no Caribe, 1987

País	Clientes por empregado	Perdas do sistema total[a] (%)	Fator de capacidade[b] (%)
Argentina	122,51	17	37
Bolívia		21	36
Brasil	119,64	19	50
Chile		17	45
Colômbia	179,89	24	57
Costa Rica	94,96	10	43
El Salvador	175,46	14	32
Equador		21	34
Guatemala	66,36	16	27
Honduras	74,09	15	36
Jamaica	141,57	24	36
México	161,17	13	47
Nicarágua	57,02	17	39
Panamá	52,55	19	35
Peru	118,99	19	47
República Dominicana	92,11	30	51
Uruguai	25,73	19	36
Venezuela	127,65	9	32
Média	89	18	40

a. Perdas de eletricidade na rede de transmissão e distribuição.
b. Percentagem de disponibilidade da usina em termos de eletricidade fornecida.
NOTA: Espaços em branco indicam que os dados não estão disponíveis.
FONTE: Banco Mundial, *Summary Data Sheets of 1987 Power and Commercial Statistics for 100 Developing Countries* (março de 1990), p. 1.

O papel da participação privada no setor de energia

O tema central deste capítulo é que, para muitos países desenvolvidos e em desenvolvimento, a participação privada no setor de energia elétrica pode ajudar a resolver os repetidos problemas de financiamento insuficiente e operações ineficazes. A participação privada pode ocorrer na forma de usinas geradoras independentes; co-geração e autogeração com vendas para a grade pública; privatização da propriedade do serviço de utilidade pública através da venda parcial ou total de ativos; ou privatização de distintos setores do serviço de utilidade pública, tais como geração, distribuição ou transmissão de energia, mediante contratação de administração e *leasing*. A privatização também pode significar reduções no investimento governamental em projetos energéticos a fim de permitir maior participação pelo setor privado na propriedade e operação de futuros projetos de geração de energia. Seria desnecessário dizer que não existe uma abordagem que seja a ideal indistintamente para todos os países.

O tópico de geração privada e independente de energia tornou-se extremamente importante não só nos Estados Unidos mas também em todo o mundo. A partir de 1978, os Estados Unidos, ao abrigo do *Public Utilities Regulatory Policies Act* (PURPA), assistiram ao rápido crescimento da geração privada de energia, independente dos serviços públicos governamentais. A capacidade de geração por empresas privadas ultrapassa hoje os 27 mil megawatts (MW), ou 4% da capacidade geradora total dos Estados Unidos de 681.200 MW. Em 1990, 30% das adições à capacidade total de geração — mais de 2.800 MW — provieram de investidores privados em usinas independentes (ver Figura 8.4).

Razões para a participação privada

Em face do estado insatisfatório do setor energético em tantos países em desenvolvimento e dada a gigantesca exigência financeira que o setor energético impõe às finanças nacionais, é cada vez maior o número de países em desenvolvimento que recorrem à iniciativa privada para ajudar a desenvolver as necessárias melhorias e expansão nesse setor. Uma política favorável à participação privada foi adotada, na América Latina, em países como o Chile, a Argentina, a Costa Rica e outros. As razões mais freqüentemente citadas por países em desenvolvimento para o crescente envolvimento da iniciativa privada são o financiamento, a eficiência e a inovação.

Financiamento

O investimento privado, se pode mobilizar fontes adicionais de financiamento, pode ajudar a aliviar a séria sangria no tesouro público hoje imposta pelo setor energético. Isso liberaria recursos para investimento em outras áreas, como educação, saúde ou agricultura. Forneceria também um novo mercado de capitais para investimento privado local. Uma usina elétrica ou ações num serviço de utilidade pública é uma das poucas áreas em que se pode efetuar rapidamente a substituição do investimento público por um importante investimento privado. Além disso, a iniciativa privada assume a responsabilidade pelo patrimônio e pela dívida, que são lançados então no balancete da companhia privada, em vez de figurar nas contas do governo ou da empresa pública. O setor privado também tem acesso a fontes de capital que não são normalmente acessíveis ao setor energético de propriedade governamental. Isso ajuda o governo de países em desenvolvimento a expandir sua produção e capacidade de fornecimento de energia.

FIGURA 8.4 Acréscimos de capacidade de geração elétrica por empresas privadas por tipo de combustível nos EUA, 1990 (adições na capacidade total: 21.506 MW)

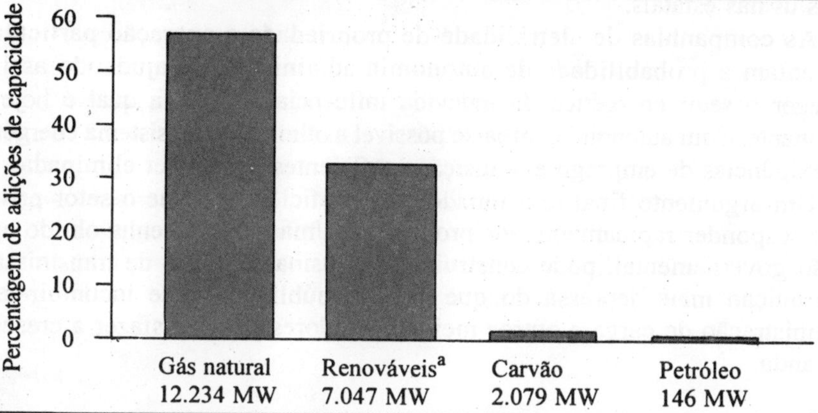

a. Renováveis incluem energia solar e eólica.
FONTE: U.S. Agency for International Development, Office of Energy.

Eficiência

Os argumentos em prol da participação privada relacionados com a eficiência baseiam-se no fato de que os serviços de utilidade pública de muitos países em desenvolvimento são monopólios estatais onde as decisões de investimento são ditadas pelo fornecedor do monopólio, com escassa influência por parte dos consumidores. A participação privada acabaria com esse monopólio. No pressuposto de que a concorrência ditaria que margens de lucro da usina dependem da eficiência das operações, a participação privada criaria assim poupanças que poderiam ser repartidas entre o proprietário da usina e os clientes do serviço de utilidade pública.

A extensão das poupanças geradas pela participação privada depende de até que ponto os progressos na eficiência contrabalançam o mais elevado custo de capital obtido de fontes particulares, em vez de fontes oficiais. As despesas de capital por kilowatt-hora relacionam-se diretamente com as taxas de juros para o capital e com o número de horas por ano em que a usina está funcionando. Uma usina particular construída com financiamento a juros de 15% teria que vender 50% mais eletricidade do que uma usina construída com financiamento de 10% para ter uma igual despesa de capital por kilowatt-hora, *ceteris paribus*.

Com a participação privada, entretanto, todos os outros fatores não se mantêm iguais porque o setor privado pode introduzir um alto grau de eficiência em suas usinas elétricas. A participação privada pode levar ao rápido desenvolvimento de usinas elétricas e a fatores mais elevados de capacidade e disponibilidade. Isso não só diminui a necessidade global de um país de nova geração energética mas também poderia reduzir o consumo de combustível e as necessidades afins de divisas. Some-se a tudo isso o fato de que as usinas privadas, se funcionarem com eficiência, estabelecem um padrão a ser imitado pelas usinas estatais.

As companhias de eletricidade de propriedade e operação particulares aumentam a probabilidade de autonomia administrativa, ajudando assim a proteger o setor energético da indevida influência política, a qual é hoje tão dominante. Com autonomia, torna-se possível a otimização do sistema energético. As exigências de emprego e aquisição ineficientes podem ser eliminadas.

Um argumento final relacionado com a eficiência é que o setor privado pode responder rapidamente aos problemas. Uma vez que tenha obtido aprovação governamental, pode construir novas usinas e linhas de transmissão e distribuição mais depressa do que o setor público e pode incumbir-se da administração de carga e outros meios inovadores para satisfazer a crescente demanda.

Inovação

Muito mais do que o setor público, o setor privado tem sido a fonte da maior parte das inovações tecnológicas e de gerenciamento do sistema na indústria energética. Com a sua concentração na eficiência operacional e no aumento da taxa de rendimento, as firmas do setor privado têm investido maciçamente em inovações em tecnologia e gerência de sistema. As companhias particulares de eletricidade estão constantemente buscando novas medidas para aperfeiçoar o desempenho da usina, métodos tais como mais eficientes configurações de caldeira, recuperação do vapor de exaustão, turbinas de gás de ciclo combinado, sistemas de combustão de base fluidizada, e *design* modular. A inovação no setor privado também levou à instalação de tecnologias de controle da poluição de custo efetivo e ao projeto de instalações geradoras mais benignas para o meio ambiente.

As companhias privadas também foram pioneiras na adoção de técnicas inovadoras para a administração de sistemas. Lideraram o movimento que levou à adoção e uso da tecnologia de computador para o planejamento de sistemas e previsão de cargas, eficiente expedição da energia gerada e administração de pessoal.

Abordagens da energia privada

Três abordagens gerais da participação privada têm sido usadas no setor energético: produção independente de energia, privatização através da alienação de bens patrimoniais da empresa pública e administração do serviço de utilidade pública por empresa privada contratada.

Produção independente de energia

As instalações para a produção independente de energia são usinas elétricas autônomas, de propriedade e funcionamento particulares, que vendem toda a energia produzida à grade nacional. Essa categoria inclui instalações de co-geração e autogeração industrial ou comercial que vendem à grade.

As instalações independentes podem ser criadas e desenvolvidas através de várias abordagens. A mais comumente discutida consiste no modelo BOOT (*build-own-operate-transfer model*), tal como foi desenvolvido na China na usina Shajiao e no Paquistão no projeto do rio Hab. A República Dominicana e a Costa Rica também estão seguindo essa abordagem. De acordo com o esquema BOOT, empreiteiras privadas constroem uma estação geradora de energia, vendem a eletricidade para o serviço de utilidade pública a um preço combinado e transferem o empreendimento para o serviço de utilidade pública a um preço nominal, uma vez ressarcido o débito decorrente do investimento. Uma variação sobre esse tema é o modelo BOO (build-own-operate), no qual não acontece transferência de propriedade.

No passado, os projetos do tipo BOOT/BOO foram usados para financiar usinas elétricas, estradas com pedágio, instalações de abastecimento de água e instalações portuárias. Esses projetos envolvem um financiamento com recursos limitados, ou seja, eles são financiados na base do fluxo de caixa e riscos associados a cada projeto e não do crédito ou outros bens dos proprietários do projeto que não se relacionam com o mesmo. Credores e fornecedores de financiamento da dívida têm apenas limitado recurso aos donos do projeto. A tendência desses projetos é para serem complexos e exigirem análise detalhada, a fim de garantir que todos os riscos estão satisfatoriamente cobertos e que as taxas de retorno e o fluxo de caixa são adequados para atrair o investimento privado.

A dívida é comumente contraída pela companhia responsável pelo empreendimento junto de fontes comerciais, freqüentemente com o apoio de agências fiadoras do crédito de exportação ou de doadores multilaterais ou bilaterais. Os emprestadores não estão geralmente cobertos por diretas e plenas garantias soberanas. As razões dívida-capital de contrapartida situam-se tipicamente na faixa de 70—85% da dívida e 15—30% do capital.

Todos os projetos BOOT/BOO (*Build-Own-Operate-Transfer/Build-Own-Operate*) levados a efeito até a data foram complexos dos pontos de vista jurídico e financeiro por causa da necessidade de minimizar riscos para os vários participantes no empreendimento. Por conseqüência, foram projetos de dispendiosa execução. A estrutura de acordo de um projeto típico é muito complexa (ver a Figura 8.5).

A companhia responsável pelo empreendimento é tipicamente formada por um consórcio de empreiteiras, investidores estrangeiros e locais, fornecedores de equipamentos e firmas de construção civil que se propõe construir e operar a usina elétrica. O apoio do governo tem sido decisivo para garantir o desempenho de entidades governamentais (por exemplo, a companhia de

FIGURA 8.5 Estrutura de um acordo típico de projeto

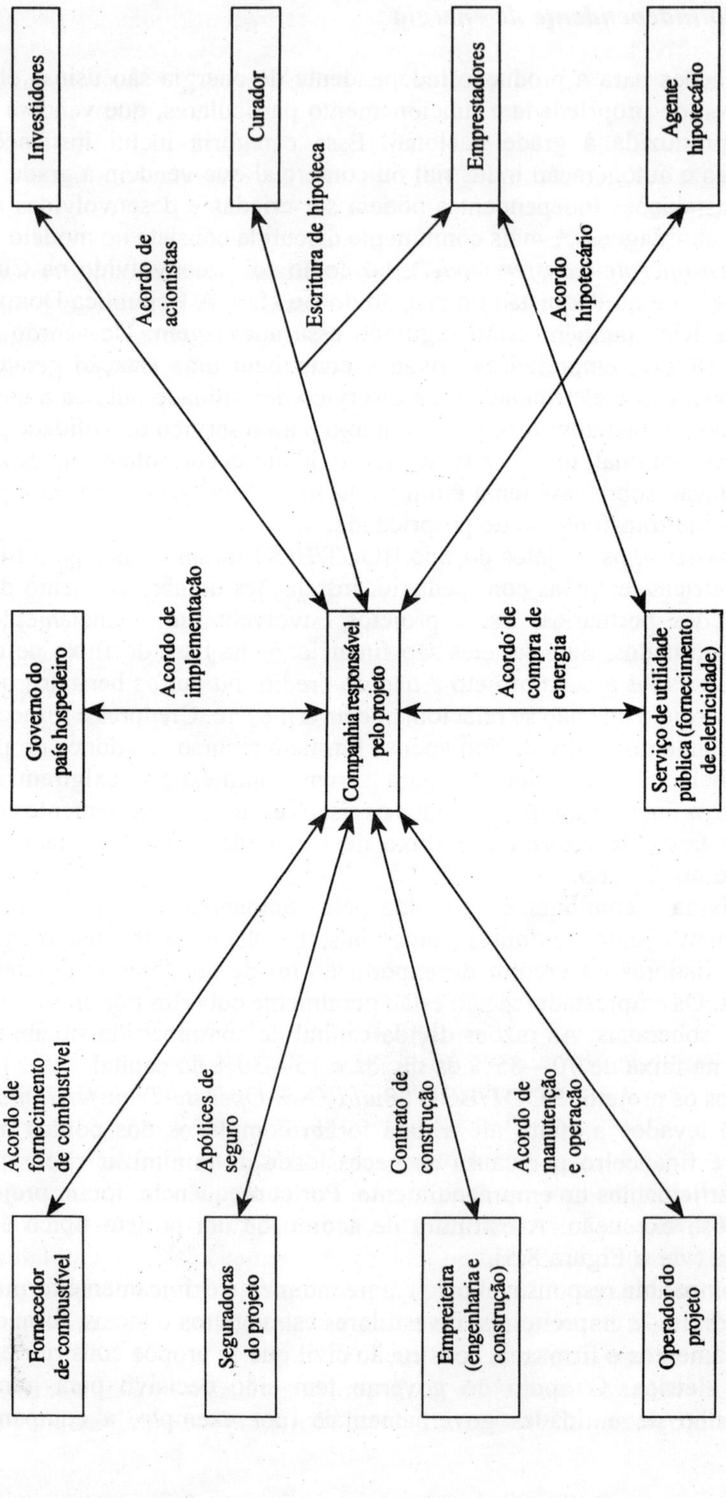

FONTE: U.S. Agency for International Development, Office of Energy.

serviços públicos no setor elétrico, a companhia nacional de petróleo, as autoridades alfandegárias e de imigração) e a cobertura cambial. O governo também é responsável pela remoção de restrições legais e regulamentares.

Privatização através da alienação de bens patrimoniais do setor elétrico estatal

A privatização do setor de energia elétrica está sendo implementada em numerosos países do Caribe e da América Latina. Por exemplo, o governo da Argentina autorizou a reestruturação da geração, transporte e distribuição de eletricidade. Isso inclui a concessão para a distribuição e venda de eletricidade. Além da privatização argentina, outros países também estão progredindo nesse rumo. A República Argentina está avaliando o mercado para potencial privatização de serviços municipais e elétricos específicos. No Chile, o sistema estatal de eletricidade também foi privatizado.

A privatização de indústrias de infra-estrutura, como os serviços estatais de energia elétrica, requer grande vigor político para enfrentar as fortes contrapressões dos sindicatos operários e do grande público. Como a eletricidade é um insumo básico para os setores fabris, o preço e a confiabilidade de abastecimento afetam a competitividade internacional de produtos domésticos para receitas de exportação. A privatização dos sistemas estatais de eletricidade deve concentrar-se no aumento da eficiência e na promoção da concorrência para novas usinas geradoras.

Categorias de privatização. A privatização dos sistemas estatais de eletricidade pode ser classificada em duas amplas categorias: privatização da *produção de eletricidade* e privatização do *fornecimento de elètricidade*.

A privatização da produção elétrica significa que o setor privado é dono das usinas e das linhas de transmissão, cuida de seu funcionamento e responsabiliza-se também pelo fornecimento de energia ao cliente. Este processo envolve a alienação total dos ativos da companhia pelo governo para o setor privado. As privatizações britânica e malásia obedeceram a esse modelo. A privatização da produção de eletricidade através da alienação dos ativos da companhia envolve a venda da totalidade dos mesmos, incluindo as operações de geração, distribuição e transmissão, a um grupo de investidores privados.

A privatização do fornecimento de eletricidade significa que o setor privado fornece serviços específicos, tais como, serviços de operação e manutenção para uma usina elétrica específica, ou um grupo de usinas; sistemas de distribuição de energia, incluindo serviços de medição de consumo, faturamento e cobrança; serviços de segurança; e gerência da frota de serviço. Este modo de privatização é examinado adiante na seção intitulada "Contrato de administração de serviços de utilidade pública".

Técnicas de alienação. A alienação de entidades estatais pode ser facilitada por proposta, leilão, oferta a preço fixo e *buyout* administração/empregado. A privatização total de serviços elétricos exige a forte adesão por parte do governo, um mercado de capitais bem desenvolvido, acesso a serviços elétricos para uma grande parcela da população e uma empresa de utilidade pública que se encontre em condição de justificar um investimento. Quando se trata de privatizar uma empresa elétrica, esses fatores tornam-se ainda mais importantes por causa do papel central que tal empresa desempenha na economia. As empresas elétricas têm sido tradicionalmente difíceis de privatizar. Isso deve-se em parte à tendência dos governos para usar as empresas de serviços públicos para fins de clientelismo político.

Entretanto, a privatização bem-sucedida de empresas estatais de serviços públicos exige, de uma forma geral, que elas sejam colocadas primeiro numa sólida base financeira e operacional. Os esforços para privatizar uma companhia em condições financeiras relativamente precárias podem ser ineficazes desde que os seus bens patrimoniais estejam seriamente deteriorados, os preços não cubram o capital e custos operacionais, e o seu funcionamento não seja eficiente.

Contrato de administração de serviços de utilidade pública

A privatização do fornecimento de eletricidade mediante a contratação de serviços específicos a cargo de terceiros constitui uma obrigação contratual: a entrega de serviço elétrico mediante uma taxa a ser paga pela empresa estatal. A compra da capacidade existente de geração de energia da empresa ou de áreas de serviço pela iniciativa privada envolve as seguintes considerações. A empresa estatal retira o débito de seus livros e pode, nesse processo, obter algumas divisas. Ela pode também realizar um ganho diferencial em capacidade, seja através da expansão ou através do aumento de potência instalada. O grupo do setor privado está comprando o que se espera que seja uma unidade geradora de demonstrada rentabilidade, e poderá reduzir assim os riscos associados à construção de uma unidade nova e aos atrasos e protelações que usualmente ocorrem para o início de seu funcionamento. Além disso, o preço de compra pode ser baixo em relação aos acréscimos de capacidade.

A compra e reabilitação por investidores privados de uma função existente de geração e/ou distribuição é uma abordagem que está sendo considerada por muitos países, incluindo a República Dominicana, a Jamaica, El Salvador e o Panamá. Isso propiciaria uma infusão de dinheiro em caixa e aliviaria parte das tensões cambiais.

Os serviços de eletricidade são privatizados através de contratos de administração, *joint ventures* e *leasing*.

Contratos de administração. Um contrato de administração é um modo de gerenciar uma empresa que é controlada por critérios e obrigações comerciais, mas sem acarretar os riscos e as vantagens da propriedade. Em outras palavras, um contrato de administração é um veículo empresarial sem capital próprio que facilita a transferência para o cliente de proficiência financeira, gerencial e técnica e não exige investimento externo direto por parte do cliente nem da empreiteira. As relações de negócio envolvem três partes: (1) o cliente, que é a companhia estatal de serviço de utilidade pública no país em desenvolvimento; (2) a empreiteira, que é a empresa contratada para o gerenciamento da estatal e que pode estar sediada no país hospedeiro ou num país desenvolvido; e (3) a subempreiteira, que é uma companhia estabelecida de acordo com as leis do país hospedeiro e a quem cabe a execução das tarefas determinadas pela empreiteira. A contratação de administração com companhias estatais de serviços de utilidade pública aumenta o potencial para a participação da iniciativa privada a longo prazo. Uma estrutura genérica para um contrato de administração é apresentada na Figura 8.6.

FIGURA 8.6 Estrutura de um contrato típico de administração

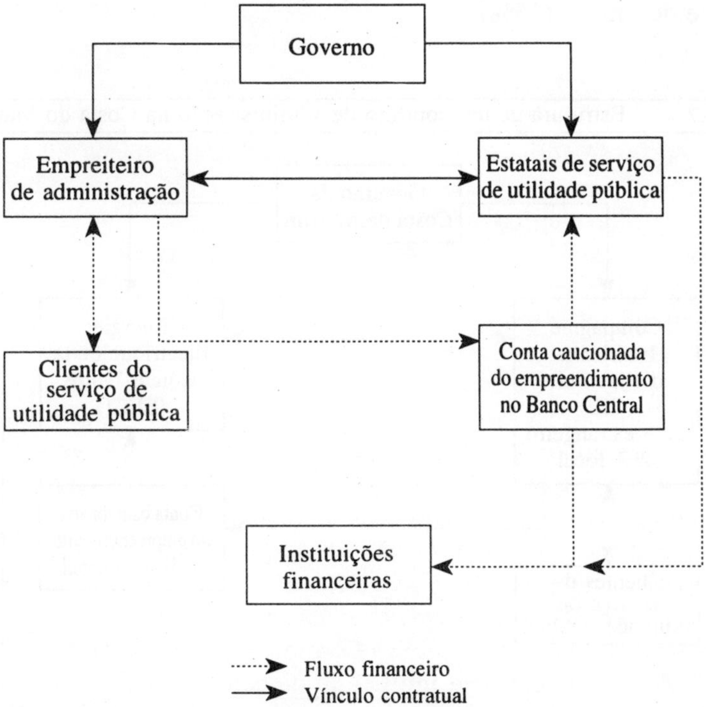

FONTE: U.S. Agency for International Development, Office of Energy.

Os benefícios dessa abordagem são que o setor privado pode reduzir os seus custos de investimento antecipado através da empreitada em vez da compra de uma usina ou função. A empresa estatal de serviço de utilidade pública está apta a transferir alguns dos problemas operacionais e de manutenção para o setor privado, o qual pode então adotar modernas técnicas operacionais e práticas de pessoal.

A contratação de administração também constitui uma estratégia de baixo risco de ingresso no mercado quando os empreiteiros de um país desenvolvido não possuem um conhecimento direto, em primeira mão, das condições de negócio num país em desenvolvimento. Os empreiteiros ganham experiência com a cultura e as condições de negócio e estabelecem contatos com o governo e o empresariado local.

O governo da Costa do Marfim assinou recentemente um contrato de administração com a companhia francesa Société Internationale de Services Publiques (SISP). Por esse acordo, a operação das centrais elétricas da Energie Electrique de la Côte d'Ivoire (EECI) é transferida para uma companhia marfinense do setor privado, a Compagnie Ivoirienne d'Electricité (CIE), da qual a SISP detém 51% das ações (ver a Figura 8.7). Os restantes 49% são propriedade de empresas marfinenses do setor privado. A SISP é uma *joint venture* entre uma companhia francesa, o Grupo SAUR (65%) e a estatal Electricité de France (35%).

FIGURA 8.7 Estrutura de um contrato de administração na Costa do Marfim

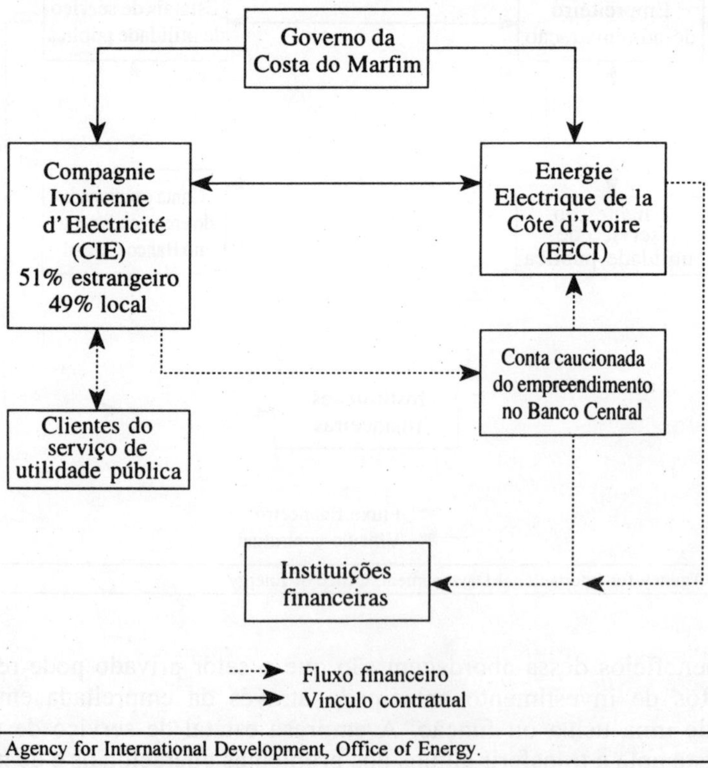

FONTE: U.S. Agency for International Development, Office of Energy.

A EECI retém o direito de propriedade dos bens patrimoniais da estatal. Operação, manutenção, transmissão e distribuição de eletricidade são da responsabilidade da CIE. Enquanto que as despesas com substituição de equipamento são por conta da CIE, a futura expansão da capacidade será feita pelo governo. Pelos seus serviços de geração elétrica, transmissão, distribuição, faturamento e cobrança, a CIE recebe uma taxa predeterminada. A tarifa paga pelos consumidores é fixada pelo governo. Qualquer diferença entre a tarifa e a taxa predeterminada é depositada numa conta caucionária mantida na Caisse Autonome d'Amortissement. Os fundos acumulados na conta caucionária serão usados para a futura expansão da capacidade da estatal. O planejamento para a expansão da capacidade geradora será executado pela CIE e as decisões de investimento serão tomadas pelo governo. O contrato também contém adequados mecanismos de incentivo para a operação eficiente da CIE. Baseada num fluxo de caixa pró-forma, a CIE está projetada para gerar um lucro anual, após dedução de impostos, igual a 2% do total de vendas anuais.

Joint venture. Uma *joint venture* é uma forma sem paralelo de associação empresarial criada por duas partes para fins de realização de um empreendimento comercial e/ou industrial. No contexto de privatização num país em desenvolvimento, a *joint venture* fornece um veículo particularmente propício e flexível porque permite a co-propriedade e a cogestão do empreendimento. Esse arranjo fornece uma proposição em que ambas as partes ganham e nenhuma perde, porque o governo lucra com capacidade financeira, gerencial e técnica que o setor privado leva para a *joint venture*, e o setor privado desfruta de um ingresso de baixo risco num mercado potencialmente lucrativo. A *joint venture* oferece um veículo para realizar os objetivos de desenvolvimento empresarial e sócio-econômico que podem estar muito além da capacidade de cada parceiro atuando individualmente. Essa sociedade também fornece a concomitante vantagem de repartir os custos do investimento sem expor os bens patrimoniais a uma responsabilidade ilimitada.

A *joint venture* não está isenta de falhas. O lado negativo manifesta-se tipicamente no processo de tomada de decisões relacionado com opções administrativas e de investimento de capital. A fim de evitar conflitos potenciais, incumbe aos sócios da *joint venture* negociarem questões tais como a estrutura da administração, suprimentos de numerário, estabelecimento de preços de transferência, dividendos, repatriação, resolução de litígios, escolha de foro, terminação, representações e garantias, e força maior.

Leasing. O *leasing* é um mecanismo de financiamento pelo qual a companhia estatal vende uma central elétrica à iniciativa privada, que passa a ser a sua proprietária e a encarregar-se de sua manutenção e funcionamento, e a estatal, por sua vez, concorda em arrendar em seguida a central elétrica mediante um acordo de compra de energia a longo prazo. O produto da venda da central elétrica é uma fonte de renda para a companhia estatal, e o setor privado obtém um rendimento imediato sobre o seu investimento.

Contratos de administração, *joint ventures* e arrendamentos podem ser simples primeiros passos no rumo de um papel mais importante para a iniciativa privada no setor de serviços de utilidade pública. Essas técnicas não levam necessariamente a quaisquer acréscimos líquidos na capacidade da grade da empresa de serviço de utilidade pública, nem eliminam a obrigação financeira quanto à capacidade do governo ou da empresa.

Requisitos para a participação privada

A participação privada no setor energético não ocorre de modo fácil. Exige novas formas de parceria entre os setores público e privado e um compromisso sincero e duradouro de ambas as partes. Também requer extensas e complexas disposições contratuais. Não obstante, as vantagens parecem superar os custos.

O requisito inicial é o envolvimento contínuo, sistemático, e o total apoio dos mais altos escalões governamentais. Sem isso o envolvimento do setor privado no setor energético não acontecerá. Numerosas decisões devem ser tomadas para superar os obstáculos de natureza política, regulamentar, institucional, contratual e financeira que existem. Embora esses obstáculos não sejam insuperáveis, exigirão o total envolvimento e a séria atenção dos altos funcionários governamentais, nos ministérios da energia e das finanças, no Banco Central e na companhia estatal de eletricidade.

A existência de um ativo mercado de capitais e regulamentações nas áreas de contabilidade, auditoria e negociação de valores mobiliários são requisitos prévios para a implementação de um programa de privatização total. O mercado interno deve ter a capacidade de absorção para facilitar a elaboração de um plano de compra e distribuição de ações.

Com freqüência, não existe um precedente para a participação da iniciativa privada no setor energético. Falta de conhecimento e experiência sobre como proceder pode contribuir para retardar as decisões essenciais. Embora a participação privada na geração de eletricidade ofereça vantagens substanciais, é também um empreendimento complexo e difícil que exige uma clara compreensão do conceito e um clima de mútua confiança entre os setores público e privado. Os governos podem beneficiar-se aprendendo com a experiência de outros países.

Baseado em minhas análises dos setores energéticos em muitos países desenvolvidos e em desenvolvimento, descreverei alguns dos requisitos para o êxito da participação privada.

Política pública favorável

Deve existir um forte e explícito compromisso político para encorajar a participação privada no setor energético, especialmente porque esse setor foi considerado por muitos uma função "natural" do setor público. Leis e regulamentos devem, se possível, encorajar essa abordagem, declarando que a participação privada é de interesse público e parte integrante da política oficial do governo. Adicionalmente, o setor público deve estar disposto e preparado para assumir compromissos contratuais a longo prazo que habilitem a iniciativa privada a financiar suas operações. São necessários incentivos financeiros e não-financeiros específicos, tais como isenções fiscais e livre acesso cambial.

A fim de atrair o investimento privado, o governo deve oferecer um compromisso público de que uma quantidade específica de energia é desejável que venha a ser fornecida no futuro pelo setor privado. Depois, o governo deverá identificar o funcionário que é responsável por várias ações e goza de autoridade final na matéria.

Estrutura reguladora e institucional clara

O governo deve expor uma estrutura reguladora e institucional claramente definida. Os investidores privados precisam saber como habilitar-se para investimentos, como as propostas serão solicitadas e avaliadas, como os preços de compra serão determinados e quem será responsável pelas decisões governamentais. Regras e normas a respeito da instalação de centrais elétricas independentes, de instalações em regime de co-geração, de contratos de administração e de investimento em empresas estatais de eletricidade privatizadas são essenciais para reduzir a incerteza com que se defrontam os investidores privados interessados em entrar num setor tradicionalmente monopolizado pelo governo.

Diretrizes reguladoras formais forneceriam à iniciativa privada um melhor entendimento de como participar com o governo no suprimento das necessidades energéticas do país. As regulamentações devem especificar os requisitos de qualificação, os procedimentos a seguir para os casos de solicitação competitiva e não-competitiva; métodos de determinação do preço de compra; especificações funcionais e técnicas; exigências de interconexão; e métodos para resolução de disputas. Devem ser fixadas linhas claras de responsabilidade institucional. Com freqüência, os governos precisam criar comissões interministeriais, uma vez que a empresa de eletricidade independente e as ações de privatização requerem comumente o envolvimento dos ministérios de Finanças, Justiça, Energia, Indústria e Comércio, o órgão responsável pelo controle do meio ambiente e o Banco Central. A companhia estatal deve habitualmente desempenhar um papel fundamental por causa do seu acesso à informação e sua familiaridade com as complexidades de funcionamento do sistema de utilidade pública.

A autoridade para fixar os preços da energia e para executar contratos legítimos deve ser clara. Se a fonte de combustível é uma entidade do governo, isso deve ficar esclarecido. Alguém deve assumir a responsabilidade para assegurar a obediência às normas e inspeções relacionadas com a proteção do meio ambiente. E, de suma importância, alguém no governo deve ser responsável por assegurar a aprovação oportuna das necessárias licenças e liberações.

Requisitos contratuais

A participação privada no setor energético, quer se trate de produção independente, privatização ou contrato de administração, está envolta em complexas camadas de acordos contratuais que se reforçam mutuamente. No caso de produção independente, a companhia de utilidade pública deve firmar contratos para a compra da energia. Eles devem estar amparados em acordos com órgãos colaterais do governo. Contratos de fornecimento de combustível, contratos de operação e manutenção, acordos de seguro e muitos outros acordos legalmente vinculatórios são também requeridos para a participação do setor privado.

Como os projetos de produção independente de eletricidade são tipicamente de dez a vinte anos de duração, todas as partes devem contar com a inviolabilidade a longo prazo desses contratos. Por causa da incerteza política e do risco financeiro que o país representa, os investidores do setor privado buscarão freqüentemente garantir-se com o maior número possível de acordos contratuais a fim de se protegerem contra as conseqüências de não-cumprimento. O fato de que o único comprador para o seu produto é a empresa estatal de eletricidade exigirá usualmente garantias quanto à vida do empreendimento, assegurando que os termos e condições do contrato serão cumpridos.

Algumas das questões contratuais básicas que necessitarão de esclarecimento são as seguintes:

- Qual o prazo de duração do contrato? Pode ser prorrogado ou renovado?
- Qual é o preço de compra, como será efetuado o pagamento, e será móvel ou reajustável em função de mudanças incontroláveis, como inflação, mudanças no preço do combustível e aumento nas taxas salariais?
- De que modo a empresa será controlada e liquidada?
- No final do período de contrato, os investidores serão solicitados a transferir as instalações para a estatal, ou reterão a sua propriedade?
- Quais são as mínimas exigências funcionais e especificações técnicas para o empreendimento?
- Quem pagará o equipamento de interconexão? Como será assegurada a exatidão do sistema de medição?
- Que tipos de seguro serão requeridos?
- Que direitos a estatal possui para monitorar a construção e operação do empreendimento?
- Como serão tratados os casos de força maior?
- Como serão solucionadas as disputas?

Requisitos financeiros

Como as usinas elétricas independentes são financiadas pelo próprio empreendimento — isto é, dependem unicamente do funcionamento do empreendimento para a obtenção de receitas que paguem as dívidas a longo prazo e os investimentos de capital —, esses empreendimentos são sustentados primordialmente por uma rede interligada de complexos acordos contratuais e financeiros. Isso contrasta com os empreendimentos públicos, os quais se apóiam em receitas públicas e empréstimos externos obtidos mediante uma garantia soberana de pagamento dada pelo governo.

O mais sério requisito financeiro para empreendimentos privados no setor energético é a necessidade de obter suficiente e estável arrecadação. Caso contrário, os investidores privados em capital e dívida irão tratar da vida em outras paragens. Partindo do princípio de que o empreendimento gera a quantidade de energia combinada, os investidores devem estar completamente confiantes em que seu investimento será amplamente pago em termos de capital e dívida. Do mesmo modo, deve ser assegurado aos participantes no capital uma retribuição aceitável para o mesmo. Os pagamentos ao abrigo dos acordos de compra de energia com o governo devem ser feitos nas datas fixadas e conversíveis nas moedas em que os investimentos estão expressos para os dez a vinte anos de vida do empreendimento.

O financiamento do empreendimento sem completas garantias soberanas para o setor energético é um novo conceito. Os organismos de crédito de exportação dos países doadores foram morosos para admitir esse tipo de acordo de financiamento, porquanto existe pouca experiência de pagamento do setor energético independente, especialmente sob contratos de compra de energia com nações que têm problemas na obtenção de divisas adequadas em moeda estrangeira.

Os investidores no capital do empreendimento têm preocupações sérias a respeito da repatriação de moeda estrangeira e de garantias quanto às condições de pagamento (assegurando o consentimento de um suficiente fluxo de receitas e a cobrança das mesmas). Com freqüência, um importante impedimento financeiro é a necessidade de assegurar a disponibilidade de moeda estrangeira para o empreendimento, a fim de liquidar a dívida contraída com os investidores e de lhes garantir uma retribuição adequada ao capital investido.

Algumas das questões financeiras fundamentais que devem ser esclarecidas são as seguintes:

- Quais são as fontes de dívida e de capital? Que taxas de juros e de rendimento são necessárias?
- Quem garantirá os empréstimos externos feitos para o empreendimento?
- Quem garantirá que a estatal cumprirá sua obrigação de pagar a eletricidade que lhe é fornecida?
- Quem garantirá a conversibilidade e repatriação das rendas ganhas pelos investidores privados?
- Quem dará assistência aos criadores do empreendimento para obter as necessárias licenças e liberações?
- Quem garantirá que serão concedidas as isenções de impostos e direitos?

Conclusão

Para muitos países desenvolvidos e em desenvolvimento, a privatização e a participação privada no setor de energia elétrica podem ajudar na resolução dos freqüentes problemas de financiamento insuficiente e funcionamento ineficiente. A participação privada pode ocorrer em muitas formas: usinas geradoras independentes, co-geração e autogeração industriais, privatização da produção de eletricidade através de propriedade ou *leasing*, e privatização do fornecimento de eletricidade através do contrato de administração.

Não existe um modelo-padrão para todas as privatizações. Um processo de privatização bem-sucedido deve manter um senso de premência e de oportunidade, assim como objetivos e prazos realistas. Os países que têm mercados de capitais e regulamentação do mercado de títulos mobiliários bem desenvolvidos podem optar pela privatização total. Para a maioria dos países em desenvolvimento que não têm a requerida capacidade de absorção em seus mercados de capitais, as técnicas de privatização parcial, como contratos de administração, *leasing* e *joint ventures* podem preparar o caminho para a futura privatização total de companhias estatais de serviços de utilidade pública.

NOTAS

1. US Agency for International Development, *Power Shortages in Developing Countries: Magnitude, Impacts, Solutions, and the Role of the Private Sector* (Washington, D.C., março de 1988).
2. Ibid.
3. World Bank, *Capital Expenditures for Electric Power in the Developing Countries in the 1990s* (Washington, D.C., fevereiro de 1990).
4. World Bank, *Capital Expenditures: Summary Data Sheets of 1987 Power and Commercial Energy Statistics for 100 Developing Countries* (Washington, D.C., março de 1990).

KIM FUAD 9

Privatização do Petróleo e Gás Natural

O setor estatal de petróleo e gás natural da América Latina está enfrentando importantes desafios na década de 1990, mas uma privatização em grande escala dos patrimônios da indústria parece menos provável do que um papel cada vez maior para as companhias privadas estrangeiras e nacionais. Os desafios refletem a necessidade de capital, tecnologia e pessoal qualificado para elevar e expandir as atividades em virtualmente todos os níveis, desde a nascente do poço até a bomba de gasolina. Investimentos anuais de cerca de US$ 30 bilhões são necessários para alcançar uma expansão na produção de energia latino-americana — incluindo petróleo, gás natural e eletricidade — equivalente à da década de 1970, e metade dessa verba deve provir de fontes externas.

Embora os países produtores de petróleo da região tenham todos essas necessidades, suas abordagens para induzir a ajuda externa variam muito. Alguns, como o México e o Brasil, mantêm-se resolutamente contrários à propriedade estrangeira de petróleo e gás. Outros, como a Venezuela, estão reatando associações com companhias petrolíferas estrangeiras cujos bens patrimoniais tinham sido nacionalizados. E ainda outros, como a Argentina, estão desmantelando seus monopólios.

Apesar dessas e de outras mudanças, a propriedade e o desenvolvimento do petróleo e do gás na América Latina devem permanecer predominantemente nas mãos de companhias estatais. Mais de 77% da produção diária de petróleo da região em 1990, equivalente a cerca de 7 milhões de barris, foram obtidos pela PEMEX, do México, PDVSA, da Venezuela, e PETROBRÁS, do Brasil — todas companhias estatais.

A comprovada capacidade dessas três estatais — e, num menor grau, de algumas outras — para desenvolver com êxito a produção de petróleo e gás natural em seus respectivos países é, muito mais do que o arroubo nacionalista que as criou, a melhor garantia da continuidade de seu papel dominante. O orgulho nacional, associado a interesses corporativistas como os dos sindicatos, ainda fornece, não obstante, um sustentáculo para algumas das menos eficientes estatais da região. Pressões para melhorar o desempenho de muitas dessas estatais do petróleo estão aumentando, porém, e reformas estão a caminho.

A reforma radical da Yacimientos Petrolíferos Fiscales (YPF), da Argentina, talvez prove ser a exceção, pois nenhum outro país com produção substancial parece estar agora preparado para abrir-se à livre concorrência como forma de forçar as companhias estatais a tornarem-se mais eficientes. Isso significa que a privatização no setor de petróleo e gás natural latino-americano, em seu todo, não envolverá a liquidação de patrimônios estatais. Em contrapartida, o papel da iniciativa privada crescerá amplamente através da associação de companhias estatais como parceiras na exploração de recursos de petróleo e gás natural.

Como ao setor privado da América Latina falta a *expertise* e o capital necessários para aproveitar as oportunidades oferecidas por associação com companhias estatais de petróleo, os investimentos privados continuarão sendo predominantemente externos. Com exceção do México e do Brasil, a maioria das estatais do petróleo no resto da América Latina já se associaram a companhias estrangeiras do setor ou estão prestes a fazê-lo, sob uma variedade de termos diferentes. Até mesmo a obstinadamente marxista Cuba assinou recentemente acordos de exploração e produção com a francesa TOTAL, a brasileira PETROBRÁS e outras.

As companhias petrolíferas estatais latino-americanas

As companhias petrolíferas estatais da América Latina compartilham de metas que são comuns na criação de companhias petrolíferas nacionais em outras partes do mundo mas, como parcela do mundo em desenvolvimento, espera-se também que atuem como catalisadoras do crescimento econômico nacional, instrumentos do progresso social, e um meio pelo qual os governos de seus países possam exercer o controle político sobre uma indústria básica.

A gênese das companhias petrolíferas nacionais é usualmente vista como uma mudança progressiva no relacionamento entre o Estado e a indústria do petróleo, evoluindo de um inicial período liberal para a crescente regulamentação governamental e, finalmente, a administração direta. A Venezuela é um exemplo clássico do processo evolucionista. O nacionalismo foi, com freqüência, a força impulsora, com a Argentina criando a YPF logo no início do processo, enquanto o México e o Brasil iam alternando avanços e pausas.

O índice de sucesso das companhias petrolíferas latino-americanas tem sido desigual, com a maioria das empresas dedicando-se mais à consecução de objetivos sócio-econômicos do que à obtenção de lucros. Elas têm sido forçadas a fornecer ajuda econômica direta às comunidades onde operam, a vender seus produtos no mercado interno com prejuízo e a dar contribuições para o desenvolvimento nacional para além do setor petrolífero.

A intervenção através de administrações governamentais em constante mudança redundou em instabilidade para o planejamento a longo prazo e na existência de nomeações políticas, favorecimentos e corrupção, ao que poucas empresas estatais têm conseguido escapar. Por causa desses ônus sociais e políticos, os administradores das companhias petrolíferas estatais latino-americanas raramente gozaram de liberdade para otimizar seus próprios desempenhos no esforço por realizar os objetivos comerciais que são característicos da atuação das companhias privadas do setor.

Um ônus adicional surgiu a partir da década de 1970, com a farra dos empréstimos externos na América Latina, na qual se envolveram especialmente a PEMEX, a PETROBRÁS e a YPF. Em fins da década de 1980, a dívida externa do setor estatal do petróleo na América Latina subira para perto dos US$ 30 bilhões.

A crise dos anos 80

A queda dos preços mundiais do petróleo em 1986 e a subseqüente e contínua volatilidade nos preços enfraqueceram seriamente a maioria das estatais do petróleo latino-americanas na medida em que limitaram drasticamente a capacidade financeira delas para manter níveis adequados de investimento. Com a receita das exportações reduzida, o crescente ônus do serviço da dívida e nenhuma fonte alternativa de recursos financeiros, as companhias estatais foram forçadas a efetuar profundos cortes nos investimentos planejados. As maiores companhias — PDVSA (Petróleos de Venezuela, S/A), PEMEX e PETROBRÁS — retraíram-se e aguardaram melhores dias para dar prosseguimento a seus planos de expansão.

Às companhias menores, lutando por sobreviver, restou como única opção atrair companhias de petróleo estrangeiras para empreender a exploração necessária à manutenção e aumento das reservas de petróleo e produção. Novos e mais liberais termos contratuais foram estabelecidos por numerosos países, incluindo Argentina, Colômbia, Equador, Peru e Trinidad. A reação inicial foi lenta, refletindo uma tendência mundial das grandes companhias internacionais de petróleo para reduzir despesas com a exploração no estrangeiro, em face de uma persistente superabundância de petróleo e incerteza quanto a futuros preços. Isso induziu uma liberalização ainda mais ampla de condições, a qual continuou na década de 1990 em alguns países.

Assim, a crise dos anos 80 produziu um movimento de recuo do tradicional nacionalismo de recursos da América Latina para uma abordagem mais pragmática, embora o ritmo tenha sido irregular de país para país, com ocasionais retrocessos.

O desafio dos anos 90

As perspectivas para o setor de petróleo e gás natural da América Latina na década de 1990 melhoraram graças às indicações de um retorno ao crescimento na demanda e preços mundiais do petróleo. Isso provocou o recrudescimento do interesse de companhias petrolíferas internacionais pela exploração na região, o que asseguraria a continuidade do interesse nas reservas de petróleo e gás natural.

A mudança para uma política econômica de livre mercado pela maioria dos governos latino-americanos aumentará o estímulo para novos avanços no sentido da liberalização do setor do petróleo e gás natural. Isso acarretará a privatização parcial da YPF e de Gas del Estado na Argentina. Muitos países realizaram contratos liberais para exploração, os quais, ao que parece, têm todas as probabilidades de subsistir. A Venezuela está admitindo a parceria com companhias petrolíferas estrangeiras. O Brasil prepara-se para rever num futuro próximo a proibição constitucional sobre investimento estrangeiro. O México pode estar próximo de uma abertura definitiva com a sua decisão de aceitar capital privado no setor petroquímico, representando um possível prelúdio.

Nenhuma dessas medidas subentende uma privatização em grande escala das indústrias petrolíferas estatais da região mas, antes, a preferência por uma reforma que as distanciará cada vez mais dos monopólios absolutos. Há uma tendência crescente, mas ainda não muito ampla, para transferir algumas atividades não essenciais do petróleo e gás natural para o setor privado, dado que as companhias estatais procuram dinamizar suas operações a fim de aumentar a eficiência. Na maioria dos países, os governos adotaram medidas para eliminar subsídios geradores de prejuízos nos quais as companhias estatais incorriam, aumentando os preços para o combustível doméstico.

Essas reformas devem mostrar uma tendência para reduzir a esfera de ação da companhia estatal de petróleo, enquanto que, ao mesmo tempo, fortalece as companhias eliminando ou reduzindo muitos dos envolvimentos sociais e políticos que as tornaram tão ineficientes no passado. Isso representaria um importante passo para tornar as companhias petrolíferas estatais economicamente mais viáveis.

Assim que as companhias petrolíferas estatais começarem a seguir um rumo orientado mais comercialmente, devem surgir crescentes oportunidades para a iniciativa privada, porquanto aquelas abdicarão de atividades periféricas para concentrar-se no mais lucrativo negócio essencial e procurarão parceiros para a expansão. Isso já começou em alguns países e propagar-se-á na medida em que às companhias estatais for consentido por seus mandarins políticos obedecerem a corretas estratégias comerciais. É pouco provável que o processo seja rápido ou fácil, e exige uma determinação política que só poucos governos latino-americanos mostraram até agora. O nacionalismo de recursos pode estar em baixa na América Latina, mas não está morto.

Mudanças nas companhias estatais nos anos 90

Apesar dos freqüentemente confusos mandatos de muitas companhias petrolíferas estatais da América Latina, os problemas práticos de expansão de suas atividades a fim de adquirir e manter um certo grau de auto-suficiência energética ou de aumentar as exportações influenciam fortemente seus enfoques no tocante ao papel do setor privado.

Somente cinco dos 14 países latino-americanos produtores de petróleo são exportadores líquidos, com os restantes simplesmente conseguindo ou esforçando-se por conseguir a auto-suficiência. Dos exportadores, apenas dois, Venezuela e México, possuem reservas comprovadamente suficientes para serem exportadores importantes a longo prazo. Exportadores menores, espera-se que o Equador, a Colômbia e Trinidad experimentem declínios de produção antes do final do século. Exportadores marginais incluem a Argentina e o Peru; outros produtores, como Barbados, Bolívia, Brasil, Cuba, Chile, Guatemala e Suriname, cobrem apenas parte de suas necessidades de petróleo. O México e a Venezuela têm dominado alternadamente a produção de petróleo latino-americana durante a maior parte deste século. O México liderou nos primeiros anos, mas foi ultrapassado pela Venezuela no final dos anos 20, só recuperando o primeiro lugar na década de 1980. É provável que o México seja superado de novo nos anos 90 e seguintes, uma vez que opta por exportações estáveis, enquanto que a Venezuela procura a expansão. Ambos os países têm agora aproximadamente o mesmo nível de reservas comprovadas de petróleo convencional, entre 50 e 60 bilhões de barris, mas a demanda interna de petróleo no México é superior a 1,2 milhão de barris por dia (b/d) — quatro vezes maior do que a da Venezuela. Isso levou a uma decisão mexicana em meados da década de 1980, a qual só recentemente foi cancelada, que permitiu à produção equilibrar-se com o consumo doméstico. Não obstante, os níveis correntes de exportações da PEMEX, cerca de 1,3 milhão b/d, devem permanecer estáveis a médio prazo, com qualquer incremento na produção indo cobrir a demanda doméstica, a qual está crescendo a mais de 5% ao ano. (Ver Quadro 9.1 para níveis de produção e reservas.)

A produção venezuelana, que atingiu um pico de 3,7 milhões b/d em 1970, quando o país exportou cerca de 95% de sua produção, está de novo em ascensão, após anos de níveis baixos, o que refletiu a necessidade de investimento maciço e os compromissos políticos do país como um dos membros fundadores da Organização de Países Exportadores de Petróleo (OPEP). A Venezuela está agora expandindo as suas exportações de petróleo, gás natural, petroquímica e carvão, emergindo a PDVSA como uma importante empresa internacional de energia.

Essas metas contrastantes ajudam a explicar por que o México e a Venezuela adotaram abordagens tão diferentes a respeito da abertura de seus monopólios do petróleo à iniciativa privada. Os mais modestos alvos de exportação da PEMEX combinam-se com o tradicional nacionalismo do México, embora a companhia veja a necessidade de capital e tecnologia de

QUADRO 9.1 Reservas e produção petrolíferas latino-americanas, 1990

País	Reservas (milhões de barris)	Produção (mil b/d)	Percentagem de mudança em produção, 1989/1990
Argentina	2.280	473	+3,3
Barbados	3	1	+9,1
Bolívia	119	19	-3,5
Brasil	2.840	633	+7,0
Chile	300	20	-1,5
Colômbia	2.000	445	+10,1
Cuba	100	15	-6,3
Equador	1.420	287	+2,9
Guatemala	36	4	+2,6
México	51.983	2.633	+0,8
Peru	405	132	0,0
Suriname	27	4	+5,3
Trinidad	536	151	+1,1
Venezuela	59.040	2.118	+22,4
Total	121.089	6.935	+7,8

FONTE: Estimativas do *Oil & Gas Journal*.

fora e tenha procurado obter ajuda externa através de esquemas inovadores. A PEMEX também está começando a agir mais como uma empresa comercial, dinamizando e reestruturando as suas operações para aumentar a eficiência e elevar os lucros. Isso incluiu atrair capitais privados para o setor petroquímico. Mas a posição financeira ainda dominante da companhia dentro do México e o seu perfil eminentemente político eliminam afastamentos mais radicais a curto prazo.

As medidas tomadas pela PDVSA para atrair capital e tecnologia estrangeiros a fim de realizar suas metas de expansão suscitaram uma resposta mais pragmática na Venezuela, onde alguma forma de capital em petróleo e gás natural está sendo agora proposta a companhias estrangeiras, incluindo algumas daquelas cujos patrimônios foram nacionalizados em 1975. A PDVSA está formalizando um empreendimento de US$ 3 bilhões em conjunto com a Shell, Exxon e Mitsubishi para exportar gás natural liquefeito (GNL) para os Estados Unidos. Nos termos desse empreendimento, os sócios estrangeiros compartilham da propriedade do gás natural usado para produzir o GNL. A fim de tornar o projeto economicamente viável, a Venezuela reformou a sua legislação fiscal, sendo exigido de empreendimentos especiais como o do GNL o pagamento de apenas 30%, em vez dos anteriores 67,7%, para amortizar os investimentos. O empreendimento do GNL é o primeiro de várias propostas de *joint ventures* com empresas petrolíferas estrangeiras. A PDVSA já assinou cartas de intenção com um certo número de companhias para eventuais associações que envolvem o desenvolvimento dos gigantescos recursos da Venezuela em óleo pesado e refinarias para exportação.

Respostas diversas de outras companhias estatais

As respostas de outras companhias estatais de petróleo latino-americanas aos desafios da década de 90 têm sido diversas, com a Argentina optando pela reforma e a privatização parcial, enquanto o Brasil proibiu o investimento estrangeiro em petróleo e gás por força de sua Constituição.

Apesar do arraigado nacionalismo, a falta de êxito nos esforços do Estado para aumentar as reservas e produção de petróleo obrigou a Colômbia, Equador, Peru e Trinidad a alterarem sua abordagem do setor privado nestes últimos anos. Todos os quatro moderaram os termos contratuais para investimento externo na exploração e produção de petróleo.

Argentina

A rapidez e profundidade da radical reforma da Argentina no setor de petróleo e gás natural é ainda mais extraordinária se considerarmos uma tradição de nacionalismo de recursos que data dos anos 20. Em meados da década de 1980, tinha ficado claro que uma ineficiente e profundamente endividada YPF estatal era incapaz de manter a auto-suficiência do país em petróleo, muito menos produzir um excedente exportável. Assim, em 1985, a administração do presidente Raúl Alfonsín deu início à reforma em curso, estabelecendo novas condições contratuais a fim de atrair maior investimento externo para o setor de exploração e produção. A administração do presidente Carlos Menem intensificou o ritmo ao assumir o cargo em 1989, com a desregulamentação da indústria petrolífera argentina e o início da desintegração do virtual monopólio de quarenta anos da YPF.

Os campos pequenos e marginais da YPF e outros campos da estatal que estavam sendo operados por empreiteiras foram vendidos como concessões a empresas privadas. Companhias petrolíferas privadas estrangeiras e locais também compraram 50% das ações em alguns dos principais campos petrolíferos da YPF, e detêm agora cerca de um quinto dos 2 bilhões de barris do país de reservas comprovadas de petróleo. Em 1991, a TOTAL Austral, uma subsidiária da companhia francesa TOTAL, obteve uma concessão de produção para o campo petrolífero de El Huemul, na Patagônia, com uma oferta anunciada de investimento da ordem de US$ 134 milhões. O acordo é em aditamento a duas concessões de produção para petróleo e gás e para a exploração que a companhia está realizando no campo de Rio Chico, na Terra do Fogo. Contratos de *joint venture* foram celebrados também com companhias dos Estados Unidos, Espanha e Itália.[1]

O objetivo da reforma não é fazer a YPF menor, mas tornar a indústria petrolífera argentina maior, de acordo com o presidente da YPF, José Estenssoro.[2] Ele espera que a YPF esteja em breve dinamizada e aberta ao capital público como uma empresa comercial. A finalidade é criar uma companhia equilibrada, integrada, vivendo do seu próprio fluxo de caixa, pagando impostos e deixando de receber os subsídios do governo de que necessitava para cobrir mais de US$ 2,6 bilhões de prejuízos no passado.

Brasil

No Brasil, apesar da promessa do ex-presidente Fernando Collor de Mello de privatizar as empresas estatais do país, qualquer desafio ao monopólio da PETROBRÁS não parece mais próximo do que a planejada revisão em 1993 da Constituição que ratificou o monopólio na década de 1980. A própria PETROBRÁS foi abalada por constantes mudanças no topo, com quatro presidentes diferentes durante a breve administração Collor. Também teve que batalhar para reduzir os subsídios geradores de prejuízos, em virtude dos baixos preços internos para 1 bilhão b/d que vende no Brasil, e enfrentar a crônica agitação operária.

Entretanto, o nacionalismo e o êxito da PETROBRÁS em desenvolver as reservas de petróleo *off-shore* usando sua própria tecnologia para águas profundas parece assegurar que a companhia continuará desempenhando um papel dominante. Além disso, a administração Collor nutriu o faminto caixa da companhia com verbas extras ao subir gradualmente os preços internos do petróleo para reduzir perdas e permitindo que a PETROBRÁS pagasse sua dívida externa a fim de procurar no estrangeiro capital novo através de emissões de debêntures internacionais.

Colômbia

A Colômbia foi quem primeiro deu o exemplo ao atenuar os termos contratuais para o investimento estrangeiro. Fornece sistematicamente condições atraentes e respeita rigorosamente suas obrigações contratuais, fazendo do país um favorito para investimentos estrangeiros no setor petrolífero. Recentemente, porém, guerrilhas esquerdistas resolveram empunhar a bandeira do nacionalismo, atacando instalações petrolíferas e clamando por reformas radicais, o que o governo tem rejeitado.

As companhias petrolíferas estrangeiras são responsáveis por cerca de dois terços da exploração na Colômbia e realizaram importantes descobertas nos últimos dez anos. A descoberta em 1985 do campo de Caño Limón pela Occidental mais do que duplicou as reservas da Colômbia, enquanto mais recentemente uma nova descoberta em Cusiana — feita por um consórcio que compreende a British Petroleum (40% de propriedade), a Total Compagnie Française (40% de propriedade) e a Triton Energy Corporation, dos Estados Unidos (20% de propriedade) — as duplicará pela segunda vez, como se espera, para cerca de 4 bilhões de barris. (A legislação colombiana garante 60% de controle do campo pela estatal Ecopetrol, indo o controle do restante para o consórcio.) Em conseqüência de tais descobertas, a produção petrolífera da

Colômbia cresceu desde meados da década de 1980, convertendo o país num substancial exportador líquido.

Equador

A abordagem do Equador foi ambivalente, com a administração do presidente Rodrigo Borja pretendendo inicialmente reverter a política prévia que favorecia o investimento estrangeiro no setor petrolífero e fortalecendo o papel da estatal Petroecuador, através da encampação das atividades de algumas companhias de petróleo estrangeiras. Mas o insucesso da Petroecuador em reabastecer as decrescentes reservas forçou o governo Borja a oferecer novas áreas a firmas estrangeiras.

Em 1991, o governo chegou a acordo sobre uma *joint venture* para a produção de cru pesado na Amazônia com um consórcio constituído por Conoco, com sede nos Estados Unidos, que controla 35% do empreendimento; Overseas Petroleum and Investment Corporation, uma companhia sediada em Taiwan; e quatro companhias norte-americanas, Maxus Ecuador Inc., Noneco Ecuador, Murphy e Canam Offshore. O empreendimento exigirá aproximadamente US$ 700 milhões de investimento em perfuração.[3]

A volta de uma administração mais liberal nas eleições presidenciais equatorianas de 1992 estimulou uma renovada abertura para as companhias petrolíferas estrangeiras e uma redução do papel atribuído à Petroecuador.

Peru

No Peru, os planos do presidente Alberto Fujimori requerem a abertura de atividades de refino e comercialização para o setor privado. À PetroPerú caberiam as atividades essenciais de exploração e produção, junto com companhias petrolíferas estrangeiras.

A incerteza política e um passado histórico de não cumprimento de obrigações contratuais deixaram, porém, o campo aberto apenas para os mais corajosos "caçadores de elefantes" que procuram chegar a importantes descobertas em áreas remotas. Uma delas, as gigantescas reservas de gás e condensado de Camisea descobertas pela Shell, ainda tem que ser desenvolvida por causa de disputas contratuais com a Shell.

Trinidad

O crescimento das atividades petrolíferas estatais de Trinidad foi um resultado tanto de circunstâncias quanto de um surto de nacionalismo. De fato, a encampação das deficitárias atividades de refino do país fez parte de um ajuste de contas com as companhias petrolíferas estrangeiras. Trinidad melhorou as condições para a exploração por companhias estrangeiras e atraiu um certo número de recém-chegados. Também recebeu financiamento do Banco Interamericano de Desenvolvimento (BID) a fim de aumentar a recuperação de petróleo de antigos campos e modernizar as refinarias.

Bolívia

As iniciativas da Bolívia para abrir o país às companhias petrolíferas estrangeiras converteram-no em uma exploração de grande intensidade mas também suscitaram controvérsia política. A estatal Yacimientos Petrolíferos Fiscales Bolivianos (YPFB) moderou suas condições ao oferecer os dados geofísicos existentes sobre diferentes áreas a firmas estrangeiras para reinterpretação e ao permitir novas prospecções sísmicas antes de as companhias empreenderem custosas perfurações exploratórias. Um acordo de março de 1991 entre YPFB, Texaco e Sun Oil estabelece a exploração e produção no departamento de Chuquisaca, com um investimento em sete anos estimado em US$ 25 milhões e uma produção entre 30 mil e 60 mil b/d. Em fevereiro de 1991, a ESSO Exploration of Bolivia venceu a licitação para um contrato de exploração de três anos na região de Poopo, nos departamentos de Oruro e La Paz; espera-se que o investimento e custos de exploração atinjam US$ 40 milhões.[4]

Chile

No Chile, a produção declinou regularmente em anos recentes, apesar dos esforços da estatal Empresa Nacional del Petróleo (ENAP) e da demanda interna estar sendo hoje suprida em grande parte pelo petróleo importado. As propostas para a privatização parcial da ENAP depararam-se com resistência e, neste meio tempo, a companhia está continuando a firmar contratos de risco com companhias estrangeiras.

Pequenos produtores e não-produtores

A decisão de Cuba de abrir áreas *off-shore* do país a companhias petrolíferas estrangeiras é um dos mais notáveis exemplos de como a ideologia está sendo substituída na América Latina por uma abordagem pragmática para resolver problemas de suprimento de petróleo. Outrora um distante posto avançado do império soviético, Cuba deve agora encontrar uma nova fonte de abastecimento para cobrir as necessidades da ilha de aproximadamente 200 mil b/d. Os próprios esforços de Cuba para desenvolver recursos com a ajuda soviética satisfazem apenas uma fração de suas necessidades.

A Guiana atraiu as atividades de exploração petrolífera de muitas companhias, em cujo número se incluem a London and Scottish Marine Oil Company (LASMO); a Hunt Oil, sediada nos Estados Unidos, que está explorando a bacia do rio Takutu; e a Mobil Oil, cuja concessão de 7.700 milhas quadradas na costa nordeste é igual a quase um décimo do território nacional da Guiana. As importações guianenses de gasolina e produtos de petróleo são correntemente iguais a 37% do produto interno bruto (PIB) do país.[5]

Por todo o Caribe e América Central, assim como para o sul até ao Suriname e mais longe ainda, no Paraguai e Uruguai, as companhias petrolíferas estrangeiras estão encontrando seus apetites de exploração instigados por condições cada vez mais liberais. Ironicamente, a Venezuela, que está apenas começando a abrir seu monopólio a companhias estrangeiras, foi de uma importância decisiva na promoção de contratos liberais para exploração e promoção na América Central. Especialistas venezuelanos, em combinação com a Associação Latino-Americana de Energia (ALADE), redigiram contratos-modelo que foram adotados por Honduras, Panamá, Costa Rica e Nicarágua.

Mais recentemente, a Venezuela assinou acordos técnicos com a Guatemala e Honduras para ajudar na realização de trabalhos geofísicos preliminares com vistas à identificação do potencial petrolífero *off-shore* dos dois países. A promoção pela Venezuela de explorações na América Central e no Caribe é no seu próprio interesse, porque qualquer nova ou aumentada produção de petróleo aliviaria os seus próprios compromissos de abastecimento da região com combustíveis. Desde meados da década de 1970, no início sozinha e depois (desde 1980) em conjunto com o México, a Venezuela vem fornecendo até 160 mil b/d de petróleo a nove estados consumidores da região, sob condições concessionárias.

Conclusão

As variadas reações dos países latino-americanos produtores de petróleo aos instáveis preços do petróleo, uma superabundância do produto e perturbações internas, como dívidas crescentes, mostraram ser improvável que a região recorra à privatização total das companhias petrolíferas estatais. Em vez disso, a gradualmente crescente participação estrangeira em países como a Venezuela, Argentina, Colômbia, Equador, Peru, Trinidad, Bolívia e mesmo Cuba tem mais probabilidades de predizer as futuras tendências. O mesmo pode ser dito a respeito do papel mais destacado que vem sendo assumido pelos empreendimentos privados domésticos. Essas mudanças ajudarão a induzir o necessário investimento, tecnologia e pessoal qualificado para aumentar a eficiência e o desempenho do setor petrolífero estatal da região.

NOTAS

1. "Argentina: French Company Obtains Oil Production Concession", *Chronicle of Latin American Economic Affairs* (28 de março de 1991); e "Argentina: On Partial

Privatization of State-run Oil Company", *Chronicle of Latin American Economic Affairs* (20 de agosto de 1991).

2. José Estenssoro, entrevista com o autor.

3. "On Petroecuador's Joint Venture with Conoco-Headed Consortium for Heavy Crude Production in Amazon Region", *Chronicle of Latin American Economic Affairs* (22 de agosto de 1991).

4. "Bolívia: Texaco and Sun Oil Obtain Oil Exploration and Production Concession", *Chronicle of Latin American Economic Affairs* (26 de março de 1991).

5. "Guyana: Report on Oil Exploration by Foreign Companies", *Chronicle of Latin American Economic Affairs* (18 de abril de 1991).

DAVID L. EDGELL, SR., E WANDA BARQUIN 10

Privatização do Turismo e do Transporte Aéreo

O turismo e o transporte aéreo são duas das partes mais vitais da economia global. Recentes movimentos na América Latina e no Caribe no sentido da privatização do transporte aéreo e do turismo (principalmente hotéis) podem ajudar a criar uma indústria do turismo que seja mais produtiva, comprometida com maior qualidade e suscetível de ser mais lucrativa.

O crescimento do turismo de qualidade (e a ênfase sobre a privatização nesse setor) é indicativo das mudanças que estão ocorrendo em escala mundial no sistema econômico produtivo. O setor produtor de bens já não é o predominante, substituído pelo de serviços.

O setor de serviços e de compra e venda de serviços inclui diversas atividades em rápido crescimento, tais como turismo, engenharia, consultoria, bancos, transportes, cinema, seguros, *franchising*, construção, publicidade e telecomunicações. Muitos países em desenvolvimento passaram a reconhecer que devem capitalizar em cima de suas vantagens comparativas no comércio internacional em serviços, a fim de manter ou melhorar sua margem competitiva no mercado

Os principais autores deste estudo são David L. Edgell, Sr., e Wanda Barquin, com assistência editorial de Jean Arey e produção em computador por Sara Rios (Office of Policy and Planning, United States Travel and Tourism Administration). As opiniões expressas neste texto são as dos autores e não representam necessariamente as da US Travel and Tourism Administration, do US Department of Commerce ou do Governo norte-americano. Seria desnecessário acrescentar que quaisquer erros ou omissões são de responsabilidade dos autores.

global. A esse respeito, dois dos setores de serviços mais importantes para os países em desenvolvimento são o turismo e o transporte aéreo. Esses serviços passaram assim a fazer parte de novas estratégias para promover a privatização e o investimento estrangeiro.

O turismo e o transporte aéreo estão inerentemente vinculados na medida em que grande parte do turismo depende do transporte aéreo (especialmente para viagens de longo curso). Os acontecimentos e circunstâncias que afetem as linhas aéreas internacionais têm um tremendo efeito no movimento de turistas e no seu uso de serviços, tais como hotéis, estações de veraneio, restaurantes, táxis, ônibus, veículos recreativos, atrações, centros de convenções, espetáculos e locadoras de automóveis. Assim, embora este capítulo se concentre em especial no turismo, as questões de transporte e segmentos industriais afins têm que ser revistas, visto que pertencem a uma estratégia global de privatização.

Os responsáveis pelos planos de ação nessa área têm boas razões para um novo enfoque do turismo na década de 1990.[1] O World Travel and Tourism Council, em seu relatório *Travel and Tourism: The World's Largest Industry*, fornece uma clara síntese das razões para o crescente interesse mundial pelo turismo e o transporte aéreo.[2]

- Viagens e turismo formam a maior indústria do mundo.
- Viagens e turismo geram cerca de US$ 3,5 trilhões em produto bruto, o qual é 6,1% do PNB mundial.
- Viagens e turismo empregam 127 milhões de pessoas no mundo inteiro, ou um em cada 15 empregados.
- Viagens e turismo investem mais de US$ 350 bilhões por ano em novas instalações e equipamento de capital, ou 6,7% de investimento de capital mundial.
- Viagens e turismo contribuem com mais de US$ 300 bilhões em impostos diretos, indiretos e pessoais por ano, aproximadamente 6% do total de pagamentos de impostos.
- Viagens e turismo estão crescendo mais rapidamente do que a economia do mundo em termos de produção, valor adicionado, investimento de capital e emprego.

Algumas pesquisas recentes sugerem que durante a década de 1990 o turismo global será o setor de mais rápido crescimento na economia mundial.[3]

A informação fornecida pela World Tourism Organization, conforme se apresenta no Quadro 10.1, sugere que o número de chegadas do turismo mundial aumentou 58% de 1980 a 1991, e que as receitas do turismo subiram 156% durante o mesmo período. Para a América Latina e o Caribe, as chegadas aumentaram 53% e as receitas subiram 77%. Embora o aumento comparativamente pequeno de receitas para a América Latina fosse decepcionante (e as razões para esse medíocre desempenho ainda não são inteiramente compreendidas), existem em definitivo oportunidades futuras. As Américas oferecem

QUADRO 10.1 Turismo internacional no mundo e na América Latina e Caribe, 1980-1991

Ano	Chegadas mundiais (em milhares)	Chegadas americanas (em milhares)	Participação nas chegadas mundiais (%)	Receitas mundiais (milhões de US$)	Receitas americanas (milhões de US$)	Participação nas receitas mundiais (%)
1980	286.474	26.011	9,08	101.020	11.813	11,69
1981	288.268	25.357	8,80	102.670	12.931	12,59
1982	287.469	24.472	8,51	96.927	9.781	10,09
1983	291.843	25.926	8,88	97.705	9.583	9,81
1984	319.230	27.802	8,71	109.004	10.575	9,70
1985	328.665	27.912	8,49	115.426	11.550	10,06
1986	339.842	29.992	8,82	139.282	12.597	9,04
1987	365.576	31.779	8,69	170.863	13.928	8,15
1988	392.578	33.740	8,59	196.809	15.052	7,65
1989	426.567	35.746	8,38	209.733	16.284	7,76
1990	454.143	39.184	8,63	253.531	19.383	7,65
1991	453.325	39.789	8,78	258.984	20.928	8,08

NOTA: As datas neste quadro são revisões de estimativas de 1991.
FONTE: World Tourism Organization.

grande potencial para espetaculares aumentos de turismo, mas somente se importantes melhoramentos em políticas, produtos e sistemas tiverem lugar na presente década. Outras informações da World Tourism Organization indicam que, em sua maioria, aqueles países do mundo cujos setores de turismo estão altamente privatizados receberam os maiores ganhos do turismo nos últimos dez anos. Isso sugere um forte incentivo para os países das Américas aproveitarem todas as oportunidades para privatizar seus respectivos setores de turismo, com o resultado muito provável de um produto turístico mais competitivo e de qualidade superior.

Critérios para a privatização do turismo e do transporte aéreo

As propostas de privatização no setor de turismo devem tomar em consideração as características específicas das economias em que ocorre o processo de privatização. Especial atenção deve ser dada à escala de privatização, ao nível de distorção nos mercados de capitais, à extensão da cultura empresarial local e ao grau de confiança do investidor. A transferência dos meios de produção do setor público para o domínio privado, em especial no setor de turismo, deve incluir medidas para desregulamentar, para descentralizar e estimular a concorrência e os mecanismos orientados para o mercado, a fim de se alcançar uma ótima alienação do Estado.

Obstáculos significativos para o desenvolvimento do turismo incluem problemas relacionados com o investimento, como inadequado financiamento, ambivalência em relação ao investimento estrangeiro privado direto e falta de incentivos para o investimento interno. Problemas ocasionais incluem a falta de infra-estrutura e inadequado acesso aéreo a destinações turísticas.[4] Além disso, o turismo sofre em muitos países de uma ausência de atenção política nos mais altos níveis do governo e da indústria, e há com freqüência muito pouco reconhecimento do valor do turismo para o desenvolvimento econômico e a renda nacional, e como um veículo de captação de divisas. Por conseguinte, a política de turismo (e, concomitantemente, a privatização do turismo) nas Américas necessita ser estimulada.

Os três pilares da política latino-americana dos Estados Unidos conhecidos como Projeto para a Iniciativa nas Américas — comércio, investimento e dívida (redução da dívida e eqüidade da dívida) — aplicam-se diretamente ao turismo e ao processo de privatização. A implementação dessa política no setor de turismo tentaria reduzir barreiras ao tráfego turístico a fim de melhorar o clima para as oportunidades de investimento em turismo e de propiciar possibilidades de *swaps* dívida-capital de contrapartida e dívida-natureza, tudo isso em apoio a iniciativas do setor privado. Ainda é muito cedo para determinar se tais políticas serão aplicadas à indústria do turismo, mas a base foi criada.

A reestruturação de empresas do setor público, sobretudo a privatização do setor de turismo, envolve o desenvolvimento de um novo conjunto de diretrizes que poderiam solucionar alguns dos problemas enfrentados pelo turismo em seu esforço de progresso. As experiências de privatização em turismo são tão recentes que é necessária uma nova estrutura política que esteja orientada não só para transferir empresas do setor público para o domínio privado, mas também para incentivar a desregulamentação, as negociações a céu aberto, a descentralização, a concorrência e os mecanismos orientados para o mercado, com o objetivo de criar as condições para uma ótima alienação do Estado da indústria turística.

O crescente envolvimento do setor privado através da total ou parcial venda de ativos de turismo e transporte anteriormente de propriedade do Estado é apenas um instrumento no bem-sucedido desenvolvimento de um ambiente econômico mais racional onde possam ser estimuladas e promovidas lucrativas estratégias de crescimento para o turismo. Como foi argumentado por alguns economistas, "a privatização de empresas públicas, em economias desenvolvidas e em desenvolvimento, decorre do postulado de que a propriedade privada implica produção mais eficiente, *ceteris paribus*".[5] Se o propósito da privatização consiste em alocar um número limitado de recursos mais eficientemente, segue-se que a empresa privada deve ser motivada por sinais do mercado, incluindo o fácil e claro acesso à informação, uma redução das barreiras burocráticas para viajar e o desenvolvimento de estratégias para maximizar os lucros.

Vantagens e desvantagens da privatização do turismo

A privatização no campo do turismo na América Latina e Caribe está apenas começando. A privatização não é uma panacéia para os problemas do turismo de qualquer país específico; constitui, antes, uma etapa numa estratégia mais ampla para aumentar o desenvolvimento econômico da região.

Algumas das vantagens da privatização poderiam incluir:

- eficiência fiscal;
- eficácia alocativa;
- produtividade aumentada;
- maior competição;
- aperfeiçoamento dos programas de ação;
- aperfeiçoamento da qualidade de gestão;
- pressão reduzida sobre os governos para fornecer financiamentos;
- incentivo para a participação do grande público no setor;
- maior criatividade e inovação;
- maior qualidade dos produtos de turismo.

As possíveis desvantagens da privatização incluem:

- redução de certos objetivos sociais importantes para a nação como um todo;

- menos estímulo para a concorrência em partes da indústria do turismo;
- potencial para desenvolvimento de monopólios ou duopólios privados, os quais não proporcionam necessariamente eficiência econômica;
- desrespeito pelo meio ambiente em alguns casos;
- eliminação ou ausência de serviços (especialmente serviços aéreos) críticos para pequenas comunidades, por causa de inadequadas economias de escala.

O progresso da privatização

Um ambiente econômico propício, incluindo instrumentos tais como mudanças legislativas, um mercado de capitais viável e políticas macroeconômicas coerentes, é necessário para apoiar a liberalização e racionalização da economia em países desenvolvidos e em desenvolvimento que pretendem privatizar o setor de turismo. Embora, em muitos aspectos, o México e a Jamaica tenham liderado o caminho na privatização do turismo e do transporte aéreo, outros países realizaram progressos ou estão empenhados em avançar no rumo da privatização. Particularmente no que diz respeito ao transporte aéreo, vimos a venda de companhias aéreas estatais na Argentina, Chile, Guatemala e outros países, com programas em curso para vender transportes aéreos estatais no Panamá, Uruguai e outros países das Américas. O Quadro 10.2 mostra o progresso da privatização de companhias aéreas na América Latina. Muitos países latino-americanos tomaram medidas para privatizar suas indústrias de turismo.

Jamaica

Em 1991, como parte de um vasto programa de desinvestimento, o governo da Jamaica vendeu quatorze hotéis de propriedade estatal a investidores locais e estrangeiros. Somente o Wyndham Rose Hall, um hotel de 508 quartos em Montego Bay, é de propriedade total de um operador estrangeiro (Trammel Crow). O Mallards Beach Hotel e o Divi Americana em Ocho Rios foram vendidos a uma sociedade entre investidores locais e estrangeiros, e o Royal Caribbean também foi vendido a uma *joint venture* de capital local e estrangeiro (ver o Quadro 10.3). Outras propriedades aprovadas para privatização pelo governo incluem o Milk River Hotel and Spa, o Bath Fountain Hotel em St. Thomas, o Jamaica Pegasus (parcialmente estatal), o Forum Hotel Complex e o Oceana Hotel.[6] Além disso, a Jamaica está procurando vender a companhia aérea estatal, a Air Jamaica, como mais um passo em seus esforços de privatização.

QUADRO 10.2 Privatizações de companhias aéreas em curso e concluídas, 1991

País	Companhia	Situação
Argentina	Aerolíneas Argentinas	Vendida em 21/11/90 por US$ 260 milhões
Bolívia	LAB	Em venda a maioria acionária
Chile	LAN-Chile	Vendida em 1989 por US$ 42 milhões
Cuba	Cubana de Aviación	Negociações mantidas com a VASP do Brasil
Equador	Ecuatoriana de Aviación	49% das ações vendidas em março de 1991
Guatemala	Aviateca	75% das ações vendidas em 1989
Honduras	Tan	40% em venda
Jamaica	Air Jamaica	A ser privatizada
México	Compañía Mexicana de Aviación	Vendida em 22/8/89 por US$ 140 milhões
México	Aeroméxico	Vendida em dezembro de 1988 por US$ 400 milhões
México	Aeronaves de México	Vendida em 12/6/89
Panamá	Panama Air	Vendida em agosto de 1991
Paraguai	Líneas Aéreas Paraguayas	A ser privatizada
Peru	AeroPeru	A ser privatizada
Uruguai	PLUNA	A ser privatizada ou desmonopolizada
Venezuela	VIASA	60% de ações vendidas a companhias estrangeiras, 20% aos empregados, por acordo celebrado em agosto de 1991

FONTE: *Latin Finance; AméricaEconomía: Estrategia*; USAID; *Chronicle of Latin American Economic Affairs; Hemisfile*.

México

De acordo com Jacques Rogozinski, diretor do programa de privatização do México, os principais objetivos a alcançar com a alienação de empresas estatais no México eram

- diminuir o tamanho de sua estrutura e melhorar a eficiência do governo como regulador econômico;
- gerar poupanças para o governo com a eliminação de subsídios governamentais e outros gastos afins;
- promover o aumento de produtividade no setor industrial, entregando as tarefas de produção ao setor privado, a fim de realizar a nova estratégia de reconversão industrial e de abertura dos mercados à concorrência estrangeira.

Esses objetivos foram amplamente alcançados no setor de turismo do México.

Durante a primeira fase de privatização do setor de turismo, o governo mexicano alienou dezenove empresas hoteleiras e duas de suas companhias de

QUADRO 10.3 Hotéis privatizados na Jamaica, 1987-1991

Hotel	Preço de venda (milhões de US$)	Ocupação de quartos	Data da venda	Compradores
Sandals Royal Caribbean	8,9	168	1987	Investidores jamaicanos e estrangeiros
Casa Monte	0,9	22	19/8/89	Jamaica National Building Society
Casa Montego	4,1	129	21/8/89	Investidores jamaicanos
Inn on the Beach	1,3	47	12/7/89	National Commercial Bank e outros investidores jamaicanos
Montego Inn	0,5	30	julho 1989	Investidores jamaicanos
Wyndham Rose Hall	22,0	500	1/8/89	US Wyndham Hotel Group
Eden II	10,0	280	4/8/89	Life of Jamaica
Jamaica Jamaica	16,0	268	25/8/89	Life of Jamaica & Linval Ltd
Hedonism II	21,5	268	15/9/89	Mutual Life and Village Resort
Trelawny Beach	10,2	350	3/10/89	Mutual Life and Village Resort
Jack Tar	7,0	128	15/6/90	Investidores jamaicanos
Wyndham New Kingston	8,1	400	19/1/91	Investidores jamaicanos
Mallards Beach	16,0	400	março 1991	Investidores jamaicanos e estrangeiros
Americana Hotel	11,0	350	março 1991	Investidores jamaicanos e estrangeiros
Total	137,5	3.340		

FONTE: National Investment Bank of Jamaica (NIBJ); National Hotels and Properties Limited (NHP).

aviação (Aeroméxico e Compañía Mexicana de Aviación). Embora o governo mexicano já não possua um interesse majoritário nessas companhias aéreas, ele reteve um participação na propriedade da Aeroméxico e 40% das ações da Mexicana. Vinte por cento da Aeroméxico foram comprados pelo Banco Nacional de México — do qual dois terços eram propriedade do governo antes de ser vendido em 1991. Assim, o governo mexicano mantém uma influência significativa nesse setor.

O governo do México continua favorecendo a participação privada no financiamento de projetos de infra-estrutura e de serviços no setor de turismo. A "Nova Regulamentação da Lei de Investimento Estrangeiro", publicada em 1989, liberaliza o acesso estrangeiro ao investimento no mercado de bens patrimoniais mexicanos. (Ver o Quadro 10.4 para as privatizações no setor de turismo mexicano.)

A experiência mexicana na venda de empresas estatais foi largamente satisfatória e encorajará a mais ampla participação de investidores privados nacionais e estrangeiros na indústria de turismo.

QUADRO 10.4 Privatizações de empresas de turismo mexicanas em curso e concluídas, 1991

Empresa	Situação
Hotel El Mirador, S/A	Privatizada em 8/2/89
Sur del Pacífico, S/A	Privatizada em 30/5/90
Operadora Ex-convento de Santa Catalina, S/A	Privatizada em 7/12/90
Nacional Hotelera de Baja California, S/A	A ser privatizada
Recromex, SA de CV	A ser privatizada
Terrenos Recreo, S/A	A ser privatizada

FONTE: *Latin Finance.*

Venezuela

Em agosto de 1991, o governo venezuelano concordou em vender 60% das ações da companhia estatal de aviação, Venezolana Internacional de Aviación S/A (VIASA), a um consórcio liderado pela Iberia, da Espanha, por US$ 145,5 milhões. A Venezuela também planeja privatizar numerosos bancos.[7]

Chile

Em 1989, o governo do Chile vendeu a LAN-Chile por US$ 42 milhões a um investidor doméstico e à companhia escandinava SAS, a qual também investiu na Continental Airlines dos Estados Unidos. O governo chileno reteve 22% das ações da companhia.[8]

Guatemala

A Aviateca, companhia nacional de aviação da Guatemala, foi privatizada em 1989. Ao abrigo de um programa de reestruturação, 30% da capitalização autorizada de US$ 17,8 milhões da companhia foram adquiridos por Taca Airlines, de El Salvador, com o governo conservando uma participação minoritária e 45% das ações restantes indo para investidores domésticos, incluindo empregados.[9]

Bolívia

Em 1991, o governo boliviano promulgou um decreto autorizando a venda de sessenta empresas que eram propriedade de novas corporações de fomento regional do país. Entre as sessenta companhias a ser vendidas estão dois hotéis, o Hotel Asahi em Santa Cruz e o Hotel Terminal em Oruro, e a Línea Aérea Imperial, uma companhia de vôos domésticos de propriedade da corporação de desenvolvimento regional de Potosí. A nova legislação também autorizava o governo a vender ações da companhia aérea estatal, Lloyd Aéreo Boliviano (LAB). Numerosas companhias de aviação estrangeiras, incluindo a Iberia da Espanha, a VARIG do Brasil, a Hapag-Lloyd e um consórcio japonês, apresentaram ofertas para uma *joint venture* com a LAB ou para uma compra completa.[10]

Argentina

A Lei nº 23.696 de privatização da Argentina, aprovada em agosto de 1989, providenciava a privatização da estatal Aerolíneas Argentinas e da Operadora de Servicios Turísticos, S/A (OPTAR) e a venda de 55% das ações de Buenos Aires Catering, S/A. De acordo com as condições da adjudicação, a empresa aérea tinha que ser vendida a um grupo de compradores que incluísse uma companhia aérea internacional maior do que a Aerolíneas Argentinas; nenhum comprador poderia deter mais de 30% das ações; e a participação estrangeira estava limitada a menos de 50%. A empresa foi comprada em novembro de 1990 por um consórcio que incluiu Iberia Líneas Aéreas de España, S/A; Devi Construcciones, S/A; Cielos del Sur, S/A e quatro investidores individuais. A reestruturação subseqüente deixou a propriedade da seguinte maneira: Iberia (30%), um grupo espanhol de investimento (19%), Devi Construcciones (17%), Amadeo Riva (17%) e um investidor local (2%). Dos restantes 15%, 5% foram retidos pelo Estado, enquanto que 10% foram adquiridos pelos 10 mil empregados da empresa, que foram transferidos para a nova companhia. O preço foi de US$ 130 milhões *cash*, outros US$ 130 milhões a serem pagos num período de dez anos com um período de cinco anos de carência, e US$ 2,01 bilhões em títulos da dívida pública externa. Além disso, era exigido dos compradores que investissem US$ 684 milhões na empresa, incluindo a compra de quinze novos aviões dentro de cinco anos, a contar da data da compra. A transação acarretou uma redução de US$ 34 milhões no déficit anual da Argentina.

Além da venda da Aerolíneas Argentinas, outras privatizações foram concretizadas ou estão em curso na indústria de turismo da Argentina, tanto em nível nacional quanto provincial. Elas incluem:

- Hotel Llao-Llao. Anteriormente sob o controle da administração dos parques nacionais, o hotel foi vendido em 1991 por US$ 6,24 milhões a um consórcio que compreende o Citicorp, Choice, Cofipa e Surhotel.
- Hotel Sierras de Ala Gracia. De propriedade da província de Córdoba, o hotel está para ser vendido ou adjudicado como concessão.
- Línea Aérea Provincial (ALFA). A província do Chaco está vendendo a sua linha aérea provincial.
- Servício Turístico Catamarán Cabureí. A província de Misiones ofereceu esta empresa para venda em dezembro de 1990. A província prossegue em seus esforços para vender a empresa.
- Hotel Pilmayquén. Localizado em San Carlos de Bariloche, na província de Rio Negro, o hotel foi colocado em regime de concessão em maio de 1991. O investimento estimado para o projeto foi de US$ 300 mil.[11]

Equador

Em março de 1991, o governo anunciou a venda de 49% das ações da companhia estatal Ecuatoriana de Aviación. Os compradores incluíram investidores equatorianos e estrangeiros.[12]

Conclusão

Com infra-estrutura apropriada, bons transportes, comunicações adequadas e uma vontade forte de melhorar a indústria do turismo, muitos mais privatizações podem ser bem-sucedidas nos países das Américas. Cada país deve ponderar os custos e os benefícios, e desenvolver estratégias especiais para a privatização, mas, se essas etapas forem realizadas com êxito, os países estarão aptos a realizar um significativo crescimento e desenvolvimento futuro no turismo e no transporte aéreo.

Os próximos anos serão decisivos para esse processo, quando a indústria do turismo exigir produtos turísticos de mais qualidade. Para melhorar essa qualidade e tornar-se mais competitiva, a indústria passará a orientar-se mais na direção do setor privado. Países que esperam competir reconhecerão a importância da privatização no transporte aéreo e no turismo.

NOTAS

1. A informação contida nesta seção é fornecida por *Travel and Tourism: The World's Largest Industry* (Bruxelas: World Travel and Tourism Council, 8 de abril de 1991). Esse documento programático, baseado num estudo abrangente, destaca o significado do turismo na economia global. O World Travel and Tourism Council (WTTC) é uma coalizão global dos mais destacados executivos de todos os setores da indústria, incluindo transportes, hotelaria, *catering*, recreio e cultura e atividades de serviços a viajantes. Seu objetivo é promover a expansão dos mercados de viagem e turismo, e incentivar os serviços de qualidade para os consumidores. Para mais informações, contatar: World Travel and Tourism Council, Chaussée de la Hulpe, 181 Box 10, 1170, Bruxelas, Bélgica. Muitas informações e conceitos sobre turismo neste capítulo, incluindo a citação aqui apresentada, basearam-se no livro de David L. Edgell, Sr., *International Tourism Policy* (Nova York: Van Nostrand Reinhold, 1990).

2. World Travel and Tourism Council, *Travel and Tourism: The World's Largest Industry*; ver também David L. Edgell, Sr., e Ginger Smith, "Tourism Milestones for the Millenium: Projections and Implications of International Tourism for the United States through the Year 2000", estudo preparado para apresentação no "International Forum on Tourism to the Year 2000: Prospects and Challenges", World Tourism Organization Conference, Acapulco, México, 22-23 de outubro de 1992.

3. Uma excelente fonte de informação, estatísticas e programas referentes ao turismo global é a World Tourism Organization sediada em Madri, Espanha, com 103 países-membros em 1990. Constitui uma câmara de compensação para a coleta, análise e disseminação de informações técnicas sobre turismo. Oferece às administrações e organizações de turismo nacionais uma estrutura para a abordagem multinacional das discussões e negociações internacionais sobre matérias relativas ao turismo.

4. Para mais informação sobre esse aspecto do turismo, ver Organization of American States, *The Development of Tourism: Latin America and the Caribbean in the Decade of the 1990s* (Washington, D.C., 1991).

5. Um tratamento mais detalhado deste assunto está contido em R. McComb e J.H. Welch, "Public Enterprise and Privatization in a Duopoly Model: the Implications of Differential Costs", inédito, 1991.

6. National Investment Bank of Japan, "Enterprises/Assets/Activities Approved for Privatization Preliminary Assessment", inédito, 1991.

7. De acordo com *Latin Finance*, os hotéis e empresas turísticas venezuelanos a ser privatizados são: Caztor, Desarrollo Turístico Río Chico, Doral Beach, Eurobuilding Caracas, Hotel Aguas Calientes, Hotel Barquisimeto Hilton, Hotel Bella Vista, Hotel Caracas Hilton, Hotel Cumanagoto, Hotel Cumboto, Hotel El Tam, Hotel Humboldt, Hotel Macuto Sheraton, Hotel Maracay, Hotel Meliá Caribe, Hotel Meliá Puerto La Cruz, Hotel Miranda, Hotel Prado Río, Hotel Trujillo, Intercontinental del Lago, Intercontinental Guayana, Intercontinental Valencia, Marina de Caraballeda, Marina de Cumán, Módulo Turístico de Puerto Piritu, Parque Safari Margarita, Posada Turística de Sanare e Teleférico de Caracas.

8. "Del Cielo al Suelo", *AméricaEconomía* nº 47 (janeiro-fevereiro de 1991), p. 22-3.

9. Missão da US Agency for International Development na Guatemala; "Privatizaciones: En el Eje de las Nuevas Reformas", *Estrategia* (18 de março de 1991), p. 36; anúncio pela Latin American Finantial Corp. (LAFISE), *Latin Finance*, suplemento (março de 1991), p. 10.

10. A informação sobre privatização na Bolívia foi fornecida pela embaixada dos Estados Unidos em La Paz.

11. A informação para esta seção é de Vittorio Orsi, *Avance de los Procesos de Privatización* (Buenos Aires: Secretaria de Planificación, 12 de julho de 1991) e José Roberto Dromi, *Privatizaciones en Argentina* (Buenos Aires: Ministerio de Obras y Servicios Públicos, dezembro de 1990).

12. "Privatizaciones: En el Eje de las Nuevas Reformas", p. 23.

Lista de Colaboradores

Paul H. Boeker é presidente do Instituto das Américas. Antes de ingressar no Instituto, foi membro do *Foreign Service* dos Estados Unidos, onde a sua carreira diplomática se estendeu por 27 anos, incluindo os cargos de embaixador norte-americano na Bolívia (1977-80) e na Jordânia (1984-87). Seus outros cargos incluíram o de diretor do *Foreign Service Institute* e o de subsecretário de Estado para assuntos econômicos. Em 1985 foi condecorado pelo presidente Reagan com a Medalha de Serviços Distintos. O embaixador Boeker é membro do Council on Foreign Relations e da American Academy of Diplomacy. É o autor de *Lost Illusions: Latin America's Struggle for Democracy* e da introdução e epílogo de uma edição de 1991 do *American Policy in Nicaragua*, de Henry L. Stimson. Graduou-se *magna cum laude* no Dartmouth College e recebeu seu M.A. em economia da Universidade de Michigan, Ann Arbor.

Wanda Barquin trabalha como analista de programas na *US Travel and Tourism Administration*, Departamento de Comércio do governo norte-americano. Antes de ingressar no serviço governamental, trabalhou por quase dez anos na área do turismo, acumulando experiência nas indústrias da aviação comercial, viagens e hotelaria nos Estados Unidos e no estrangeiro. Fez seus estudos na School of Foreign Service da Universidade de Georgetown, onde se diplomou Phi Beta Kapa e *magna cum laude*. Em 1991, concluiu o mestrado em Estudos Latino-Americanos na Universidade de Georgetown.

David L. Edgell, Sr., é diretor-executivo do *Office of Policy and Planning* da *US Travel and Tourism Administration* do Departamento de Comércio do governo norte-americano em Washington, D.C. Também é professor-adjunto de Administração de Empresas e Turismo na Universidade George Washington e membro vitalício da Academia Internacional para o Estudo do Turismo. É também o autor do popular livro sobre turismo intitulado *International Tourism Policy* (1990).

Juan Foxley Rioseco é o vice-presidente de finanças da CORFO, o Banco Nacional de Desenvolvimento do Chile. Anteriormente, exerceu funções na Compañía Chilena de Inversiones; Inversiones Procuro; Derco-Promac, Sodimac, Friosur Holding e Derco S.A. Serviu como consultor para as Nações Unidas, o Banco Interamericano de Desenvolvimento (BID) e o Banco Mundial. Foi professor-adjunto da Pontifícia Universidad Católica de Chile, da

Universidad Católica de Valparaíso e do Instituto de Estudos Bancários. É autor de numerosos artigos e pareceres sobre macroeconomia e finanças. Fez o bacharelato em engenharia comercial e o mestrado em economia monetária e fiscal pela Universidade do Chile, e o mestrado em econometria e finanças de sociedades anônimas na Universidade da Pensilvânia. Realizou trabalhos em finanças na *Wharton School* da Universidade da Pensilvânia.

Mark S. Fowler é o principal consultor jurídico de comunicações da firma de advocacia Latham & Watkins. O Latham & Watkins Communications Group, sediado em Washington D.C., tem assessorado companhias e governos na Europa, América Latina, Ásia e da Orla do Pacífico a respeito de transações e mudanças de regulamentação relacionadas com a liberalização e a privatização em telecomunicações. O Sr. Fowler foi presidente da US Federal Communications Commission (FCC) de 1981 a 1987. Foi consultor jurídico de governos e clientes na indústria privada sobre empreendimentos e reformas de regulamentação em telecomunicações na América Latina, incluindo a Argentina e o México.

Kim Fuad é o chefe do escritório de Londres da revista *Petroleum Intelligence Weekly*. Jornalista venezuelano com mais de trinta anos de experiência, especializou-se em reportagens sobre a indústria petrolífera latino-americana. Trabalhou em agências internacionais de notícias, jornais e revistas, incluindo a Associated Press, a United Press International, o *Finantial Times* e a *Business Week*.

Pablo L. Gerchunoff é pesquisador no Centro de Pesquisa Econômica do Instituto Torcuato Di Tella e consultor da Comissão Econômica para a América Latina e o Caribe (ECLAC) sobre privatização e desregulamentação. Trabalhou como consultor da Empresa Social de Energia (ESEDA) para a província de Buenos Aires, e serviu como chefe do Gabinete de Assistentes do ministro da Economia da Argentina. É formado em Economia pela Universidade de Buenos Aires.

Dominique Hachette de La Fresnaye formou-se em Economia na Universidade do Chile e possui M.A. e PhD em ciências econômicas pela Universidade de Chicago. É atualmente professor no Instituto de Ciências Econômicas da Pontifícia Universidad Católica de Chile; também é consultor do Banco Mundial e da USAID. É co-autor de numerosos livros, incluindo *Chile 2010; Liberalizing Foreign Trade; Chile: Desarrollo Económico en Democracia;* e *Financiamiento de la Educación Superior: Antecedentes y Desafios*. Seus interesses atuais de investigador são a privatização, a política comercial, a integração econômica e o desenvolvimento urbano.

Edgar Harrell é o diretor de programas e operações do Price Waterhouse International Privatization Group (IPG). Tem fortes antecedentes na iniciativa privada e numerosos anos de serviço na USAID dedicados ao desenvolvimento do setor privado e ao avanço dos programas de privatização no mundo inteiro. Durante sua carreira na USAID, ocupou numerosos cargos, incluindo o de assessor especial do administrador da USAID para a comercialização de tecnologia, administrador-adjunto do *Bureau for Private Enterprise* e diretor de missão na Jordânia. O Dr. Harrell é PhD em economia internacional pela Universidade de Columbia e graduado do *Advanced Management Program* da Universidade de Harvard.

Rolf J. Lüders é professor de ciência econômica e diretor do programa de pesquisa do Instituto de Economia da Pontifícia Universidad Católica de Chile. Entre outras funções, foi diretor da Faculdade de Economia e Ciências Sociais da Universidade Católica (1968-71), diretor do Programa de Desenvolvimento de Mercado de Capitais da Organização dos Estados Americanos (1971-74), membro de uma das comissões legislativas (1974-81), secretário de Comércio e secretário de Finanças (1982-83). É co-autor de numerosos livros e artigos para revistas. Hoje, além de suas atividades acadêmicas, trabalha ocasionalmente como consultor de diversas instituições, entre elas o Banco Mundial e as Nações Unidas, e é o economista-chefe do *International Center for Economic Growth.*

Joseph A. Mann, Jr., é o correspondente venezuelano do *Financial Times* de Londres e o editor de um relatório analítico semanal sobre a Venezuela intitulado *Political Impact*. Tem sua base em Caracas desde 1974 e tem trabalhado como consultor em relações públicas e análise política para companhias privadas e instituições públicas venezuelanas. Em 1982, o Sr. Mann foi um dos fundadores da VenEconomia CA, uma companhia que edita publicações sobre temas econômicos e políticos venezuelanos. Natural de Pittsfield, Massachusetts, o Sr. Mann obteve seu bacharelato em 1968 no Union College, em Schenectady, Nova York.

William A. Orme, Jr., é um jornalista com sua base em Nova York que cobre assuntos latino-americanos e escreve uma coluna mensal para a *América-Economía*, uma revista de negócios latino-americana. Um de seus atuais projetos inclui pesquisa e escrever um livro sobre o acordo de livre comércio EUA-México para uma nova série do *Washington Post* intitulada "Briefing Post". Foi o fundador e editor da revista *LatinFinance*, que dirigiu de 1988 a 1991. De 1981 a 1988, o Sr. Orme viveu na Cidade do México, onde trabalhou como correspondente de várias publicações e serviços noticiosos, incluindo *The Washington Post, The Economist, The Journal of Commerce* e *The Financial Times*. Bacharelou-se em estudos latino-americanos pelo Friends World College em Huntington, Nova York.

Ben Petrazzini é candidado ao doutorado no Departamento de Comunicação da Universidade da Califórnia, San Diego. Realizou extensas pesquisas sobre privatização, especialmente na indústria de telecomunicações. É formado em direito pela Universidade Nacional de Córdoba, na Argentina, e tem o mestrado em ciência social da Faculdade Latino-Americana de Ciências Sociais de Buenos Aires e o mestrado em sociologia da Universidade Católica Argentina. Serviu como assessor na Câmara de Deputados da Argentina.

Peter Phillips é ministro sem pasta no Gabinete do primeiro-ministro da Jamaica. Foi educado no Jamaica College e depois estudou na Universidade das Índias Ocidentais, onde recebeu os títulos de bacharel e mestre em economia e administração pública, e na Universidade Estadual de Nova York, onde recebeu seu doutorado em economia política e estudos do desenvolvimento.

Aileen Amarandos Pisciotta é consultora de comunicações internacionais de Latham & Watkins, sediada em Washington D.C. O Latham & Watkins Communications Group assessorou companhias e governos na Europa, América Latina, Ásia e Orla do Pacífico a respeito de transações e mudanças de regulamentação relacionadas com a liberalização e a privatização em telecomunicações. A Sra. Pisciotta foi assistente especial do chefe do US Federal Communications Commission Common Carrier Bureau (1982-1983) e co-presidente da Comissão de Comunicações da Seção Internacional da Ordem de Advogados da América desde 1989. Ela serviu como consultora jurídica de governos e clientes da indústria privada sobre empreendimentos em telecomunicações, privatizações e reformas reguladoras na América Latina, incluindo Argentina, Equador, México, Nicarágua e Venezuela.

Carlos A. Primo Braga é economista da Divisão de Comércio Internacional do Banco Mundial. Antes de ingressar no Banco Mundial, o Dr. Primo Braga era professor-assistente de Economia da Universidade de São Paulo e pesquisador da Fundação Instituto de Pesquisas Econômicas da Universidade de São Paulo, Brasil. Serviu como consultor econômico de muitas empresas privadas, agências multinacionais e instituições governamentais no Brasil e no exterior. A partir de 1988, está lecionando como professor-visitante na Johns Hopkins School of Advanced International Studies em Washington, D.C. O Dr. Primo Braga é formado em engenharia mecânica, com mestrado em economia pela Universidade de São Paulo e doutorado em economia pela Universidade de Illinois, em Urbana-Champaign. As opiniões expressas em seu artigo são exclusivamente suas e não devem ser atribuídas ao Banco Mundial, à sua diretoria, administração ou a qualquer dos seus países membros.

Ravi Ramamurti é professor associado de administração de empresas na Universidade do Nordeste em Boston. Obteve seu doutorado na Harvard Business School, onde também foi professor-visitante na área de administração de empresas, administração pública e privatização de empresas estatais por mais de quinze anos. Trabalhou no setor de empresas estatais e administração pública e serviu como consultor de vários países em desenvolvimento e agências internacionais.

Rogelio Ramírez de la O é presidente da Ecanal, uma empresa privada de pesquisas que edita o *Economic Report on México* e o *Special Report on Mexico*, nos quais o Dr. Ramírez analisa tendências econômicas, perspectivas e política governamental no México. A clientela da Ecanal consiste principalmente em grandes companhias multinacionais com investimentos e interesses no México. Escreveu um livro sobre política de investimento externo no México e colaborou para revistas acadêmicas norte-americanas e livros sobre a dívida externa do México, a privatização de empresas estatais, o impacto do Acordo Norte-Americano de Livre Comércio (NAFTA) e as perspectivas econômicas no México. É PhD em ciências econômicas pela Universidade de Cambridge e bacharel em economia pela Universidade Autônoma Nacional do México.

James B. Sullivan é diretor do Escritório de Energia e Infra-estrutura do *Bureau for Research and Development* da USAID. O Dr. Sullivan ingressou na USAID em 1982 como consultor de energia no Paquistão e tem trabalhado neste cargo desde 1986. Estava antes na Agência de Proteção Ambiental dos Estados Unidos e no Escritório de Avaliação de Tecnologia dos Estados Unidos, continuando a trabalhar com tecnologias inovadoras na área energética, desenvolvimento econômico e qualidade do meio ambiente. O Dr. Sullivan fundou o *Center for Science in the Public Interest* e serviu como seu co-diretor de 1970 a 1976, dirigindo projetos sobre uma variedade de questões energéticas e ambientais. O Dr. Sullivan é formado em engenharia civil pelo Manhattan College e tem mestrado pela Universidade de Nova York e doutorado pelo Massachusetts Institute of Technology em matemática aplicada e hidrodinâmica.

ÍNDICE REMISSIVO

Este livro foi composto pela TopTextos Edições Gráficas Ltda., em Times New Roman, e impresso por Tavares e Tristão Ltda., em novembro de 1995.